教育部人文社会科学研究规划基金项目（项目号：19YJA740024）

新媒体语境下中国老年人身份建构的伦理语用学研究

景晓平　著

哈尔滨工程大学出版社

Harbin Engineering University Press

内容简介

　　本书从伦理语用学视角探讨新媒体语境下的老年人身份建构。全书涵盖三方面内容：从指称语入手，分析微博新闻报道中老年人身份的他建策略；从言语行为、仪式互动入手，探讨微信互动中老年人身份的自我建构，探讨网络视频节目中认知障碍老年人的身份意识蚀失和身份重建；从伦理语用学视角对本书研究的课题进行了理论探索。老年人身份的他建和自建在不同时空、由不同媒介形成远距离的"互动"，共同形成老年群体的身份拼图。身份话语的选择折射出交际者个体或所处时代的伦理观念，不同伦理观念存在着冲突、碰撞、消解和重建，不断形成新的伦理观念和身份话语。这体现了我国传统敬老文化在历史发展过程中的曲折变化，有互联网的赋权与加持，有老年主体性的觉醒，也有整个社会对敬老文化的崭新认知。

　　本书主要面向语言学，尤其是语用学、老年学研究者与爱好者。

图书在版编目（CIP）数据

新媒体语境下中国老年人身份建构的伦理语用学研究 /
景晓平著 . — 哈尔滨 : 哈尔滨工程大学出版社，
2023.11
　　ISBN 978-7-5661-4160-6

　　Ⅰ. ①新… Ⅱ. ①景… Ⅲ. ①老年人—传播媒介—语用学—研究—中国 Ⅳ. ① H030

中国国家版本馆 CIP 数据核字 (2023) 第 233202 号

新媒体语境下中国老年人身份建构的伦理语用学研究
XINMEITI YUJING XIA ZHONGGUO LAONIANREN SHENFEN JIANGOU DE LUNLI YUYONGXUE YANJIU

选题策划	石　岭
责任编辑	李　暖
封面设计	李海波　付雨陌

出版发行	哈尔滨工程大学出版社
社　　址	哈尔滨市南岗区南通大街 145 号
邮政编码	150001
发行电话	0451–82519328
传　　真	0451–82519699
经　　销	新华书店
印　　刷	哈尔滨市海德利商务印刷有限公司
开　　本	787 mm×1 092 mm　1/16
印　　张	14.5
字　　数	258 千字
版　　次	2023 年 11 月第 1 版
印　　次	2023 年 11 月第 1 次印刷
书　　号	ISBN　978-7-5661-4160-6
定　　价	68.00 元

http://www.hrbeupress.com
E-mail：heupress@hrbeu.edu.cn

前　言

　　本书的主体部分是在新冠肺炎疫情期间完成的，其间笔者亲历、目睹、耳闻了诸多长者因身体虚弱，无法抵抗疫情肆虐而饱受病痛的折磨，甚或不幸辞世；也有不少长者勇敢面对疾病，投入抗疫战斗，为"健康中国"不遗余力！在思考与写作中，笔者对老年群体生出了无限悲悯、感慨和敬意！今天的他们正是不久以后的我们，他们所面临的困境和选择为我们的未来书写了一份粗粝而温暖的参照范例。

　　我国自古以来就非常重视"尊老、敬老"，古代把"尽天年"的长寿生活视为人生的最大幸福。古代先民的最初一课就是"尊老尚齿"，不仅青年要尊老者，老年也要尊更老者（高成鸢，2014）。随着现代化进程不断推进，我国传统的尊老文化受到冲击，人们直接或间接对老年人产生刻板印象，甚至对其污名化。与此同时，网络技术的普及给老年群体参与身份建构进行了赋权，使部分老年人借助社交平台在网络世界发出自己的声音。在全球加速老龄化、中国中度老龄化的大背景下，本书从伦理语用学视角探讨新媒体语境下的老年人身份建构，响应党的十九大、二十大提出的"积极应对老龄化"的国家战略，助力老年群体实现积极老龄化。

　　本书共有11章，第1章和第11章分别为导论和结论；第2章对身份的理论和应用、新媒体身份研究和老年人身份研究进行了综述；第3章在语用身份论和伦理语用学基础上提出适合老年人身份建构的理论框架；第4章、第5章和第6章分别讨论了常规微博新闻、疫情类微博新闻、冲突类微博新闻报道中老年群体的身份建构特点；第7章和第8章探索了老年人在微信朋友圈、微信群内互动中的身份自建；第9章讨论了认知障碍老年人在他人辅助下的身份修复和身份重建；第10章从伦理语用学视角对老年人身份的他建和自建进行了理论探讨。这些讨论展示了新媒体话语在建构老年人身份方面的特点，同时也折射出老年群体在退休之后的精彩生活与身份多样性。老年人身份的他建与自建会形成远距离隐性互动，最终有助于老年群体刻板印象的消解，促进老年群体的身份觉醒，同时反作用于新媒体话语在呈现老年群体时的客观理性。老年群体身份的多元建构折射出中国敬老文化经过衰退之后的复苏，为"振兴东方伦理道德、拯救世界道德沦丧"（季羡林，2010）提供了中国样本。

本书由笔者统筹、策划和统稿，其中第 4 章由笔者在杜慧、景晓平（2020）的基础上扩充而成，第 5 章由笔者在 Jing 和 Du（2020）的基础上扩充修改而成，第 7 章由笔者在景晓平（2022）的基础上扩充而成，第 8 章由邓景博士和笔者共同完成，其余章节均由笔者独立完成。

本书在写作过程中得到了很多人的帮助、鼓励与支持，在此一一表示感谢。

首先感谢教育部人文社会科学研究规划基金项目（19YJA740024）的支持，感谢教育部对老年群体的关注，使笔者有幸开启"老年人身份建构"的相关研究，顺利完成该项目的既定任务。感谢哈尔滨工程大学的毛延生教授，毛教授在本书的选题、结构、部分章节的撰写等方面给予了细致的建议和指导。感谢南京邮电大学袁周敏教授对部分章节的指导和修改。感谢南京理工大学外国语学院提供了宽松的人文学术环境。感谢同事好友宋文博士、蒲显伟博士和张丽萍教授的督促和鼓励。感谢语用学团队成员在查阅文献、语料整理、格式修订方面所做的工作，他们是杜慧、邵磊、单家慧、胡百灵、吴娜、卢赛、潘欣欣、丁旭、薛孟寒、李慧秋。

感谢家人在本书写作过程中给我的包容、体谅和关爱，没有他们的支持与厚爱，本书恐怕难以完成。

感谢父母的陪伴，他们身体力行地示范着从容老去的每个细节！

特别感谢向本书提供语料的长者们，祝福他们健康长寿！

最后向全天下的长者致敬！

景晓平

2023 年 5 月 28 日

目　　录

第1章 导　　论

　　人口老龄化是 21 世纪人类共同面对的重大问题，也是人类共同面临的重大挑战（党俊武，2017）。联合国发布《世界人口展望 2019：发现提要》称，全世界老龄化正在加剧。国家统计局的数据显示，截至 2022 年末，我国 65 岁以上的老年人口达到 20 978 万人，占全国总人口的 14.9%，这标志着我国已经从轻度老龄化社会过渡到中度老龄化社会（刘生龙[1]，2022）。

　　世界卫生组织在 1999 年呼吁开展"积极老龄化"（active aging）的全球行动，目的是促进老年人参与社会活动，提升老年人的生活品质。党的十九大报告指出，要积极应对人口老龄化，建构养老、孝老、敬老政策体系和社会环境；党的二十大报告进一步提出，要实施积极应对人口老龄化国家战略，发展养老事业和养老产业，优化孤寡老人服务，推动实现全体老年人享有基本养老服务。习近平总书记（2021）一再强调把积极老龄观、健康老龄化理念融入经济社会发展全过程。积极老龄观无疑是老龄社会新形态下全社会积极应对人口老龄化的理念、观念的重要转向（陆杰华，2022）。当前围绕着老年群体开展了系列研究，以老年语言为研究对象的老年语言学（Gerontolinguistics）的学科建设迫在眉睫（顾曰国，2019），以汉语为母语的老年语言、语用研究受到广泛关注（黄立鹤 等，2019）。相关研究涵盖了老年人在语音、词汇、句法和语义层面的衰退和机制，并探索健康及特殊老年群体在言语交际中实现社会参与、身份建构、代际沟通等方面的特征与机制（黄立鹤 等，2020）。本书在积极应对全球老龄化的大背景下，从伦理语用学视角探索新媒体语境下中国老年群体的身份建

　　1　刘生龙：《建立中国特色的养老保障体系应对人口老龄化》。该文于 2022 年 4 月 29 日发表在微信公众号"清华思客"。

构，具体涵盖老年人在新媒体话语中的他者身份建构和在新媒体互动中的主体身份建构两个方面，以丰富中国老年语用学的研究。

1.1　研究对象和背景

本书的研究对象为新媒体环境下由不同话语建构主体所参与建构的中国老年人身份。根据老年人参与的不同程度，老年人身份可分为新闻媒体话语所建构的老年人身份和新媒体互动中老年主体主动参与建构的身份。该选题顺应了当前老年人身份建构的研究需要、新媒体环境下交际动态的变化以及身份建构理论范式的变化。

国外老年人身份的研究始于 20 世纪 70 年代大众传媒对老年人刻板印象、代际交流、年龄歧视等研究，继而引发了来自传播学（Williams et al.，2000；Nussbaum et al.，2004）、社会语言学（Coupland，2009a）、批评话语分析（Fealy et al.，2012）等不同学科的广泛关注。中国老年人群体形象的研究始于 20 世纪 80 年代（郭子辉 等，2014），也逐步成为重要的研究领域（丁卓菁，2016）。总体来看，当前研究大多关注老人身份的他者建构，这种他者视域下的老年群体身份研究中充斥着"衰退论"（Cook，2018），针对老年群体的公共话语以消极描述为主。随着时代和研究范式的变化，老年人身份开始摆脱刻板印象，呈现出多元化趋势（Jing et al.，2020）。值得关注的是，社会语言学开始关注老年个体的自我身份建构及变化，Aging 和 Society 在 2009 年设专辑讨论老年人如何通过言谈互动、话语生产、阅读和理解来调节持续变化的身份（Coupland，2009a）。在积极应对老龄化社会的背景下，中国老年人的身份建构需要从不同的视角进行多元化探索，从多维度呈现不一样的身份景观。

当今世界处于新媒体时代，"新媒体"传播推动了参与式文化（Jenkins，1992）的发展，为理解"我们是谁"提供了新的方式（Tannen et al.，2013）。随着网络技术的发展，个体获得了"通过网络空间中的符号生产强化、重塑、创造自我理想身份"的可能（唐红，2018：76）。中国老年人的数字参与在很大程度上归结于新媒体的广泛使用（He et al.，2020），新媒体的普遍使用扩大了老年人的生活领域，使老年人参与社会的方式有了新的变化。这就给老年人身份的自我建构进行了网络赋权，使老年人有机会在数字世界中发出自己的声音（Guo，2017），主动参与自身的身份建构。同时，微博、微信、抖音等新兴媒体因其可接近性和受众的广泛性成为老年人娱乐的重要平台。技术赋权下的个体不再是被动接收信息的"受众"，而是拥有话语权的"用户"，可以建构自我身份，认同或否定他人的身份建构；而机构与媒体在扁平化的网络社会中则需要改变原有的身份建构模式，适应新的语境和赋权后的话语对象（秦勃 等，2020）。在新媒体技术加持的大背景下，老年群体的身份建构需要重新审视、反复审视。

与此同时，身份研究的社会建构主义思潮、话语转向和后现代转向（Benwell et al.，2006）或语用转向（陈新仁，2013a，2018；Chen，2022）也给本书提供了新的研究思路。身份研究的新趋势强调建构的、情景化的、在线的、动态的交际者身份，以区别于固有的、静态的社会身份。陈新仁（2013a）提出的"语用身份"的概念，指语境化的、语言使用者有意或无意选择的自我身份、对方身份或他者身份。人们在交际中涉及的身份建构不仅涵盖在场的交际者，也涵盖不在场的第三方身份；他者身份是指交际过程中出于特定目的而被提及或建构的身份，也是一种语用身份。本书所关注的老年人身份涵盖了被他人提及或建构的他者身份和自我选择、建构的自我身份。

综上所述，新媒体时代给媒体人、老年人、研究者提供了全新的平台，在多元对话中审视老年群体的多元身份，从客位到主位、从他说到自说、从他建到自建等不同的维度和视角来探索老年身份建构，这有着重要的理论价值和现实意义。

1.2　研究目标和意义

一个人的社会身份具有多元性，但多种身份类别并非都在交际中同时起作用，只有在当下语境中被激活的身份才是影响当前话语的语用身份（陈新仁，2013a，2018）。随着生理和心理衰退，老年群体逐步脱离社会生活及其相应的社会身份，呈现身份断裂和空白，因而，探索该群体在具体情景话语中的自我 / 他者呈现和身份建构及其背后蕴含的伦理秩序和道德理念具有深刻的时代意义。伦理语用学（ethical pragmatics）从伦理学角度关注语言使用，关注交际者如何通过特定话语内容与方式的选择建构特定的道德秩序，以推进特定交际目标的实现（陈新仁，2017）。本书从这一视角出发，探索和思考中国老年人身份在新媒体语境下由众多参与者建构、解构或重构的动态博弈过程及其背后隐藏的道德伦理秩序和观念变化。

本书的研究目标可以从以下三个方面来描述。首先，克服以往研究对老年人身份的固化认识和静态研究，在语用身份论的视角下勾勒出中国老年人身份在新媒体语境下的动态话语建构。国际上对老年人身份的研究均因其单一性、刻板性遭受诟病，在中国传统社会中老年人是集弱势与强权于一身的特殊群体（吴欣，2010），随着新媒体使用者的广泛参与，中国老年人身份趋于多元化、动态化和复杂化，其身份建构策略也呈现多样性和多模态性。其次，在伦理语用学视角下诠释老年人身份建构的元语用行为。弱势群体身份建构的新闻叙事往往存在伦理问题（王焕 等，2014；彭广林，2015），新媒体时代，普通民众获得话语赋权，媒介话语既面临共鸣极化的危机（何海翔，2017），也面临跨媒介叙事的不断挑战，经过众多新媒体引用、转发和评论，发生多次语域化，产生不同的元语用效果，其背后的道德框架和伦理规范面临着多次挑战和重构。最后，探索新媒体语境下媒介互动话语与身份建构的分析模式。当今世界处于后真相时代，话语呈现多元化、差异化、情感化、碎片化和复杂化等新特征（汪少华 等，2018）。新媒体时代的交际特点包括匿名性、多人参与、非共时和非线性，同时，缺乏边界和控制的个人表达带来了隐私披露等伦理问题（牛静 等，2018）。网络公共传播表现出公共场域的私域化转向（秦子淇 等，2021）、私人领域的公共化（贾飞扬 等，2020）以及公共领域与私人领域的冲突与融合（李俊，2021）等问题。传统语用学理论无法直接用于分析新媒体语境下的新闻话语、评论等多人交际行为和媒介人物的身份建构，因此创建适用于当代网络交际模式的媒介话语与身份模式非常重要。

从理论上来看，本书在语用学传统课题、身份建构与话语实践的关系以及话语意义的丰富性等方面做了有意义的探索。第一，从伦理语用学、语用身份论探索老年群体的身份建构，对身份建构的动因、制约身份建构的原则，以及影响因素等做出解释，为新媒体时代的群体身份建构提供语言证据，为探究话语意义的丰富性提供新思路。第二，从伦理语用学视角探索中国老年人身份和媒体话语实践的关系，为建构中国哲学社会话语体系做出贡献（施旭，2013）。人们通过话语来执行或建构道德秩序（陈新仁，2017；Ostman，2014），话语激活的框架背后是道德体系（Lakoff，

2006），任何创作与批评都必须承担道德责任（聂珍钊，2014），在中国语境下进行相关研究具有特殊的意义。第三，从伦理学视角关注与特定群体相关的新媒体话语实践，有助于探索被以往研究忽略的语言现象，并重新审视一些经典语用课题（陈新仁，2017），为伦理学提供语言分析案例，为公共话语的语用生态研究做出贡献（Verschueren，2007）。

　　从实践上来看，本书对中国老年群体身份的多元建构、重塑大众的老年观及提升大众的媒介素养等具有一定的意义。第一，响应党的十九大、党的二十大报告"积极应对老龄化"的要求，促进大众传媒对积极老年形象的呈现，重塑大众的老年观（陈勃，2006），并为相关政策的制定提供参考（Yan et al.，2014；黄谷香 等，2016），从文化上塑造理想老龄社会（李国强，2018）。第二，揭露话语中的偏见和歧视，探索弱势群体的心声（施旭，2010），突破和解构老年人在媒介大众心中的"刻板印象"，重构老年人的多元化身份，实现后现代社会的老年人话语增权（殷文，2008）。第三，随着"银发"网民的增加，研究老年媒介传播与建构必须重视新媒介生态环境（郭子辉 等，2014），提升大众的媒介素养和元语用意识，为话语实践提供伦理语用指导。老年人新媒体形象的有效建构有利于引导大众对老年群体给予更多关注，倡导年龄平等文化，加强对老年人的制度保障和人文关怀，从而为我国经济社会稳定和文化价值观建设营造良好氛围（孙慧英 等，2019）。

1.3　方法论说明

　　新媒体指利用数字和互联网技术储存、呈现、处理、传递信息的载体，是媒体发展到互联网时代的产物（王建华，2018）。"新媒体"是继报刊、广播、电视等传统媒体之后发展起来的新的媒体形态，包括网络媒体、手机媒体、移动媒体端等（吴珏，2018）。从较早的手机短信、聊天室、网络论坛、网络游戏社区，到当下时兴的微信、微博、Facebook、Twitter、YouTube 等社交媒体，都是"新媒体"的例子（吴东英 等，2016）。随着科技发展的推动，依托于网络的群体交互工具和应用程序不断出现，主要类型包括即时通信类（QQ、微信）、信息交互类（微博、论坛、Twitter）、视频直播类（抖音、bilibili），这些是新媒体群域下常见的网络平台（张佳奇 等，2021），给不同群体的身份建构提供了新的机遇。

本书采用话语分析的方法探讨老年群体的媒介身份，通过对网络新闻报道和互动话语中身份建构或解构进行细致识别和判断，依据话语实践和身份建构的相互关系及其背后的伦理观念进行深入分析。

本书所探讨的三个主要问题如下：

（1）老年人在新媒体报道中被建构的身份有哪些？是如何建构的？

（2）老年人在新媒体互动中自我建构的身份有哪些？是如何建构的？

（3）老年人新媒体话语中的身份建构隐藏着哪些伦理观念？

为了回答上述问题，本书采纳语用身份论和伦理语用学的观点（具体在第3章详细介绍）。回答上述研究问题的语料主要来自下列途径：网络新闻媒体的语料，如微博；微信朋友圈互动、微信群互动；网络视频的语料。

本书在部分研究中采用了量化的分析手段，比如网络新闻报道中的身份建构，对语料中的身份标记语和身份类型进行人工标注和量化统计。针对老年人在微信朋友圈、微信群的自我呈现和身份建构，考虑到老年人参与者的自主性和意愿性，收集的语料有限，我们对该部分互动语料采取了个案分析和定性研究。针对新媒体话语本身的特点，分析中综合考虑了网络语言和技术资源等多模态手段的运用，对网络语言的特点和视频手段进行综合分析。由于考虑到本书的总体目标是探索各种新媒体语境下的身份建构，所寻求的语料主要参照相关章节中的话题进行收集，并在各个章节对语料进行了具体说明，保证其来源明确、同质、统一。

1.4　本书结构

本书共有11章。第1章为导论，介绍研究对象和背景、研究目标和意义，并介绍本书的结构。第2章为研究综述，涵盖身份研究的趋势、新媒体语境下的身份研究以及老年群体的身份研究等，并总结出当前研究取得的成就和存在的问题。第3章为理论框架，介绍语用身份论和伦理语用学，勾勒出探讨中国老年群体身份建构的整体思路。第4章至第6章主要从指称语分析常规微博新闻报道、疫情新闻报道、冲突类新闻报道中老年人的身份建构特点。第7章、第8章分别探讨了微信朋友圈、微信群互动中的老年人身份建构。第9章探讨认知障碍老年人的身份意识蚀失和身份重建。第10章从伦理语用学视角对全书进行了理论思考。第11章为结论，总结全书的相关结论，指出存在的不足和未来研究课题。

第2章 研究综述

本章对话语与身份的理论及其应用研究、新媒体话语中的身份建构、老年人身份建构的研究议题进行综述，总结当前研究的成就和不足，并提出本书所关注的新媒体话语中老年人身份建构的研究问题。

2.1 话语与身份的相关研究

身份研究是"社会科学的中心舞台"（Bamberg et al.，2007），是当前人文社会科学的热点话题（陈新仁，2013a），是哲学、社会学、心理学、语言学、文化学和文学批评等领域的重大课题（袁周敏，2016a），在众多学科中引发越来越多的学术热潮（Chen，2022）。随着传播学、互动社会语言学、会话分析、语用学等学科的兴起和不断发展，学界对身份的研究经历了从本质论（essentialist approach）向社会建构主义观（social constructionism）的转变。本节介绍身份的概念及其演变，同时对话语与身份的理论和应用研究进行综述。

2.1.1 身份的界定及其演变

身份在本质上是一个社会学概念，指一个人在社会中所扮演的角色（Stryker，2002），身份的社会属性表现为社会个体或群体所带有的各种社会特征，如性别、年龄、地域、教育背景、民族或种族、机关、宗教等。根据 Tajfel 和 Turner（1986）的社会身份理论，身份是一种对群体的认同倾向，社会身份的取得来自群体成员资格，人们倾向于通过内群体和外群体的有利比较而获得有利的社会身份。Simon（2004）提出了身份的自我维度模式，认为一个人自我身份的概念包括其关于自身特征或特性的各种看法。Bucholtz 和 Hall（2005）认为，身份是一个人对他人和自我的社会定位。后现代主义学者（如传播学家、会话分析者）（Antaki et al.，1998）提出了不同的看法，反对将身份看作预先存在的、稳定不变的属性，认为身份是流动的、不完整的。Antaki 和 Widdicombe（1998）将身份视作具有丰富特征的类属展现、归因或者成员资格，从成员归类机制的角度为身份的研究拟定准则。Zimmerman（1998）提出身份作为"谈话中的语境元素"的思想，进而提出"作为语境的身份"（identity as context）的概念，呼吁应当在具体的语境中研究情景性身份。Tracy（2002）将本质主义和后现代主义观结合起来，认为这两种看法反映了身份本身所具有的复杂性和多面性，她对身份的界定包含了人们在交际发生前的稳定特征和随着交际场合变化而变化的动态的身份特征。

随着社会建构主义思潮的涌入，身份观经历了从本质主义到社会建构主义的转变，经历了从语言与身份的静态反映关系向话语与身份的动态建构关系研究的转变，呈现身份研究的"语用转向"（pragmatic turn）（Chen，2022）。社会建构论认为身份不是固定不变的、先设的、单向的，而是在交往中通过话语动态的、积极的、在线建构的（Hall，1996；Kroskrity，2000；Bucholtz et al.，2010；de Fina，2010；陈新仁，2013a，2018）。社会建构主义身份观包括以下共识（陈新仁，2018：22-23）：（1）身份既不是给定的，也不是一个产物，而是一个过程。（2）身份发生在具体、特定的互动场合。（3）交际带来多种身份而非个体的、单一不变的身份。（4）身份不是简单地源自个体，而是来自磋商的过程和语境化。（5）身份需要通过话语工作来实现。（6）身份是参与者的资源，而非简单的人口统计事实。陈新仁从语用学视角提出了"语用身份论"（2013a，2014，2018），认为语用身份是特定的社会身份（个体身份、人际身份、群体身份）在语言交际语境中的实际体现、运用，甚至虚构，语用身份通过话语或其他非语言模态呈现或建构。话语建构的身份可能是预先存在的／非预先存在的，默认的／变异的，恰当的／不恰当的，身份具有主体间性，可以被接受、被质疑，甚至被解构（Chen，2022）。身份研究的语用转向与身份研究的修辞方法（Tracy，2002）一致，将身份研究从"共建观"向"共建／修辞观"推进，为身份研究的重大问题提供可能的解决方案或者新的补充，并且推动现有语用学分支学科的发展（袁周敏，2016b），同时推动国际语用学界对身份的文化特性的研究，如"身份修辞"（Yuan，2020）、"关系身份"（袁周敏，2021）等。

2.1.2　话语与身份的理论研究

语言学理论对身份的研究主要反映在社会语言学、批评话语分析、会话分析、语用学等领域。社会语言学主要研究不同语言特征和社会身份之间的关系，比如语言与阶层（Labov，1966）、语言与种族（Dow，1991；Gao，2007）、语言与性别（Lakoff，1973；Coates，1986；Queen，2014）、语言与年龄[1]（Coupland et al.，1991；Coupland，2009a）等。批评话语研究从权力关系角度阐释"身份"的语言建构，认为"身份建构是一种权力形式"（Vasquez，1998：219），高度关注话语与身份建构的互动关系，将语言研究、意识形态和社会现实批判结合在一起，揭示隐藏在话语背后的权力和意识形态（辛斌，2005），认为"身份不是在协商中产生，而是在意识形态与权力关系限制下呈现"（李芳，2016：79）。Wodak（2001）提出的话语—历史分析方法（the discourse-historical approach）为批评话语分析提供了独特的研究视角，通过分析话语中积极的自我表征和消极的其他表征，揭示内群体（in-group）和外群体（out-group）的话语建构。因此，话语历史分析方法也成为研究身份建构的有力工具，其对身份问题的研究主要聚焦于国家身份、欧盟身份和移民身份（Wodak，2011）。石春煦（2019）提出了身份建构的社会符号学分析框架，讨论多模态设计如何实现起诉书宣读者作为司法人员的身份。石春煦（2022）探讨积极话语分析和批评话语分析的互补性对身份研究发展的影响。会话分析方法对身份的研究，主要揭示人们如何通过选择不同的会话常规来建构特定的身份，包括日常对话中某一具体社会身份的建构（Raymond et al.，2006）和机构性谈话中参与者的身份建构，如医生、患者、采访人、受访人、陪审员等（Heritage et al.，2010）。会话分析认为身份是交际双方在言谈互动中通过话轮设计建构、协商和发展变化的，身份建构往往辅助社会行为的完成。身份不是供研究者解释言语互动所调用的资源，而是分析研究的客观对象（Antaki et al.，1998）；只有当交际者通过话轮设计把某种身份调动出来，并对会话的发展产生影响时，身份才被纳入研究的视野。会话分析者认为，身份是由交际者通过语言或非语言手段实现的，是交际双方协商的结果，

1　有关老年人的话语与身份建构的研究将在本书第 2.3 节给予详细介绍。

具有指示性（indexicality），对当前交际所完成的社会活动或社会行为具有直接影响（吴亚欣，2021）。

语用学对身份的研究源于对语言及其使用与身份的关系的认识（蒋庆胜，2019），尤其重视"将语言使用者纳入语言分析"（Yule，1996）。语用学视角下的身份观认为各种身份并非同时在交际中起作用，只有在当下语境中被激活的身份才是影响当前话语的身份，强调语境对身份建构的制约以及从交际资源维度探讨身份研究的意义（陈新仁，2013a；Ho，2010）。陈新仁提出"语用身份"的概念，专指情景化的、动态的交际者身份，并提出了5条主要的研究路径，不仅关注身份的话语建构，而且提出了约束身份建构的原则和准则，以及影响身份恰当性或效果的因素（陈新仁，2013a，2014，2018；Chen，2022）。陈新仁（2021）提出了"身份元话语"的概念，深入探究了身份元话语背后的元语用意识。有学者将身份建构纳入人际语用学研究的范畴，把身份和人际关系结合起来，并提出相关研究原则和研究议题（李成团、冉永平，2015），从人际关系、礼貌（不礼貌）或者面子等维度研究身份（陈新仁，2020；Labben，2018；Locher，2013，2015；Spencer-Oatey，2007）。任育新（2022）运用 Arundale（1999，2010）提出的联合共构交际模式考察身份的动态建构过程，重点关注交际者如何共同参与身份的动态建构。任育新认为，身份动态建构是在交际参与者联合协同互动中实现的，具体体现为身份建构中参与者的协商和协作。

语言学理论对身份研究的多视角切入充分说明了语言过程和策略在身份创建、身份协商和身份确立中的根本作用。社会建构论、批评话语分析等关注影响身份表达、身份协商等的社会文化等宽泛语境；会话分析强调理解身份涌现的局部语境（de Fina et al.，2006：5）。社会语言学探讨宏观语境影响下某种固化的、静态的身份；会话分析和语用学探讨即时语境中的动态身份建构（吴亚欣，2021）。近年来，有学者尝试从认知视角探讨身份问题，Berzonsky（2010）提出身份既是一种社会认知结构，也是一种认知过程和策略。张翼（2021）指出话语和身份的辩证关系需要认知结构发挥中介作用。郭亚东（2020a）具体分析了在冲突交际中身份工作的认知加工机制。总体来看，话语与身份研究的趋势从本质主义转向社会建构论，从研究者视角转为研究者和交际者视角并存，涵盖宏观语境和微观语境，注重交际多方的联合共建，为言语互动中身份的社会、心理和交际属性的认识提供了丰富的理论参考。

2.1.3 话语与身份的应用研究

言语交际行为从本质上讲是一种话语实践（Tracy，2002），语言与身份之间存在内在的联系，特定的身份总是以特定的语言形式或话语方式呈现的（陈新仁，2018）。随着学界对话语与身份关系的深入探索，涌现出大量的实证研究，涵盖了多样化的话语类型和身份类型，如日常会话、学术话语、新闻话语、医患会话、商业会话等，丰富了身份作为超学科话题的研究。

（1）日常会话中的身份研究关注自然情境下的交际过程，相关研究集中体现在两个方面：关于成员归类机制的研究和关于故事讲述的研究（袁周敏，2013）。Higgins（2007）运用成员归类机制探讨一群坦桑尼亚记者如何使用语言资源建构他们作为同一文化成员的身份。袁周敏（2011a）依据身份表征理论，认为日常会话中称呼语的使用和转换是交际主体身份协商的结果，是凸显其身份的语言手段，是元语用意识调控之下元语用策略的使用。项蕴华、张迈曾（2005）采用 Labov 的叙事分析模式对女性受访者的叙事进行分析，勾勒他们从"半边天"到下岗女工到再就业的个人经历及其身份的重新建构过程。Archakis 和 Tzanne（2009）探讨希腊年轻人在故事讲述中，通过共同叙事和以相似的观点连续叙事来建构"内群体"身份，这种内群体身份的彰显或许正是他们作为希腊人的社会文化身份。家庭也是日常对话发生的重要场所，目前已有学者开始关注家庭话语中的身份建构研究。杨青（2013）探讨了家庭冲突话语中自称语视点选择与身份建构的关系，发现自称语视点选择是交际主体建构和维护自我身份或重建理想身份的一种语言策略。郭亚东（2018）以夫妻冲突话语为例，探讨冲突话语中身份的操作、认知和磋商。杨仙菊（2021）考察了家庭教育话语中父母话语实践与语用身份建构，发现在不同的语境中，父母借助多个层面的话语建构多种不同的身份。郭鑫鑫（2021）发现家庭话语中青少年家长运用表情、动作、语言等多模态建构不同的语用身份。Yu 和 Wu（2021）对两位熟人之间的电话对话进行个案分析，探讨交际双方随着话轮推进动态管理身份的建构和协商。

（2）学术语境下的身份建构涉及多种主体，其中对高权势者的身份建构关注较多，如学校领导人的个人身份建构（Ho，2010），学术答辩话语中专家身份建构（任育新，2013，2015，2016），学术会议主持人的语用身份建构（陈新仁 等，2016），教师身份的建构（Atai et al.，2022；Gholami et al.，2021；夏芳，2009；夏秸，2019），高校辅导员的身份建构（陈静，2019；王媛媛 等，2021）。身份建构策略体现了多样性，包括人称代词（任育新，2016；夏秸，2019）、言语行为（任育新，2013；徐敏 等，2015）、语篇特征（Ho，2010）等不同层面。此外，也有学者关注学术话语中低权势者的身份建构，如 Lytra（2007）研究雅典小学生的课间会话，考察"嘲弄"（teasing）作为反复出现的社交活动如何建构学业较差的学生身份和好学生的身份。Ige（2010）探讨了学生如何利用人称指示词"we"来建构群体身份，李娜和景晓平（2019）探讨了学术互动中答辩人从学习者到研究者的动态语用身份建构。郑艳和赵永峰（2021）指出，学术答辩语境下的学术身份是答辩者和答辩委员会通过互动得以建构的，答辩者在本我、自我和超我角力中，通过超我的三种调控抑制本我、调控自我，建构自我学术身份。学术话语中身份建构的研究也关注特定性别群体，如郭亚东（2016）考察了女性学者的身份建构情况，发现其在学术实践社区中自建了学者身份和女性性别身份。除了学术口语中的身份研究外，二语写作者在书面语篇中的身份建构也引起了国内外不少学者的重视（如Hyland，2000；云红，2009；柳淑芬，2011；徐昉，2011；孙莉，2015；何荷，2016；周惠 等，2021），主要关注学术写作中作者身份的突显或建构。Li 和 Deng（2019）分析了中国学生的英语个人陈述，发现学生借助"讲述生活经历、提及或凸显自己和其他"等话语选择来进行不同的自我表征，建构合格且特别的申请者和理想作者身份。Chen Rong（2020）指出，由于中国文化谦虚观，学术写作者避免使用第一人称单数指称自己，作者认为中国学术英语写作者既不像英语写作者也不像汉语写作者，他们努力寻找最佳方式来呈现可信的作者和作品（Hyland，2002），最后又没有习得学术英语写作规范。廖巧云和翁馨（2022）对比国内英语专业硕士学位论文与国际期刊论文在论文各语步通过使用言据性资源所建构的作者身份差异。研究表明，国内英语专业硕士学位论文的作者身份建构具有"轻可信者、尊重者、权威者而重低责任者"的倾向。Cai、Fang、Sun 和 Jiang（2022）探讨了中国英语学习者在国外学习时经历的身份建构和身份协商，研究证明英语社区促进了他们从学习者到自信和积极的英语使用者的转变，重建想象中的英语母语者身份，以及如何在跨文化冲突中协商身份。

（3）新闻话语一直是机构话语的研究重点，新闻话语中身份建构的研究比较关注一些特殊群体，如残疾人的身份建构（O'Malley，2009；武术，2014）、农民工的身份建构（毛延生 等，2015；唐青叶，2012；赵晔琴，2007）、老年群体的身份建构（Taylor，1992；刘文宇 等，2017）、女性身份建构（戴蓓芬，2016；侯琳，2021）等。同时，教育语境中的群体身份也是新闻话语的重点关注之一，如"教授"的集体身份建构（刘文宇 等，2017）、"留学生"的集体身份建构（孙成志 等，2021）、"小镇做题家"的身份建构（李沁柯 等，2021）。近年来，边缘话语的兴起为新闻中弱势群体的身份研究提供了新的视角，不少学者在边缘话语分析的框架下探讨边缘群体的身份建构，如留守儿童的身份建构（唐有财 等，2011）、"井底人"打工者的身份建构（姚晓东 等，2016）、涂鸦话语中青少年群体的身份建构（丁建新 等，2020）、新加坡华人的身份建构（赵奕，2020）、粉丝身份建构与认同（朱黎黎，2021）。国家、政府形象以及政府官员一直是新闻话语中身份研究的重要领域。相关研究主要从称谓语、人称代词等微观视角探讨政治官员的身份建构情况（Allen，2007；Kuo，2002）。袁周敏（2009）从文化层面、词汇层面和句法层面探讨美国总统演说话语中身份建构的实现方式。张蕾（2017）从新闻语篇中的隐喻视角出发，揭示了中美文化在建构第一夫人多重身份上的差异。唐青叶和伊丹丹（2016）探究了在媒体中中国和土耳其的形象互构，赵秀凤和宋冰冰（2021）分析了美国智库涉华核能话语中对中国"他者"身份的建构。包蕾和王雪玉（2017）对受众的"草根"话语进行分析，研究了危机语境下政府的身份建构。秦勃和袁周敏（2020）从文化话语的话语主体、话语内容、话语形式等层面分析了政务新媒体的语用身份建构。严静霞（2022）从元语用意识分析发言人在涉及共建"一带一路"话题时建构的身份类型、语言表征和语用功能。也有学者研究探讨新闻叙事人的身份建构（董千语，2018；吴珏，2018；吴珏，2019；等）。

（4）医患对话中的身份建构吸引了较多的关注，医患对话不仅是双方交换信息、确立人际关系的典型方式，也是建构身份、影响医患关系的重要情景（谭晓风，2018）。Brewer 和 Gardner（1996）认为医生建构了职业身份、权威身份和普通人身份。Barone 和 Lazzaro-Salazar（2015）研究医生的特定职业身份，表明医生运用医学知识和抽象的解释建构特定的专家身份。袁周敏（2011b）探讨了医疗咨询顾问在电话医药咨询中建构的专家身份、同伴身份和销售代表身份。梁海英（2014）指出，在门诊医患会话中，医生既维持了其在机构中作为医学权威者的既定角色，在特定的语境中又转变为患者的理解者、同情者和帮助者。夏玉琼（2015）指出医生在群体层面上常建构机构身份和职业身份；在关系层面上，建构带有情感互动色彩的关系身份；在个体层面上，则建构独特的个人身份。毛艳枫和徐斌（2016）发现外科医生在叙事话语中，建构了患者的"拯救者"、同事的"领导者"和"竞争者"、朋友的"互助者"以及家人的"保护者"等四种具有"男性气概"的社会身份。Cascón-Pereira、Chillas 和 Hallier（2016）探讨了医生管理者的多元身份运作，与所管理的临床医生相比，或参考他们以前作为医师工作时为"勉强的医生管理者"，这时候管理让位于医疗工作；与上级管理者比较时多为"热情的医生管理者"，因为他们更靠近医疗现实。王尚法、徐婧华（2017）以医生的建议序列为切入点，从会话分析的角度，研究医生在给予患者诊断建议的同时建构和调整不同的会话身份：专家身份、权威者身份、教育者身份、平等同伴身份或多重身份。秦苑和高一虹（2021）关注到特殊语类"安宁疗护家庭会议"中言语行为分布和医生的身份认同。谭晓风（2021）探讨了职业情境中与患者死亡相关主题的医生叙事，认为医生在传播者、守护者和理性者的多元身份间流转。李成团（2021）采用 Spencer-Oatey 的人际协同管理理论和孔子的道德秩序作为理论框架，提出了分析汉语文化语境中身份建构的道德维度和研究范式。作者认为，医生职业身份建构须符合孔子的道德秩序，以形成积极的个人形象，正面的情感站位和礼貌的社会评价。

医生的身份不是固定的，而是动态的、开放的，医生的身份是在和患者的交流过程中反复形成的，不可孤立来看（Ouakinin，2016）。Barone 和 Lazzaro-Salazar（2015）聚焦医生在医患互动中的叙事推动者角色，指出医生在建构他们的职业身份的同时，也为患者的叙述提供空间，推动信任的建立和关系的融洽。谭晓风（2018）认为，医生身份并非事先指定，而是形成于与患者的沟通互动之中，患者确立身份的过程亦是在强化医生的身份地位。夏玉琼（2019）注意到患者对医生身份的解构，发现在医患冲突性话语中，患者主要从医生的职业、医品和能力三个层面解构医生的身份，表达对医生的不满和质疑。

（5）工作场所中的话语与身份也吸引了不少学者的关注，如 Van De Mieroop 和 Schnurr（2018）探讨了面试者在工作面试中的身份自建情况，发现面试者一般会通过陈述个人经历来建构有能力、适合所面试工作的专业身份，但是当该身份受到威胁时，面试者往往会通过叙述他人经历（vicarious experience）建立自己和故事主人公的标准化或临时关系，间接建构他们的身份。董伟玮（2021）考察了一线行政人员的身份建构策略及其作用机理，发现他们的身份建构包含对自我身份的强化建构和对当事人身份的弱化建构。值得注意的是，工作场合中身份研究特别关注"幽默"与特定身份建构的关系，如"幽默"与性别身份（Holmes et al.，2005；Holmes，2006），"幽默"与权利身份（Holmes，2007），"幽默"与身份认同（Holmes et al.，2002；Plester et al.，2008；Van De Mieroop et al.，2018）等。还有一些相关研究发现交际者在工作场合会采用"取笑"（teasing）或者"自嘲"（self-mockery）等言语行为建构特定身份，实现一定的交际目的（Moody，2019；Rees et al.，2010；Schnurr，2008）。

（6）法庭话语因其参与者身份的特殊性和程序性在机构话语身份建构的研究中受到了广泛的关注。夏丹和廖美珍（2012）讨论了民事审判话语中人称指示语的变异与上诉双方的身份建构情况。江玲（2012）从语法、语篇及语用三个维度探讨了庭审话语中法官的身份建构。石春煦（2019）讨论多模态设计如何实现起诉书宣读者作为司法人员的身份。张蕾和刘芳（2020）在评价理论框架下揭示了建构被告人心理受害者、正义复仇者、品行端正者三重身份的过程。马泽军和郭雅倩（2021）考察了庭审中公诉人转述话语的语言特征及其建构的语用身份，发现公诉人策略性地使用转述话语及韵律特征建构法律从业者、总结陈述者、信息确认者及话题引导者的语用身份。赵海燕和王振华（2022）基于语言/手势复合交流系统，结合评价系统，提出律师身份符合建构的分析框架，用以分析律师如何使用语言和手势副语言建构身份。杨敏和佟彤（2022）聚焦医患纠纷庭审叙事，结合庭审话语类特征及身份研究相关理论，创建了庭审叙事身份建构分析模型，并据此对该类案件庭审叙事中所涉主题、所使用的话语策略及其所体现的身份类别进行了考察。叶宁和赵云（2022）发现，在"冒充公检法"

类诈骗案件中，犯罪嫌疑人运用语类模板中的话语资源编造虚假信息，建构虚拟语境，通过话语实践确立虚假身份，利用话语策略实现不同身份的多元转换。

（7）商业话语中的身份建构研究主要关注公司发言人的身份建构（van De Mieroop，2005，2007，2008），所考察的策略比较集中于人称代词的使用。也有学者关注自然对话中顾问、代理人、专家的身份建构（吴凡，2019；袁周敏，2020a；袁周敏 等 2019），研究切入的视角包括语言顺应论（袁周敏 等；2013）、语码转换（吴凡，2019），微观上的弱化语（袁周敏 等，2019）、指称策略（袁周敏，2020a）等。有学者注意到商业广告话语中的身份建构，如王雪玉（2012）探索了广告商如何通过使用元话语建构特定身份。商业话语中的身份建构研究还涉及企业身份建构，乌楠和张敬源（2019）分析了企业身份话语建构的认同修辞机制。孙秀丽（2021）从批评话语视角出发，分析了"中国石油"能源企业的身份建构。苗兴伟和李珂（2021）运用再语境化视角探讨了企业生态身份的话语建构。吕金姝和詹金旺（2020）探讨了危机语境中企业网络身份的建构，发现其经历了"分离—虚假—趋近"的动态建构的路径。刘曦霞（2022）沿用语篇 -历史研究路径，系统探析了危机语境下中国企业身份建构的话语策略及其实践类型。

近年来也有学者关注其他话语类型中的身份建构，如电视论辩话语中的专家身份（Li et al.，2016；韩戈玲 等，2020）、相亲节目中的专家身份（Bi et al.，2020）、调解话语中的警察身份（冯文敬，2020）、文学作品中人物的语用身份（袁春波，2020）、家校交际中语用身份的建构与磋商（徐学平 等，2022）等。

身份的语言学研究表现在社会语言学、批评话语分析、会话分析、语用学等方面，经历了从本质主义到建构主义的转变。具体研究涉及多种话语类型和身份群体，从日常对话到各类机构会话，从对话到独白，涉及各种职业群体，涵盖高、低权势及各种边缘群体等。身份类型呈现多样化，从微观的个体身份、关系身份，到宏观的文化身份、企业身份、国家身份等，从现实身份到虚拟或者理想身份。身份建构的手段包括微观的人称代词、称呼语、视点选择、言语行为，宏观的叙事模式、语言特征，以及各种多模态手段。对身份的认知超越了以往研究，身份呈现多维性、动态性和开放性，在动态话语中经历建构、重建或解构，自建、他建或共建等。

2.2 新媒体语境下身份建构的相关研究

新媒体话语"泛指在以计算机为媒介的人与人之间的交流过程中产生的话语"（Herring，2007）。在传统纸媒话语中，交际双方无法随时随地进行双向沟通，而在当今的"互联网＋"时代，新媒体平台的议程设置在形式和内容上都具有更多的互动性和融合性（Nilsson et al.，2014），互动性是其根本性特征（李战子，2016）。在新媒体语境下，每个人不仅有听的机会，更有说的条件，实现了前所未有的互动性（匡文波，2014）。相对于其他话语，新媒体话语身份研究的意义在于，它是在话语权力变化、交际地位嬗变的条件下对"新身份"与"新建构模式"的探讨（秦勃 等，2020）。近年来，涌现出了众多基于新媒体语境下身份建构的研究，本节对新媒体语境中的身份建构研究进行综述。

2.2.1 新媒体话语中的女性身份

相较于传统媒介中的女性建构，新媒体扩展了女性形象表征的空间（方之衍，2022），使女性媒介身份的自建或他建均突破了传统媒体设置的藩篱，呈现主体性和多元化。也有研究认为，新媒体虽然具有成为性别平等的传播平台的潜力，但其话语建构依然沿袭着传统的话语风格（杨霞，2017）。新媒体时代，网络新闻对女性的关注度远远高于传统媒体，但相关话题多是娱乐、母性关怀（赵丹，2016）。新媒体广告可以成为帮助女性撕去标签的有力工具，但新媒体广告中的女性刻板印象仍然存在（高璐雅 等，2021；胡安琪 等，2013）。有学者指出，新媒体时代女性话语权缺失，常以他者姿态呈现，而且还存在扭曲和异化现象（张文鸯，2014），如女博士媒介形象扭曲（李璐瑶，2011）、女博士高分低能等负面形象（朱蕾 等，2019）。有研究发现，女性并没有像人们最初预想的那样得到更多的话语权，新媒体加重了人们对女性的丑化和剥削，在众多新闻报道及评论中，女性多以负面形象出现（石佳，2021）。也有研究指出女性身份的积极变化，董天策和罗小玲（2011）发现百度资讯频道（2003—2011 年）建构的女大学生的形象表现出从弱势到积极的历时变化。张毅（2018）发现，《环球时报》微博中女性新闻报道多于男性新闻报道，其正面报道多于负面报道。符小丽（2018）对人民网（2012—2017 年）中女博士的形象进行了多次研究，发现新闻报道始终肯定女博士卓越的工作能力和超群的智力，从而消解人们对该群体的刻板印象。

随着女性独立意识的觉醒，社交媒体、网络直播、短视频等新媒体的赋能，越来越多的女性获得更多自建身份的机会，主动向社会展现自我，摆脱传统封建的女性形象（王宇薇，2021）。女博士群体针对网络媒体污名化的现象，凭借新媒体重构自身媒介形象（刘志婷，2016）。短视频"papi 酱"在社会公共领域积极发出女性声音、发表女性观点，消解社会对于女性的一些刻板印象（顾杰钰，2019）。网络视频《奇葩说》对传统媒体形象的解构促使高知女性形象在与社会、媒体的互动中变得更加全面、动态和多元（黄敬茹，2020）。部分女主播通过使用多模态资源建构当代独立女性和传统女性的身份特征（王伊蕾 等，2020）。社交媒体有助于提升性别平等，强化女性群体联络（Zhang et al.，2014）。网络空间的女性主义话语行动产生了凝聚女性共同体的巨大力量（冯剑侠，2020）。李梦竹（2022）对微信育儿群的研究表明，互联网的社交媒体搭建起一个平等交流空间，将分散的个体化母亲团结起来，能有效消解话语权的限制，提升女性在母职实践中的自主选择权和自我效能感。此外，新媒体在农村地区迅速发展，促进了女农民的群体意识（段孟琪 等，2017）。乡村女性（刘乐乐 等，2021）借助新媒体技术实现自我赋权和建构新的社会角色与身份。"留守妇女"（石义彬 等，2021）借助社交媒体调节情感、辅助生活以及获得自我认同。

在新媒体时代，女性在媒体中的形象被重新排列组合，被转述、评论、解构和重构。在新媒体视域下，全新的性别话语不断生产，解构了传统的性别气质（黄子旸，2018）。但仍受传统性别秩序的影响，社交媒体时代女性的身体叙事与形象表现仍延续了男性主导的传统性别秩序（季夫萍 等，2017）。女性微博使用人数超过男性，议题较为多元化（杨霞，2017），但女性微博内容仍然停留在情感、生活、心情等方面（江澄，2013），且集中在和女性密切相关的领域，较少关注政治、经济、军事、社会等（王会颖，2019）。

2.2.2　网络会话中的虚拟身份

网络的兴起在很大程度上改变了身份建构的条件，网络的匿名性使人们倾向于扮演他人身份或与现实身份不一样的某种人格（Stone，1996；Turkle，1997）。越来越多的研究者（Benwell et al.，2006；McKinlay et al.，2011）开始关注网络空间中的虚拟身份（virtual identity）建构。与现实中的身份不同，虚拟身份并不完全是生理、出身及社会环境的产物，而是一种易于操纵的非实体存在（Cherny，1995）。与面对面的交流不同，社交媒体因其匿名性、无法观察面部表情、语音语调的特质使人们会在更大程度上表露自己，但在线交流也让人们有了更多的时间去控制、调整个人的反应，从而呈现个体更为积极的一面（Forest，2012）。Locher 和Hoffmann（2006）发现，在线交际中一些虚拟建议专家建构了充满关爱和理解的建议给予者的身份。Newon（2011）研究网络游戏《魔兽世界》（*World of Warcraft*）中高级玩家如何通过多种话语实践建构自己的专家身份。Peuronen（2011）研究了芬兰极限运动网络论坛的话语实践，指出论坛成员使用芬兰语（本土）和英语（全球）两种话语资源和风格在互动中完成多重身份的建构。网络是公众呈现、建构身份的虚拟空间，由于缺少现实交际的诸多束缚，交际者可以根据需要建构最利于自己的身份（何荷、陈新仁，2015）。网络背景下建构特定的关系身份以呈现商品似乎已成为销售成功与否的重要因素，淘宝店主选择利于自己的称呼语指称自己及客户建构关系身份（何荷 等，2015），这也给网络诈骗制造了机会。钱永红（2019）分析了网络电信诈骗案件话语中的诈骗者的各种虚假身份。吕佩玉（2021）发现网络诈骗中钓鱼者使用多种话语实践类型建构出各种语用身份，帮助其在虚构语境下实现特定的交际目标。

网络世界并非都是匿名的，自我呈现的研究逐步从匿名语境中的身份建构转向弱匿名语境中的身份表演（performance）（Zhao et al.，2008）。Zhao 等（2008）发现，脸书使用者主要以隐性而非显性方式主张其身份，他们"表现"而不是"主张"某种身份。Haugh 等（2015）探讨了中国网络论坛中参与者如何在评价互动中推动人际关系和身份建构。Georgalou（2015）分析了脸书使用者如何谈论时间和年龄，在时间上进行自我定位，认为脸书可以作为交互式、合著的数字记忆库，形成在线自我连续体。

Dayter（2016）从言语行为的角度讨论推特上的话语和自我身份建构。

2.2.3　社交平台上的年轻人身份

微博、微信、抖音等新兴网络社交平台的出现，受到了追求新鲜事物的年轻人的欢迎，年轻人的身份建构也吸引了学术界的关注。新浪微博作为拥有最多用户的网络社交平台之一，为用户进行多种方式的身份建构提供了网络空间。研究发现，中国大学生通过使用隐性策略建构了多种在线身份，用户、互关的朋友、屏幕后未知的观众共同影响并塑造了中国大学生在微博上的在线身份（Yuan，2018）。微信朋友圈作为一张虚拟名片，反映了用户的兴趣爱好、职业、生活等各方面的信息，大学生在朋友圈中塑造了网络语言的传播者、主流文化的推崇者、生活休闲的享乐者等身份（陈雅，2019）。高校青年群体在抖音传播中国传统文化时，也在进行自我传统文化身份的认同和建构（王楚 等，2020）。随着网络的普及，城乡青年的差距很快缩小，乡村青年也学会在社交平台上展示自己的身份。郭旭魁（2016）指出，微信群为新生代农民工重新搭建了内群体和外群体两种同乡交际网络，分别建构了基于乡土社会差序格局的农村身份和人人平等观念的城市身份。王文娟和鞠玉梅（2021）指出，网络媒体所用语词形成相互勾连的连续辞屏，建构了新生代农民工奋斗者、行动者、受益者等积极身份，以及边缘人、弱势群体等消极身份。尹金凤和蒋书慧（2020）发现，在快手等网络平台中视频受关注程度较高的乡村青年借助短视频这一虚拟空间的匿名性和平等性，实现了群体归属，同时获得了深入的情感体验。王伊蕾和邹甜甜（2022）分析了李子柒在短视频中运用多模态资源建构了融会中外、贯通古今的超文化身份。刘桂玲和张存（2022）发现无论是他建还是自建，新时代中国青年都呈现出开拓创新、肩负使命、有理想、有担当的积极形象。

研究也关注到其他群体的身份建构，如在线问诊中医生的身份建构（蒋筱涵 等，2020；夏玉琼，2017；Mao et al.，2018）。此外，还有汉服趣缘群体中的身份建构（彭思宇，2021）、男主播的身份建构（李贞 等，2021）、微商代理人的身份建构（吴凡，2019；）、微信广告发布者的身份建构（黄菁菁 等，2022）、粉丝群体的身份建构（朱黎黎，2021）、网红"人设"的身份建构（林纲 等，2022）、微商群内的品牌消费和身份建构（董扣艳，2022）等。除了普通个体外，政府、企业、新闻媒介也吸引了学者的关注，如新媒体新闻叙事者的身份建构（吴珏，2018；董千语，2018）、气象微博中的身份建构（张亚丽，2019）、政务平台的身份建构（秦勃 等，2020）、企业网络身份的建构路径（吕金妹 等，2020）、文旅新媒体宣传中的身份建构（黄菁菁 等，2023）等。

新媒体话语身份研究成果丰硕，身份建构的领域和手段都有了多样化的体现。新媒体语境对多群体的关注推动大众对边缘群体、弱势群体、未走进公众视野的个人或者群体有了进一步的认识。研究范围从最初的网络论坛逐步拓展到网络游戏、社交媒体（微博、微信、抖音、快手）和网络购物平台、在线问诊平台等。学者们从相对微观的称呼语（何荷 等，2015；杜惠 等，2020）、寒暄语"在吗"（曾一果 等，2021），到相对宏观的语用原则和策略（叶哲媛 等，2015）、语言及其变体（Peuronen，2011；Birnie-Smith，2016；Yuan，2018）、超话语的多模态分析（Newon，2011）等不同层面入手，展现了新媒体语境下多种话语身份的建构方式。

2.3　老年人身份建构的相关研究

自 20 世纪 70 年代起，国外传播学界开始关注老年群体的刻板印象（Williams et al.，2000）。作为弱势群体的老年人受到传播学、语言学、社会学等学科的广泛关注，成为重要的研究领域（张潮 等，2013；丁卓菁，2016）。从社会语用的角度来看，老年人形象与身份认同、老病死叙事话语、双（多）语老年人语言的衰退与老化等均是老年语言学的重要研究内容（黄立鹤 等，2019）。与老年人相关的话语（如身份建构）非常有必要纳入老年语言学的研究范畴（周德宇 等，2020）。老年人的身份建构主要来自大众媒介和老年人自身的认知和建构，本节将详细介绍老年人身份建构的相关研究。

2.3.1　传统媒介中老年人身份的他建

大众媒介中的老年人既有积极形象也有消极形象，表现出积极年龄态度（positive attitude）和消极年龄歧视（negative ageism）（Palmore，1999），但消极刻板印象占主导地位（Fealy, et al.，2012），老年人的形象普遍被描述为脆弱、忧虑、虚弱等（Pain，2001）。老年人在电视节目中的呈现度很低（Gerbner et al.，1980；Robinson et al.，1995），尤其是老年女性（Kessler et al.，2004；Robinson et al.，2007；Signorielli，2004），对老年人有种族偏见，多数老年人为白人（Greenberg et al.，1980；Robinson et al.，1995）；老年人多处于边缘地位，以负面形象（啰嗦、固执、古怪等）为主（Bonnesen et al.，2004；Harwood et al.，2002）。电视剧中老年人比其他群体扮演主角的比例要少，老年女性的正面形象比老年男性更少（Swayne et al.，1987；Vernon et al.，1991；Harwood et al.，2002），老年女性在荧幕中逐渐被边缘化、刻板化、隐形化、贫民化（Lemish et al.，2012）。在报纸与期刊中，老年人的出现率也很低，尤其是老年女性（Vasil et al.，1993），主要以消极形象出现（Evers，1998）。Miller 等（1999）对 1956 年到 1996 年期刊中出现的老年形象进行历时探索，发现期刊对老年人的刻板印象有增长的趋势，而对老年人正面形象的描述越来越少。Bonnesen 和 Burgess（2004）发现报纸上的文章越来越多使用"老年失忆"（senior moments）描述老年人，表达对老年人的歧视。Martin，Williams 和 O'Neill（2009）发现《经济学人》多将老年人看作社会的负担，将其描述为"虚弱的无贡献者"（frail non-contributors）。在商业话语中，老年化（ageing）等同于外表的衰老（Coupland，2009b）。Fealy 等（2012）对爱尔兰的报纸进行话语分析，发现报纸上关于老年人的文章将老年人作为受害者、瘦弱者、激进者等依附性或他者的负面形象进行描述。郭建良（2015）发现在希腊经济灾难新闻图片中，老人均被定位为弱势群体。也有少量研究发现，电视节目中的老年形象逐渐在发生变化。Bell（1992）发现老年人在电视中的负面刻板形象正逐渐被活跃、强大、健康等积极正面的形象所代替；电视节目中逐渐出现积极与正面的老年形象（Cassata et al.，1997；Roy et al.，1997）。与以前相比，西方广告的主角出现了"银发一族"（殷文，2008），有更多老年人出现在电视广告中，但多数处于边缘或背景地位或者和其他年龄群体出现在一起（Greco，1993）。有研究指出，电视广告商开始积极描述老年人（Roy et al.，1997），期刊广告中老年人的积极形象在减少，但是负面形象依然在增加（Miller et al.，1999）。

相关研究对亚洲地区电视和报刊中的老年人进行了调查研究，发现了负面、正面形象并存的情况。Lee、Kim 和 Han（2006）指出韩国电视广告对老年人的偏见仍然存在，但是老年人在韩国电视广告中担任主角的比例要比西方电视广告中的大，此外，韩国电视广告更为积极地塑造老年人的形象。Prieler、Ivanov 和 Hagiwara（2017）对东亚地区（中国香港、日本、韩国）电视广告中的老年形象进行分析，发现老年形象代表份额严重不足；大多数老年人都作为年轻演员的配角出现；老年男性的出镜率要远大于老年女性。我国的媒体从 20 世纪 80 年代起开始关注老年人这一庞大的受众群体（郭子辉 等，2014）。大部分研究认为国内电视、期刊、报纸等媒介中老年人形象呈现度低，老年女性较老年男性更低（丁卓菁，2016；郭子辉 等，2014）；中国老年形象呈现不健康、低消费、传统保守等刻板印象（殷文，2008）。王成一（2011）对中国电视广告中的老年人形象采用量化研究，得出与西方学者相同的结论：老年形象代表份额不足、形象刻板以及角色分配失当。万彬彬（2013）对纪录片中的老年形象进行分析，发现老年人的形象大都是消极的、负面的。Lien、Zhang 和 Hummert（2009）对中国台湾电视广告中的老年形象进行探索，与前人研究结果不同的是，老年女性并未明显低于老年男性的出镜率；老年人的荧幕形象大部分都较为积极正面，如思维敏捷、身体健康等。黄立鹤和朱琦（2020）基于多模态话语分析视角，对近 30 年央视春晚小品中的老年形象进行了详细分析，从老年形象的变化可以看出老年群体心态的年轻化，渴望追求高品质的幸福、独立生活的形象转变。黄立鹤、毛欣越和张弛（2021）对老年产品广告进行多模态与修辞分析，发现老年消费品广告建构的老年形象较为正面、积极且多元化。

近年来，国内报纸新闻中的老年人总体上也以负面形象为主，但在群体类型、形象特点上表现出一定的多元化。新闻报道关注城市老人多于农村老人（陈泓宇，2011；刘涛，2012），聚焦特定老年群体媒介形象，如使用"孤独""缺乏关爱"等标签形成对城市"老年漂"形象的消极化建构（申华，2014），"空巢老人"负面形象多于正面形象（黄谷香 等，2016）。也有研究关注老人形象的历时变化，《中国老年》期刊中老年人具有"不一致变迁"的特点：怕老、节俭、喜欢回忆等（陈泓宇，2011）。报刊对老年人报道的数量并未增加，主要呈现的特点：偏重老年男性；农村老年人的再现较少；以再现私人生活领域为主等（刘涛，2012）。此外，大量的研究聚焦冲突类新闻如"老人倒地"事件报道中的形象，有分析表明，媒体普遍采用了"贴标签"和"合理想象"，信息量失衡导致形成"刻板成见"，丑化老人形象（王淑伟，2012）。媒体给"扶老人"事件贴上了"被讹""炫富"等标签，以此形成了对老年群体的污名化建构（明珊，2015），社会冲突事件中老年人作为普通人被给予负面刻画（Ge et al.，2018）。景军和李敏敏（2017）对公益海报中的老年形象进行探索分析，发现呈现健康积极向上的老年形象较为缺乏。也有研究持积极的态度，积极话语分析认为，角色的语言表征是可以改变的，不少西方国家通过更改名称来改变老年人的消极身份（唐青叶，2012）。有研究发现，主流媒体采用较为积极的"英雄化"叙事框架来描述老年群体（戴俊潭，2014）。报刊与微博中的老年身份建构略有不同，多采用积极的叙事框架（刘文宇等，2017）。

从研究对象和结果来看，电视节目、报刊中老年形象的占比相对于其他年龄群体要低，尤其是老年女性，呈现负面形象。随着时代的发展，这一刻板印象有所缓解，媒体对老年人的身份再现呈现了一定的多元化，相关研究开始注重多模态手段的综合运用，但整体研究较少，不够系统，缺乏微观的语言分析。媒体对老年人的建构参差不齐，主流媒体和其他媒体、传统媒介和新媒体、日常新闻和冲突事件、特殊语境等均有一定的差别，还有待进一步研究。

2.3.2 老年群体身份的自建和认同

除了群体外的社会性建构，身份建构还包括群体自身对其身份的主观认同（赵晔琴，2007）。老年群体的身份建构除了大众媒介的他建外，也包含老年个体的自我身份建构及变化。

老年人表露年龄、建构年龄身份（age-identity）的方式吸引了社会语言学的广泛关注（Coupland et al.，1994；Coupland et al.，1989；Coupland et al.，1991）。老年人在话语交际中建构自己的年龄身份，展现自己积极或消极的形象（Coupland, et al.，1991）。"痛苦的自我表露"（painful self-disclosures）作用于年龄身份，导致自我刻板印象（self-stereotyping）的理解（Turner，1986）。Coupland、Coupland、Giles、Henwood 和 Wiemann（1988）的研究发现，老年人倾向于"痛苦的自我表露"，从而展开自我评估，实现某种存在感。通过对过往痛苦、负面经历的描述，老年人可能追求一种老年英雄主义，塑造令人尊敬的积极品质。年龄意味着经验、地位，老年人使用自我表露的策略对自己的年龄身份和健康身份进行协商，体现了其作为"时间旅行"者对自身价值的自我评估（Coupland，2008；Nussbaum et al.，2004）。Coupland 和 Coupland（1993）分析老年医学门诊中老年患者如何谈论自己的健康状况时发现，老年患者对自己健康和生活环境的愿望是有限的，他们的谈话以某种自我剥夺（self-disenfranchisement）的方式再现了年龄歧视。

2009 年期刊 *Aging* 和 *Society* 设专辑讨论老年人如何通过言谈互动、话语生产、阅读和理解来协商不断变化的身份（Coupland，2009a），展示了老年人在会话中对自我身份的积极建构。Norrick（2009）的研究发现，印第安的老年人在故事讲述中常常不厌其烦地表现出多重的身份，甚至相互冲突的身份。对老年倾诉者来说，身份建构是一个比年轻人复杂得多的过程，因为他们需要权衡过去和现在的联系，以及过去的身份和现在的担忧。Matsumoto（2009）发现，日本老年女性在日常交谈中谈到她们丈夫的死亡和疾病时，其话语实践体现为痛苦的自我表露，但这种自我表露常常伴随幽默和笑声表现出来。该研究表明，与年龄相关的负面经历的表露并不一定全是悲观的，而是与说话者的个人和社会身份的表达相结合，体现了说话者的意图与社会期望之间的复杂协商。社会建构论否认在任何情况下衰老（ageing）对所有人都一样的观点，而是将其看作在互动、情景、社交中探讨的话题（Nikander，2009），衰老发生在整个生命的过程中，由于自我和身份的易变性和多样性，身份建构呈现了非静态性（Cook，2018）。Cook（2018）从主体视角探讨老年人在描述照片时的身份变化。作者发现，他们的老年经历是一段具有连续性、发现性、可能性和变化性的时光，其中，身份是多重的、流动的，表现在过去、现在和未来之间的联系中。参与者积极探索新的可能性和经验，挑战基于他们的过去所建立的简化而消极的身份。

刘文宇和时荣誉（2018）对《中国老年报》的文本分析时发现，老年人在自我表征中经常通过物质过程、心理过程和关系过程塑造出积极肯学、身体康健的外在形象，以及不服输、不放弃的内在心理特征；具体通过词汇选择、语义移动、情态词等话语形式来实现老年人的积极自我表征和消极他者表征功能。作者认为，日益完善的法律法规、良好的经济保障和尊老爱老的文化传统是影响老年人积极自我话语建构的重要因素。李林容和李茜茜（2018）发现，从 2007 到 2017 年，"大妈"的媒介形象从传统热心大妈突变为蛮横霸道等负面形象的代名词，再到新时代积极生活的倡导者。Chen，Hong 和 Chen（2019）考察了中国台湾老年人在与大学生初次见面谈论年龄时的话语模式，发现老年人通过讨论年龄相关角色、亲历历史事件来表述年龄，通过这些叙述策略，老年人建构了"见多识广者""成功长辈"等积极的身份特征。武志伟（2020）通过分析低龄老年人参与志愿服务时发现，志愿活动在明确老年人的志愿者身份的同时，又充分肯定了他们在家庭中的身份。老年人在志愿服务过程中建构了积极的社区建设者和有效的家庭提醒者身份。该文指出，社会参与作为积极老龄化的实践路径之一，是一项以社会团结的方式，维系老年人自我认同连贯性的互动机制。徐继菊和高一虹（2020）探讨了老年人在死亡访谈叙事中的多元身份建构。通过对 15 位老年人聚焦"死亡"主题集体访谈语料中"死亡质量"话语的研究，发现访谈对象在话语实践中建构了"死亡质量评价者"的主导身份定位，该身份定位是在"生前预嘱"的潜在使用者、"过度医疗"的质问者和批判者、"死亡质量"的守护者等子定位中具体建构的。田烨和马文（2021）通过实地调研发现，美国老年华人的居住区域、社会交往以及生活方式等方面有其自身特点，这些显现于外的特征体现了老年华人群体的身份认同。他们之所以更喜欢居住于华人社区、更倾向于与华人交往、更多地保留了国内生活习惯，与老年华人群体隐藏于内的国家认同、文化认同和归属意识有着直接关系。

20 世纪末以来，随着社会语言学和临床语言学的发展，将阿尔茨海默病（AD）患者作为特殊言语行为群体，在人际互动中考察其语用特征和身份意识的研究开始逐渐兴起（郭亚东，2020b）。Hamilton（1994）采用个案跟踪法考察了 AD 患者交际行为的历时变化，她发现随着年龄的增长和病情的恶化，AD 患者的情境意识、对象意识和个人身份意识（如职业、年龄和性别等）逐渐退化，交际参与模式由主动渐变为被动（引自郭亚东，2020b）。Shenk（2005）基于生命历程视角研究 AD 患者在日常交际中的身份意识，探讨其记忆障碍与个人身份意识丧失之间的关系。从 AD 患者所讲述故事的片段发现，AD 患者的"身份库"依然存在，但调用身份或建构身份的意识和能力出现障碍，说明其身份意识具有很强的交际依赖性。

Hamilton（2019）依据半开放访谈的结果，集中考察了 AD 患者在言语互动中的个人身份记忆、自我领地意识，以及在无法顺畅、准确地提供个人身份信息时所采用的话语策略，分析了个人身份意识丧失的认知理据及其对话语实践的影响。值得关注的是，以顾曰国为代表的学者提出，应关注 AD 患者作为"鲜活整人"的交际主体身份，采用跨学科研究路线，建构多模态语料库语言学分析框架（吴国良 等，2014；黄立鹤，2015a；张永伟 等，顾曰国，2018；黄立鹤 等，2019）。

2002 年，世界卫生组织在健康老龄化的基础上正式提出"积极老龄化"（active aging）的理念，提倡老年人应以积极的态度投入生活，更加注重个体身心健康、人格尊严、自我养老和自我实现。积极老龄化的理念倡导将"老年"视为生命历程中自然发生的一部分，老年人依旧可以通过主动参与和融入社会生活，寻找个体生命的价值与意义（郭小平 等，2019）。然而，由于生理和心理衰老、社会角色的转变、交际对象减少等因素的影响，老年人主动交际的意愿呈降低趋势（李宇峰，2018）。杨暖暖、高慧艳和郭晓丽（2020）指出，老年群体长时间的媒介缺位导致其话语权缺失，由此产生了"污名化"以及对老年人产生的刻板印象等被动传播而成的身份异化现象，这使得消极化的社会认同不断加深，也在一定程度上架空了老年群体的自我认同。武志伟（2020）指出，对身处人生经历转换的低龄（60~65 岁）老人而言，其自我认同的危机尤为突出地表现在两个方面——身份危机与价值危机。前者由生活轨迹的改变以及角色定位不确定所导致，后者由个体对社会支配力的放手和生活的被吞噬感、无力感所引发。

随着社会经济水平的不断提高，多渠道的社会交往方式、价值观的重塑，都对老年人自我形象的认知与建构产生了深刻的影响（黄立鹤 等，2020）。Chow 和 Bai（2011）通过实证调查，指出知识经济的到来和科技的快速发展、工作角色的转变、政府的福利政策和措施等因素都会对中国老年人自我形象的认知有一定影响；同时，城镇化进程中的要素，对农村老年人和城市老年人的影响也存在差异。谢立黎和黄洁瑜（2014）分析了10 年间老年人身份认同的变化情况，并探讨了保障、参与和健康对身份认同的影响。结果显示，新一代老年人比 10 年前的一代认为自己是老年人的可能性低，这说明身份认同是一个动态的过程，且随着时代变化和社会进步，老年人身份认同会逐步年轻化。袁亚运（2016）根据中国老年社会追踪调查（CLASS）2012 的调查数据发现，整体上我国老年人身份认同年轻化趋势明显，但地区和阶层上的差异显著。生活在东部地区，社会经济地位越高的老年人越不认同老年人身份。除了经济状况外，健康状况、生活事件、社会参与和养老支持对我国老年人身份认同影响同样显著。杜鹏和伍小兰（2008）也指出，社会经济地位、年龄、健康以及社会角色状况都对老年人身份认同有显著影响。其中，年龄、健康状况对老年人身份认同的影响最大。老年身份认同的差异，会影响老年群体相应的体貌特征、言语表现，进而改变他人对老年群体形象建构的认知（黄立鹤 等，2020）。

国际上对老年身份的自我建构成果丰硕，包括健康老人和其他非健康老年群体，前者主要从社会语言学视角研究老人话语中的身份变化，语料多限于"访谈、讲故事"等封闭式人际交往，后者主要通过个案分析、访谈、生命历程视角等。国内针对老年话语中的身份建构研究较少，主要集中在从社会学视角探讨老年群体的身份认同。

2.3.3　新媒体语境下的老年人身份建构

自 2006 年以来，"彭宇案""许云鹤案"等和老年人相关的碰瓷事件在网络上引发了公众对于社会道德的广泛讨论，相关的报道褒贬不一，老年群体的媒介形象呈现多样化趋势。在百度新闻频道中，老年人正面媒介形象的报道比例迅速缩减，负面形象的新闻报道占据 50% 以上的份额，报道中主要建构老年人"年老体弱者""受爱护者""受难者"和"负面行为者"形象（华乐，2013）。网络媒体在长期的新闻报道中形成了以老年人讹诈为主的报道议题，形成了以负面报道为主要报道基调的新闻框架，建构了老年人的负面形象（张玉璞，2017）。百度新闻中以空巢老年人为主题的新闻报道连年上涨，但消极负面的报道量居多，积极正面的报道相对较少（李灏桢，2012）。媒体报道中老年人被塑造为"不理智""疯狂"的形象，以大妈为代表的老年群体被塑造成具有消费性和娱乐性的形象，新闻报道出现娱乐化趋向（贾广惠，2017）。刘文宇和李珂（2017）发现微博多元化的话语特点塑造了更加多样化的"老年人"身份；微博主要选取"晚年拮据""为老不尊""以怨报德"负面视角化叙事框架与述谓策略操纵话语，塑造"老年人"身份。面对媒体的污名化解读，老年人对电子媒体的使用较少，也较少在媒体上为自己发声（贾广惠，2017）。媒体报道的主观性、客观存在的数字鸿沟导致老年人在新媒体中的话语权缺失，部分老年人由于自身的心理失衡所表现出来的不良形象使群体形象受损（陈雅萍，2018）。

　　随着全球老龄化的加深，老年群体整体人口素质的提高，需要用更为积极的视角来帮助老年人建构新身份，在后现代社会和老龄社会对老年人进行话语增权，塑造老年人积极的正面形象（殷文，2008）。鉴于媒体报道会影响大众的老年观、社会对老年群体的态度，因此网络新闻在报道"摔倒老人"时要去标签化，尊重客观事实，正确引导社会舆论，增强新闻的公信力（郭蓓，2014）。抛弃传统观念中的老年歧视以及对老年人的消极看法，依据积极老龄化中对于"健康、参与、保障"的要求，重构对于老年人的身份认同（谢立黎 等，2014）。研究发现，人民网再现空巢老人的正面报道占半数以上，呈现了老年人正面乐观的形象（何天天，2015）。《人民日报》微博中的老年人、老年议题也以积极正面的形象为主，展现出了受人关爱、受人尊重的老年人形象，但对于老年女性和农村老年群体在新媒体平台中存在报道失衡的问题（孙慧英 等，2019）。杜惠和景晓平（2020）认为微博新闻叙事倾向于建构老年群体较为多样化的身份。Jing和 Du（2020）的研究指出，突发公共卫生事件报道中老年人的身份类型呈现多样化和积极化的趋势。面对新冠疫情，垂直集体主义价值观对中国中老年群体影响颇深，防疫宣传在中老年群体中取得了较好的说服效果，多数老人纷纷采纳官方倡导的防疫举措，建构了积极配合抗疫的形象（杨莉明 等，2021）。

　　老年人话语在现代社会话语中一直处于弱势，特别在网络时代（郭晶晶 等，2005），作为社会的弱势群体，老年人文化群体对网络时代所带来的不确定性和新奇感觉受到威胁并试图规避，表现出对自身价值取向的不自信（孙淑娟 等，2018）。李筱佳（2018）指出，在我国，比起电视、广播、报纸等传统媒介，网络在老人的媒介接触行为中占比较小，在与新媒体的接触中，由于老人自身生理机能和心理机能不断下降，网络身份建构受到一定的限制，但也有部分老年人对新媒体持有兴趣和积极的态度。不少研究关注老年人在网络时代对自我身份的积极建构。Lin、Hummert 和 Harwood（2004）揭示了老年人在论坛中呈现年龄身份的策略。研究发现，老年人多样化的年龄身份得到尊重、认可或挑战，论坛中积极年龄主题多于消极年龄主题，积极和消极的年龄身份之间存在一种张力，消极的年龄刻板观念得到积极管理，而消极框架内建构了积极的身份认同。这说明了年龄身份的复杂性，在话语实践中相互交织和协商。Neven（2010）的研究发现，助老机器设计师将潜在老年用户想象成一个需要照顾和陪伴的孤独的人。为了抵制这种刻板印象，老年使用者将自己塑造为在认知和身体方面都是健康、独立和乐于助人的形象。杨暖暖、高慧艳和郭晓丽（2020）发现，越来越多的老年人通过智能手机接入互联网，以媒介消费建构新的个体乃至群体身份，这在一定程度上反映了新媒介时代我国老年群体的身份认同与积极建构意识的觉醒。吴炜华和姜俣（2021）基于视频社交场景中的"老年 Up 主"族群的研究，得出老年人在成为银发网红的过程中，收获了社交需求的满足、社会资本的积累以及社会角色与身份的重构，同时建构出丰富的可选择的老年形象，重新书写与阐释变老的意义。程文静（2021）通过分析老年群体短视频创作的自我呈现，指出老年群体的这一行为能够打破长久以来被他者建构的刻板印象，从而建构新老年形象，彰显老年群体的价值。薛孟寒和景晓平（2023）发现，银发网红利用抖音视频平台所提供的多模态资源进行了积极的自我呈现和身份建构。

随着银发网民的增加，人们意识到研究老年媒介传播与建构必须重视新媒介生态环境（郭子辉 等，2014）。新媒体对于老年群体形象的呈现直接影响老年人的自我认知以及大众对老年人的态度（孙慧英 等，2019）。老年人要积极使用新媒体，提升自我在网络舆论中的话语权，积极参与媒体对自身形象的重构（李成波 等，2018）。在这样的时代背景下，新媒体的赋权和老年人的身份觉醒都对老年人身份的他建和自建及其互动提出了较多的课题。

2.4　相关研究述评

第一，身份作为超学科话题的大量研究为本书关于老年身份的研究提供了丰富的理论参考和实证研究范本。从身份的界定和研究视角来看，整体趋势从本质主义转向社会建构论、语言交际论，从研究者视角转为研究者和交际者视角并存，涵盖宏观社会文化语境和微观即时语境，囊括了身份的自建和他建，注重交际多方的联合共建。身份的语言学研究体现在社会语言学、批评话语分析、会话分析、语用学等方面，具体研究涉及多种话语类型和身份群体，从日常会话到各类机构会话，从对话到独白，从自然会话、电视电话到新媒体话语，涉及各种职业群体、不同权势群体等。身份种类呈现多样化，从微观的个体身份、关系身份，到宏观的文化身份、企业身份、国家身份等，从现实身份到虚拟身份。身份建构的手段包括微观的人称代词、称呼语、视点选择、言语行为，到宏观的语篇特征、叙事模式，及多种多模态手段。对身份的理解超越了以往认知，身份不是固定既有的，而是呈现出多维性、动态性、开放性和复杂性。在此基础上，本书将提出适应中国文化中老年身份建构的伦理语用框架，探索身份建构和话语实践背后的伦理动因。

第二，老年群体身份建构是中度老龄化的中国面临的重要研究课题，相对人口数量不断增长的老年人来说，当前对媒体话语中老年人的研究存在着量的不足和方法上的单一。对老年人的语言表征是简化的、同质的、贬抑的，不断加速的全球化和多民族化带来群体界定的流变，形成弱对抗但更复杂的群体关系和表征（Coupland，2014）。在这样的背景下，老年群体是否有多样化的表征，年龄歧视是否具有普遍性等，需要在东方文化中进行更多的实证研究。从老年群体身份的他建来看，传统媒介中老年形象的占比相对其他年龄群体要低，虽然有所变化，但仍以负面形象为主；冲突新闻中老年群体存在污名化和标签化，媒介喧嚣和偏见依然存在。从身份的自建来看，国外研究主要集中在社会语言学视角下老人话语中的身份变化，取得了丰硕的成果；国内相关研究主要集中在老年身份认同的调查方面，对话语身份的自我建构研究较为匮乏。从研究路径来看，主要以传播学视角下的内容分析和社会学方面的调查为主，缺乏学理探讨（李明文，2009）和微观上的话语分析。当前研究对老年媒体形象动态变化和形象本体研究的不足（黄立鹤，2022）、对老年群体自我话语建构的忽视（刘文宇 等，2018）和老年群体长期的媒介缺位所导致的话语权缺失（杨暖暖 等，2020），共同强化老年群体的消极刻板印象。

第三，新媒体语境下的身份建构取得了较多的成果，网络语境中丰富的信息资源有助于建构老年群体多样化的身份特征（Yus，2011），从而给网络人际关系增加了无数可能，为研究老年群体的身份建构提供了新思路和新样本。新媒体为普通个体带来充分表达自我的平台，也为其话语权的提升带来了很大的空间，有助于摆脱传统媒体对于其所在群体的刻板印象。社交平台是少数群体、弱势群体可以通过数字空间的自主选择进行自我表达的替代性场所（陆晔 等，2020）。随着银发网民的增加，研究新媒体语境下老年人媒介身份具有重要的理论和现实意义。新媒体语境和后现代社会的去中心化和无主体性推动老年人身份趋于多元化，这是研究"媒介话语与身份建构"的重要切入点，为老年人身份的研究提出了全新而丰富的课题。在研究主题上，可以探索不同媒介（官方媒体与自媒体）、不同新闻类型（疫情新闻、冲突类新闻等）中老年身份建构的特点；同时观察得到技术赋权的老年群体如何克服身份危机，在新媒体互动中建构自己的新身份等。在研究方法上，以往研究多以个案分析为主（张玉璞，2017），缺乏对新媒体互动话语的量化、细化研究（丁卓菁，2016）。

本书将从伦理语用学、语用身份论视角对中国文化新媒体语境下的老年人身份建构展开细致的讨论。

第 3 章　理 论 框 架

本书主要借助语用身份论（陈新仁，2018）和伦理语用学（陈新仁，2017）的观点，诠释新媒体语境下多人参与的中国老年人身份建构及其预设的道德框架和伦理规范。本章主要介绍语用身份论和伦理语用学的基本观点，进而勾勒出新媒体语境下老年人身份建构的伦理语用框架。

3.1　语用身份论

身份建构早已成为语用学研究的前沿性课题（Spencer-Oatey，2007），学界对于身份的认识经历了从本质主义向建构主义的演变过程，从话语/后现代转向（Benwell et al.，2006）走向语用转向（Chen，2022）。本节介绍社会建构主义思想影响下的语用身份论（陈新仁，2013a，2018；Chen，2022）的基本观点。

3.1.1　语用身份的界定与分类

"语用身份"指特定的社会身份（个体身份、人际身份、群体身份）在语言交际语境中的实际体现、运用甚至虚构。具体来说，是研究者从言语交际或话语角度关注说话人或作者发出特定话语所选择的特定身份，听话人或读者在理解特定话语所选择的特定身份，甚至是说话人或作者发出特定话语所提及的特定身份。语用身份与交际者在进入交际前所具有的社会身份不同，突出身份动态变化的交际属性以及相关研究的语用属性。交际者的社会身份具有多重性，然而，特定场景交际环境下交际者从若干身份中选择甚至新建某个特定的身份进行交际是一个语用过程（陈新仁，2013a）。语用身份是语用学概念，是语境化的、语言使用者有意或无意选择或提及的自我、对方或他者身份。这一概念将身份视为交际者特定社会身份的语境化，兼顾文化观与修辞观的合理因素，充分解释了身份的先在性与选择性、客观性与主观性等属性的统一，系统阐释了身份建构的"交际依赖性""动态选择性""话语建构性""交际资源性"（陈新仁，2018：24-30）。语用身份的选择具有7个特点：选择的必然性、主体的不同意识程度、交际需求的驱动、话语选择、动态性、相应的交际效果、得体性（陈新仁，2018：64-69）。

语用身份可以结合具体的语料从不同的角度进行分类，可以分为话语身份和非话语身份。非话语身份可以进一步分为个人身份、关系身份和情景身份（Brewer et al.，1996；Simon，2004；Tracy，2002）、默认身份和变异身份（袁周敏，2011b；Ren，2014）、真实身份和非真实身份（陈新仁，2018）等。语用身份的识别可以依据直接的身份标记语，比如称呼语、同位语、状语等，或间接的身份指示手段，如特定行话、言语行为、言语事件等。

3.1.2 语用身份的话语建构

言语交际行为从本质上是一种话语实践，话语实践与身份具有交互关系（图3-1）（Tracy，2002：23）。一个人用来交谈的身份会影响该说话人的交际方式，同时，一个人选择的话语实践也会定型其相应的身份。在Tracy所归纳的身份话语实践类型的基础上，基于顺应论有关语言使用变异性思想以及语言选择发生层次的划分，陈新仁（2018：39）进一步完善了身份话语实践的具体类型，具体涵盖了语码特征、语体特征、语篇特征、话语内容、话语方式、言语行为、称呼语等，具体见表3-1。

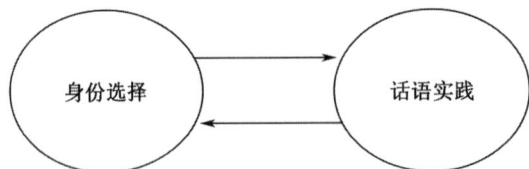

图3-1 话语实践与身份的交互关系

Chen（2022）认为这些话语选择存在不同程度的重复，结合 Spencer-Oatey（2008）对关系管理中话语实践的分类，对身份话语实践进行了修订。根据 Chen（2022：61）身份工作的范围包括指称域（指称自己或他人的各类指称语）、以言行事域（身份主张、身份属性、建议、命令等）、文体域（语言、方言、语体、间接语、社交指示语、身份标记语、态度词等）、参与域（话语设计、话轮、参与立场等）、非言语域（手势、语速、音质、口音、标准发音等）。

表 3-1　与身份建构相关的话语实践类型

话语实践的类型	描述
语码特征选择	提示自己或对方身份的语言（如英语、汉语）、方言（如东北话）、特定语码、黑话等
语体特征选择	提示自己或对方身份的语体（如正式语体、随意语体等）
语篇特征选择	提示自己或对方身份的语篇或会话组织特征（如话轮转换行为）
话语内容选择	提示自己或对方身份的话语内容（如话题、信息、观点、预设）
话语方式选择	提示彼此身份关系的说话方式（表达思想的直接或间接程度、投入程度）
言语行为选择	揭示自己或对方身份的言语行为（如批评、表扬、建议、宣告）
称呼语选择	提示自己、对方或他人身份的称呼语
语法选择	提示自己、对方或他人身份的语法特征（如人称代词、附加疑问句、感叹句）
词汇或短语选择	提示自己或双方身份关系的词汇（如敬辞、行话、缩略词、语气词）
语音特征	提示自己身份的语音方式（音高、语速、音质、口音、标准音）
副语言特征	提示身份的手势、距离、眼神及其他副语言手段

3.1.3　语用身份的研究路径

　　语用学视角下的身份研究应该关注身份的交际属性而非其社会属性或心理属性。语用学研究身份与话语关系的宗旨或目标并不在于身份或其建构本身，而是试图探究交际者如何在特定交际时刻基于特定语境通过选择、建构特定身份传达特定的说话人意义，实施特定的施为目标，维持、调节或巩固人际关系，获取特定的交际效果（陈新仁，2014：705）。陈新仁（2018：8-11）指出，从语用学角度开展身份研究，需要探究的问题至少需要包括下列五个相对应的方面：

　　①特定身份的建构如何影响语境中语言的意义生成和理解？

②特定身份的建构如何影响交际需求的满足？

③特定身份的建构如何影响人际意义的表达与理解？

④特定身份的建构如何影响特定语言方式的选择？

⑤特定身份的建构如何影响特定语言使用的得体性和合适性？

针对这五大关键问题，陈新仁进一步提出从语用学视角开展身份研究的五条主要路径：

①将交际者选择、建构的身份视为一种解读资源（interpretive resource），从身份角度解读话语的意义，如话语的施为用意，当然也包括其中的词汇意义。

②将交际者选择、建构的身份视为一种施为资源（illocutionary resource）或行事资源（transactional resource），考察交际者如何通过建构特定的身份达到实施具体交际目标。

③将交际者选择、建构的身份视为一种体现认同取向的人际资源（interpersonal resource），探究交际者如何选择、建构特定的身份以达到亲近或疏远交际对方的目的。

④将交际者选择、建构的（语用）身份视为一种阐释资源（explanatory resource），用来解释特定话语特征的形成原因。

⑤将交际者选择、建构的（语用）身份视为一种评价资源（evaluative resource），考察特定交际情境中的话语是否具有适切性、得体性、正当性等。

进入社会互动情境中的交际者往往拥有多种社会身份，是各种社会身份的集合体。然而，对于任何特定时刻的互动，尤其是发出或理解某个特定的话语而言，说话人往往只能选择一种身份（偶尔不止一种）与当前的交际目标发生关联。这时，其他的社会身份依然存在，但处于"屏蔽"状态，只有被选中的那个身份才会转化为语用身份（2013a：29）。特定的语境对身份的选择具有默认性，在言语交际中，除非另有原因，交际者一般都按照当前语境中默认身份进行交际，即"语用身份准则"：采用与当前交际情景相适应的语用身份进行交际，身份准则的运行预设了相匹配的身份图式和默认的身份话语（陈新仁，2018：74）。

语用身份论的思想超出 Van Dijk（2011）"意识形态方阵"对我者和他者的二元区分。话语的意义不是固定不变的，语言不是被动地反映现实，而是用来主动地建构现实。身份是变化的，是可以选择的，身份建构充当了影响个体主体性和经验的社会资源，在具体语境下的身份选择是复杂的、动态变化的。经过十年的发展，这一概念和理论被广泛应用于商务话语（何荷 等，2015；袁周敏，2020a）、新闻话语（吴珏，2014，2018；包蕾 等，2017）、学术话语（郭亚东，2016；钟家宝，2018）、警民会话（冯文敬，2020；Feng et al.，2020）、家庭话语（杨仙菊，2021）等实证研究，为身份研究提供了新的视角和理论框架，初步显示了这一理论的解释力和建设性，是"身份作为超学科研究话题的新增长点"（蒋庆胜，2019）。

3.2　伦理语用学

语言使用不仅具有语言、社会、文化、心理、认知、法律等维度，而且有时会涉及伦理或道德维度。语言与伦理是实用语用学研究的四个领域之一。在谈到语言变异时，Ostman（2014：7-8）指出几个必然存在的问题：什么时候交际者可以越界？所涉及的伦理问题有哪些？为了实现最终目的，任何方法都可以用吗？作为交际者，我们有什么责任？要为什么而负责？伦理语用学（ethical pragmatics）从伦理学角度关注语言使用，关注交际者如何通过特定话语内容与方式的选择建构特定的道德秩序，以推进特定交际目标的实现（陈新仁，2017）。这一全新视角不仅有助于探索以往语用学研究中忽略的一些语用现象，而且有助于我们重新审视语用学中的一些经典话题。与其他类型的日常行为一样，在特定场景下特定方式的语言使用有时也会牵涉道义与伦理问题。人们通过话语来执行或建构道德秩序，换言之，道德秩序也可以看作社会互动，尤其是语言交往双方或多方共同建构与表征的产物。这种带有社会建构主义色彩的道德秩序观，与目前语用学中关于意义、语境、面子、身份、立场等概念的解读方式是一致的。因此，伦理语用学不应只是简单地从伦理角度评判人际语言交往中特定话语是否合情理、是否礼貌、是否符合规矩，同样也需要关注交际者如何通过特定话语内容与方式的选择来建构特定的道德秩序，凸显特定的权利与义务关系，以推进特定交际目标的实现（陈新仁，2017）。

陈新仁认为伦理语用学至少可以聚焦下列问题：（1）交际中道德秩序的话语表现与建构；（2）交际中各种道德评价的话语表现与建构；（3）交际中各种道德偏离的话语表现与建构；（4）地位伦理与话语方式的相互关

系；（5）性别伦理与话语方式的相互关系；（6）年龄伦理与话语方式的相互关系；（7）亲缘伦理与话语方式的相互关系；（8）职业伦理与话语方式的相互关系；（9）种族伦理与话语方式的相互关系；（10）生态伦理与话语方式的相互关系。

伦理观念、道德秩序的表现有时候直接体现在话语实践中，如反驳起哄者（countering the heckler）和旁观者干预（bystander intervention）均属于道德侵犯行为（Kádár，2017）。道德秩序源于社会学研究，它指人们在社会价值体系形成的某些共识。Kádár（2017）从维护道德秩序的角度，深入考察了礼貌、不礼貌和仪式等多维因素之间的交互关系。作者认为，个体间、群体间或是整个社会的人际交往都是对各种社会结构中道德秩序的维护。仪式行为是维护道德秩序的一种社会实践。作者建构的模型反映出多个交际者如何在具体的行为实践中共建意义，通过道德秩序的维护重新建构人际关系，包括行为的实施者和接受者如何表达他们对道德秩序及（不）礼貌的感知，第三方交际者如何用元语用评论评价道德侵犯行为。

还有一些伦理观念或道德秩序隐含在话语实践中，需要采纳批评语用学的视角才能挖掘出来。Mey 在 1993 年正式提出"批评语用学"的概念，他认为语言运用存在不平衡现象。批评语用学应该将语言使用者（而不是语篇或话语本身）作为"批评"的对象，通过话语分析，可以透析其使用者的价值取向、社会情感等。批评语用学源自 Fowler（1986）、Kress（1985）提出的"批评语言学"，批评语言学认为语言作为一种社会实践，语言是一种社会符号，代表了使用者的价值观。Fairclough（1989）指出，话语将意识形态通过自然化过程变成常识，并被人们所接受和熟识，批评分析即去自然化，通过分析语篇中的语言形式来揭示那些隐含的语言、权力和意识形态之间的关系，以及统治阶级如何运用语言来实施意识形态控制和维护自己的权力地位。在这一点上，批评语用学和批评语言学是基本一致的。Verschueren（1999）也认为（言语）交际事件或现象很难与意识形态分离。公共领域中各种与社会相关的思想（或意识形态）寄寓话语之中，并通过话语得以传播。意识形态是有关社会问题的各种信仰、观念等的组合，在一定社会（群体）中，人们往往习以为常，不加质疑。语用学可以用来分析话语中隐藏的意识形态模式，原因是意识形态是一种被想当然的意义或隐蔽意义，而隐蔽意义隶属语言语用学研究的范围。意识形态的一个特征之一是不易被观察或体会，语言语用学可以用来揭露（并因此可能抗衡）在各种形式的公共话语中表现出的主宰模式（陈新仁，2009）。批评语用学要帮助人们认识语言运用方面的权力不平衡现象，认识语言歧视现象，并努力结束这种状况。关注的话题有很多，主要涉及语言使用中的权力操控问题、广泛社会用语（特别是广告用语）中的欺诈问题、语言使用中的偏见 / 歧视问题（涉及性别、年龄、职别、阶层、文化、种族、省籍等方面的歧视）（陈新仁，2009）。

人们在交际中直接或间接地用语言建构某种道德秩序或伦理观念，或受某种道德观念的影响进行话语选择。直接建构较为容易被接收者识别，然后接受或反驳，间接建构的伦理观念则较难识别，如果是刻意隐含的语言歧视、语言欺诈、权力操控等现象，则需要批评语用视角的介入。

3.3　新媒体语境下身份建构的伦理语用框架

3.3.1　语用身份的伦理考量

语用身份的建构只要关涉主体性表征或建构、面向的受众群体、特定的目的、选择的策略或手段等，就必然因其选择性或正当性而牵扯到伦理考量（秦亚勋 等，2019）。互动双方的个体差异、交际者是否存在恶意操纵的意图，以及交际内容的真实性等都涉及伦理问题。就道义而论，误导并不比谎言更能让人接受，亦无优势可言（Saul，2012），说话人既要为自己的话语行为及其传递的含义负责（Haugh，2013），也要为意向性身份的建构及其后果承担一定的责任。社会身份往往与一定的行为规范权利与义务、一定的行为影响或行为效果联系在一起，也往往与一定的语言形式联系在一起（陈新仁，2013b）。在此基础上，我们给语用身份论增加了影响 / 制约身份和话语选择的伦理结构或道德观念。这个概念类似批评话语分析中的意识形态，也类似于架构理论中的深层架构。架构（frame）是"人们用以理解现实并时而建构我们认为是现实的心理结构"（Lakoff et al.，2006：25）。架构（framing）是运用符合自身世界观的语言"对某一情境进行概念化"（Lakoff，2008：225）。架构存在于我们的大脑之中，我们在思考和交际时通常会激活架构。架构建构了我们的观念和概念，决定了我们推理的方式，甚至影响了我们的感知和行动。架构包括词语激活的表层结构和表层结构激活的深层结构。架构是分层次的，最高层级的架构是道德。Lakoff 认为，道德价值观比任何具体问题都更为重要，它是受众接受话语的根本原因（汪少华 等，2017）。

借鉴批评话语分析的三维分析框架（Fairclough，1989）和架构理论的深层结构概念，本书尝试提出语用身份的伦理框架。图 3-2 为语用身份选择的伦理考量。根据该框架，身份话语是交际者在道德观念影响下对话语和身份进行选择的结果，在上述三角关系中，身份选择决定话语选择，同理，话语选择折射出身份选择，这些选择背后则反映交际者个体或者所在社会文化的伦理道德观念。

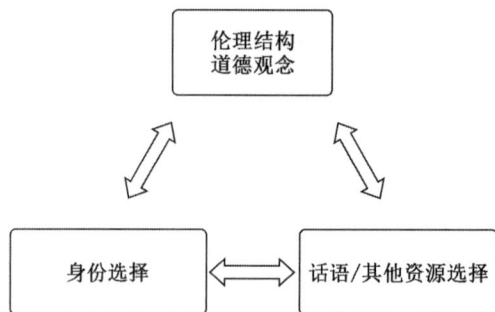

图 3-2　语用身份选择的伦理考量

3.3.2　新媒体语境下的语用身份工作

陈新仁（2013a）在语言顺应论的框架下对具体语境下语用身份选择的动态过程进行了理论阐述：为了满足当前语境下发生的特定交际需求，交际者会参照各种语境因素进行特定的语用身份选择；身份选择通过与当前语境相称的话语选择来加以建构；身份选择的结果以及相应的话语选择结构会影响当前语境下交际的进行，表现为当前语境下特定的交际效果。这一过程具有顺应性，即语言使用者往往需要顺应当前语境因素（陈新仁，2018：92-93）。Chen（2022：34）在顺应论的基础框架下重新阐述了身份工作的生成机制（图 3-3），处于身份工作中心的是为了满足交际需求的身份选择和话语选择。由于交际需求和语境的动态变化，身份的选择发生变化，同时身份话语的选择也发生变化，身份工作也具有动态性。身份工作具有显著性，体现在交际者的主动或可观察到的话语选择上。

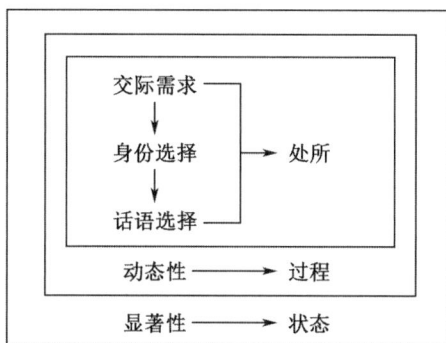

图 3-3　语境中身份工作的生成机制

新媒体的本质特征是技术上的数字化，传播上的互动性（李战子，2016）。虚拟性是新媒体语境的特征，新媒体时代的社会特征是线上线下的交互融合、虚拟空间与现实社会的交互融合（程曼丽，2013）。随着新媒体的大量普及，受众的主体性得以充分发挥，传授界限模糊，且彼此的话语发生相互解构，身份建构在新媒体语境下呈现动态性、多样性和复杂性。一篇新闻报道从发布到其他新媒体使用者不断地参与（阅读、评论、转发等），新闻话语的语境因素在不断地发生变化，与其他文本的对话性在不断增强。从整体来看，交际者在发出或理解特定话语乃至整个语篇时有意或无意选择的身份主要是通过话语来建构的，但在网络交流时还可以通过其他非言语方式来体现自己的身份，如使用传统媒体所不具备的"超文本特征"，利用文字、声音、图片、动画、视频等具有网络语篇特色的传递信息的方式（董千语，2018）。参考王伊蕾和冯德正（2020）提出的适合分析网络身份多模态建构的理论框架，我们认为新媒体语境下身份建构的方式除了话语实践类型外，还应该涵盖其他模态、其他网络资源。

结合上文提到的身份话语选择的伦理考量和对新媒体语境要素的分析，本书对陈新仁（2013，2018）的身份工作选择机制进行了修正，提出适合本书的新媒体语境下的身份工作模型（图 3-4）。处于身份工作中心的是为了满足交际需求的身份选择和话语及其他网络资源选择，交际者会参照各种语境因素进行特定的语用身份选择；身份选择通过与当前语境相称的话语及其他资源选择来加以建构；身份选择的结果以及相应的话语选择折射出交际者本人或所在社会文化中的伦理观念。这种选择随时空变化呈现动态性，新媒体语境下的时空涵盖宏观的社会文化历史时空，也包括新媒体技术带来的时间折叠或空间的虚拟。最后，不同交际参与者对身份或话语及其他资源的选择有不同程度的认知，反映了他们不同的元语用意识。

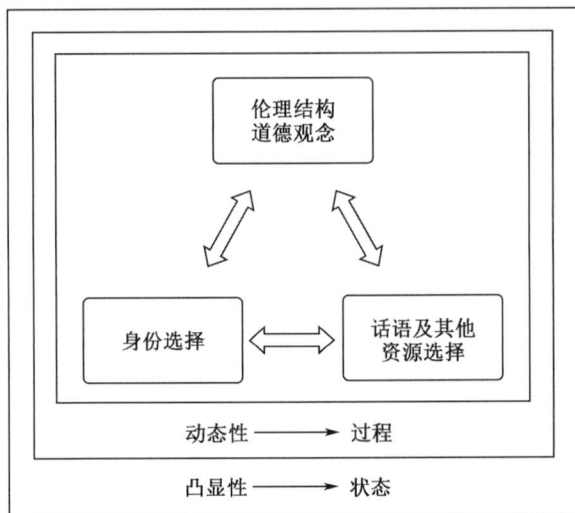

图 3-4　新媒体语境下的身份工作模型

本书将在上述框架下探索中国老年人身份在新媒体语境下由众多参与者建构、解构与重构的动态博弈过程。基于大量的案例分析，首先识别特定交际的身份类型和话语实践类型，然后分析该选择背后与年龄等相关的认知结构和伦理观念，探讨身份作为交际者的语用资源，如何被利用、挑战或改造，进而影响特定交际目标的实现，如媒体审判、道德绑架等，甚至跨越拟态环境，影响现实环境。

3.4　结语

本章介绍了语用身份论的基本观点和伦理语用学的基本思路，提出了身份话语选择的三维框架，同时结合新媒体语境要素对身份建构的模型进行了修正，提出了新媒体语境下的身份工作模型。语用身份论有助于从开放、动态的视角探索新媒体语境下的老年人身份的建构。新媒体在对人物进行叙述（包括自我呈现和他人呈现）时已不停留在"我们"或"他们"的层面，而演进为一种身份阐释。新媒体语境下身份建构表现出多元化和复杂化，其背后预设的是特定文化中对年龄伦理规范的群体无意识。本书通过探索制约新媒体身份话语动态选择的权利、道德和伦理规范，完善适用于中国新媒体话语分析的评价体系。

第 4 章　微博新闻叙事中老年指称语的使用与老年人身份建构[1]

4.1　引言

作为特殊群体，老年人的身份引起语言学家的广泛关注。传统媒介中老年形象的占比相对其他年龄群体要低，虽然有所变化，仍以负面形象为主（Fealy et al.，2012；Miller et al.，1999；郭子辉 等，2014；丁卓菁，2016）。人们倾向于将"老化"看作不可避免的生理与心理的衰减与退化，对老年人长期的消极态度和对衰老相关知识的缺乏导致了社会"对老年人和衰老过程极其悲观的印象"（Bonnesen et al.，2004：125）。网络媒体多使用消极框架，呈现老年人的负面形象（华乐，2013；张玉璞，2017）。刘文宇和李珂（2017）通过对报刊和微博的对比研究发现，报刊多采用积极的叙事框架，而微博多选用负面框架塑造老年人身份，但微博的多元化话语特征塑造了更多样化的老年人身份。当前研究路径主要以传播学视角下的内容分析为主，缺乏微观上的话语分析。有学者指出，语言学视域下老年形象研究的相关文献较少，且存在两个局限性：忽略了其形象建构的动态变化和老年形象本体的研究（黄立鹤，2022：207-210）。新媒体语境下，身份建构的领域和手段都有了多样化的体现。新型网络媒介——附有图片或视频的微博新闻叙事如何指称老年群体，如何在新媒体语境下建构老年群体的身份值得深入思考。

1　本章是在杜慧和景晓平（2020）的观点基础上扩充而成的。

4.2　指称语与身份建构

指称现象是哲学、语用学研究的重要议题之一，是将语言和语境之间的关系体现在语言结构中的唯一最显著的方式（Levinson，1983）。在指称过程中，无论是说话人、听话人还是被提到的人，都会被投射到一个类别中，激活其相关身份（Antaki et al.，1998）。指称语是身份的外显言语标记，其本身包含了被指称人的角色身份信息，是交际者实现语用身份建构的重要手段之一。指称语中的自称是个体身份的典型表达方式，而他称反映的是通过人际互动和人际角色分配所获得的身份概念，也可以是通过群体特征而获得的身份特征（袁周敏，2011a）。交际者在互动中将自己或他人描述为"某一类人"（Gee，2008：3），对自我和他人进行印象管理和定位（Chaemsaithong，2019：92）。

大量研究表明，交际者在日常交际、机构话语或文学语篇中使用多种指称语来建构自我或他人在具体语境中的身份。冉永平（2007）指出，不同的人称指示语可反映不同的语用视点，其视角选择涉及人际关系的表达、适应与顺应。李成团（2010）指出，会话者选择指示语的非常规用法在于凸显其指称性功能，以建构个人或他人的形象身份。学术话语中人称代词常用于建构多样化的作者身份（Kuo，1999；Tang et al.，1999；Hyland，2002；李民 等，2018；孙莉，2015），或在学术口语中建构专家或其他语用身份（任育新，2016）。何荷和陈新仁（2015）探讨淘宝网店店主称呼语的使用所建构的关系身份，结果显示网点店主借用 8 类不同的称呼语建构了默认、变异、复合 3 种关系身份。Chaemsaithong（2019）探讨了死刑审判中律师如何使用指称语将被告和受害者归类，建构其身份，指称语的使用可以用来弱化或强化他们的过错并对审判提出建议。夏菁（2019）发现，教师在说课话语中使用自指陈述、共指陈述和他指陈述建构了教师群体多元化和动态性的情景身份、职业身份和关系身份。袁周敏（2020a）认为人称代词和社交称谓的使用是商业会话中咨询顾问建构专家身份的一种修辞手段，即身份修辞。杨仙菊（2021）发现家庭话语中家长通过采纳不同的称呼语建构学业引导者、陪伴者或控制者等身份。肖伟和黄菁菁（2021）探讨了《红楼梦》中王熙凤使用称呼语等手段建构了话语中的第三方身份。袁春波和陈新仁（2021）也谈到了《红楼梦》中的他人身份调用，这种他人身份调用也较多体现为不同称呼语的使用。

批评话语分析认为，指称策略是对社会行为者的建构与表征（Reisigl et al.，2001），目的是建构群内和群外身份（Wodak，2001）。Van Leeuwen（2008）提出人物指称及其意识形态效果的理论，认为不同的指称方式可以用来赋予或忽视某种个体特征。指称表征作为一种语言符号资源，可以帮助话语生产者建构某一群体的特定形象，进而影响社会认知。现有研究探讨了媒体对各类群体的身份再现，唐青叶在分析媒体对"农民工"等弱势群体的歧视性话语表征时指出，"一个名称能改变命运，把社会引向积极的一面"，"完全可以通过语言的角色表征体系途径建构更和谐的社会"（2012：13）。李晓燕（2014）指出，网络流行女性称谓词折射出当代女性社会身份的变化。孙成志和高欢（2021）探讨了日本主流报纸对"中国留学生"集体身份的话语建构方式，指出话语生产者借助"专名化"和"范畴化"两类指称策略，调节并建构不同类型中国留学生的"群内"与"群外"关系。赵秀凤和宋冰冰（2021）认为在美国智库涉华核能话语中使用"片面成员范畴化指称策略"等手段建构中国及其核能的"他者"身份。

本章基于语用身份论探讨微博新闻叙事中老年指称语的使用特点及其身份建构功能。

4.3 研究设计

4.3.1 研究问题

参照 Yuan（2018，2020）的观点，本书在讨论身份建构时，综合考虑了身份的固有特征和动态变化，通过分析指称语的构成特点来讨论老年人的身份属性。具体来说，通过分析微博新闻叙事中的老年指称语，探讨老年指称语在语篇中的变异现象及其身份建构功能。具体研究问题如下：

（1）微博新闻叙事中使用了哪些老年指称语？

（2）微博新闻叙事中如何运用不同的指称语建构老年人的不同身份？

4.3.2 语料收集

新浪微博是中国最具影响力的网络平台之一，本书依据微博影响力榜单和粉丝关注数量，选取具有代表性的 3 家微博用户作为语料来源：《人民日报》《上海发布》和《老年之声（AM1053）》（以下简称《老年之声》）。其中，《人民日报》作为国家党报微博，是我国关注量最多、最具有影响力的官方微博。《上海发布》为地方政府微博，上海市是我国老龄化程度最高的城市，到 2019 年底，上海市老年人口有 518 万，占上海市户籍总人口的 35.2%。针对老年群体的微博《老年之声》是中央广播电台的微博，主要展示老年群体的生活状态。

　　本书收集了 2018 年 12 月 17 日至 2019 年 9 月 24 日所发布的与老年人相关的新闻语料 180 篇，3 个微博用户各 60 篇（按照新闻发布时间，排除内容高度相似、疑似转发的新闻）。本书聚焦于叙事类新闻，即"运用一定的语言系统，叙述、重构新近发生的新闻事实"（齐爱军，2006：142）。老年人的界定如下：最低年龄限制为 60 岁，筛选出的文本包含"年龄 60 岁及以上"，或者"老 + 称呼语"以及相关年龄表达如"花甲之年"等。对于超过 60 岁的领导人、著名人士、虚构的老年人等因其身份特殊，暂不计入分析范围。根据此标准，收集到了 531 个含有身份表征信息的指称语，包括《人民日报》210 个，《上海发布》119 个，《老年之声》202 个。

4.3.3　语料分析

4.3.3.1　身份属性的切分

　　根据陈新仁（2018）对于语用身份的分类和界定，本节将新闻叙事话语中呈现或凸显，从而可以感知、推断的身份区分为个人身份、关系身份和情景身份，其中个人身份（如特定性别、年龄、职业等）涵盖个体身份和群体身份，关系身份（如朋友、同事、同行、老乡、战友等）包括人际身份的内容，情景身份指特定活动中的身份，如评审专家等。身份是个较为复杂的概念，很多属性是叠加在一起的（telescoped），"种族、宗教、性别、社会阶层、出生顺序、外表等，共同形成身份的意义"（Seeman，1980：129）。本书将表征多重身份的复杂名词指称语进行分解，其中个人身份涉及"年龄、能力、长相、疾病、教育、性别、爱好、职业、职衔等"，群体身份涉及"机构、党派、地域、居民、老人、贫困户、老兵、退休人员等"，关系身份涉及"配偶、尊称、亲属、亲近关系等"，情景身份较为零散，如"反扒、落水"等两大类。据此，指称语"七旬老太"可以切分为 3 种身份属性：个人属性的年龄、性别，以及群体。

4.3.3.2 指称语的特点

在诸多指称语中，人物指称语涉及行为者与被述者之间复杂而敏感的人际关系（李明洁，1997），人物指称语除了称谓语和称呼语外，还包括用于描述和指代的词语（刘桂玲 等，2015）。在本文中，指称语用来指代或指示新闻语境中的主人公。

根据指称语的语义属性，陈平（1987）区分了四对指称语：有指（referential）和无指（non-referential），定指（identifiable）和不定指（non-identifiable），实指（specific）和虚指（non-specific），通指（generic）和单指（individual）。定指和不定指是针对有指成分来说的，定指是言者使用某个名词成分时，预料听者能够将其所指对象与语境中某个特定的事物等同起来，或者能够将它与同一语境中可能存在的同类实体区分开来。定指均为实指，虚指所指对象是一个虚泛的概念，在语境里可能存在，也可能不存在。通指（类指）名词性成分的所指对象是整个一类事物，单指所指对象是一类中的个体。观察发现，本书语料中的人物指称语主要体现为 3 种形式：专有名词、普通名词和代词。专有名词和普通名词均可单独使用，也可以在前后叠加很多描述性名词；代词则通常单独使用。本书主要考察的是新闻中指称语的有指用法，由于研究中的指称语均用来指称确定的新闻人物，因而对语料中的指称语进行了有定和不定（indeterminate）/ 无定（indefinite）的区分，将确定指称语之外的其他指称语统一归为不定指称语，再区分通指（类指）或单指。

下例中"高学历八旬老太"包含多种身份的叠加，从语法形式来看，属于表达不确定所指的复合名词，出现在标题上有特别的效果。

【高学历八旬老太退休后成"剁手族"，吃穿住行都靠网购】

新闻的真实性要求实化人物姓名（沈萌，2016），即用确定指称如姓名指称，这是属于符合新闻叙事规范的无标记性选择。偏离新闻叙事规范的指称语是有标记性选择，如类指指称（如"80 岁老人"）、关系指称（如大爷、大妈等）或其他指称语。需要说明的是，在统计时，同一语篇中完全一样的指称语仅算作一次；人称代词通常不被承认为称谓形式，不必根据交际双方的关系而变化（崔希亮，1996：36-37），人称代词多为语篇回指，不具有身份建构功能，因而未纳入统计。本书排除著名人物是因为这些指称语通常都由头衔和专有名词构成，会导致数据大量失衡，从而影响普遍性。

4.4　老年指称语表达的身份类型和身份属性

本章从具体表现形式对老年指称语进行分类，并对指称语所表达的身份信息进行讨论。总体来看，老年指称语所建构的群体身份（46.6%）最多，其次是个体身份（33.7%）和关系身份（18.4%），情景身份（1.3%）最少，见表 4-1 所示。

表 4-1　微博新闻指称语建构的老年人身份类型

微博	个体	群体	关系	情景	总计
《人民日报》	108/35.3%	117/38.2%	79/25.8%	2/0.7%	306/100%
《上海发布》	39/22.9%	112/65.9%	18/10.6%	1/0.6%	170/100%
《老年之声》	115/38.1%	134/44.4%	46/15.2%	7/2.3%	302/100%
总计	262/33.7%	363/46.6%	143/18.4%	10/1.3%	778/100%

群体身份的大量出现说明老年人在微博新闻中通常被建构为一个群体，强调其共性特征，尤其是"老年"群体身份。数量较多的个体身份说明微博新闻对老年个体属性的关注，比如指称语"92 岁高龄老人汤朝荣"包含多重身份属性：92 岁、高龄、老人、专名。关系身份表现媒体与新闻人物之间的人际关系，这和现代新闻主义的交互特点是一致的（Hujanen et al.，2004），如指称语"汤老"包含姓和敬称，表现对老人的礼貌和尊重，建构了关系身份，折射出中国文化根深蒂固的儒家观念，如"孝道""敬老、爱老"（Sung，2001）。较少情景身份的出现说明指称语很少涉及行为等情景描述，比如"跌倒老人"中包含"跌倒"这样的动词。

从表 4-1 来看，三大微博用户在身份建构的选择总体趋势是一致的，均以群体身份为重，但在其他三类身份的具体选择上存在着显著差异（df=6，X2=46.8，p=0）。具体来看，除了整体较少的情景身份外，《人民日报》在三类身份建构的类型上较为均衡，这符合官方媒体"为民服务""靠近人民"的基本宗旨，彰显了老年人的群体属性（38.2%）和个体属性（35.3%），同时也建构了与老年人之间的各种关系（25.8%）。《老年之声》的宗旨为"立老年之言，传老年之声，抒老年之情，扬老年之德，维老年之权"。该微博主要以群体身份（44.4%）和个体身份（38.1%）为主，说明该微博除了注重老年群体性外，也注重老年主体性。《上海发布》作为地方性微博，是上海市政府新闻办公室的官方微博，所建构的老年群体身份（65.9%）则远远高于个体身份（22.9%）和关系身份（10.6%）。这说明在《上海发布》的各类新闻中，老年人更多地呈现为一个群体和客体，而非清晰的个体或某种关系身份。

为了进一步了解微博新闻中呈现的四类老年人身份的具体属性，制作了图4-1。

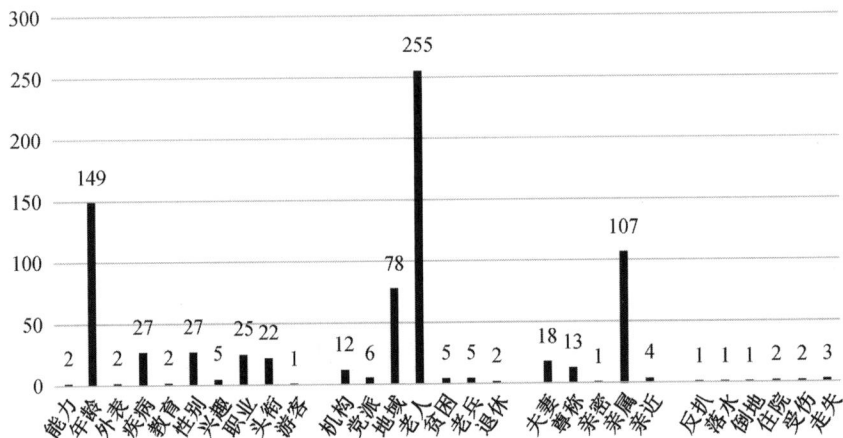

图4-1　微博新闻指称语建构的老年人身份属性

图4-1清晰地展示了微博新闻中老年人身份的具体属性，排名靠前的是群体身份中的"老人、地域"，个体身份中的年龄、性别、疾病、职业等，关系身份中的"亲属"，呈现在微博新闻中描述老年人的关键词：老人、高龄、疾病、亲属。老年人的群体身份属性主要展示的是某个群体所具有的共同特征。如上图所示，最显著的身份属性就是"老人"，其次是地域，如"上海市居民""村民"等，老年人很少被称为"退休人员"。有少量称呼语，如"××医院""退伍老兵""贫困户"等。这些称呼语说明了微博主要呈现的是老年人的群体属性，"老人"作为"年龄"称呼语说明

媒体对该群体具有刻板印象，其次是地域所代表的群体特征。除了个别老年人具有的鲜明职业特点外，如医生、老兵，大部分指称语没有提供老年人的职业身份或经济状况等。老年群体身份的特点在 3 家微博中的分布基本一致（表 4-2）。

表 4-2　微博新闻指称语建构的老年人身份类型

微博	老人	地域	机构	党派	贫困	老兵	退休	总计
《人民日报》	84	27	1	0	1	4	0	117
《上海发布》	76	28	3	3	2	0	0	112
《老年之声》	95	23	8	3	2	1	2	134
总计	255	78	12	6	5	5	2	363

个体身份属性主要指该个体与其他成员不同的某种属性，个体身份属性中"年龄"属性（如"花甲之年""92 岁"）出现的频率非常高，其次是疾病（如阿尔茨海默病）、性别（男子）、职业（保洁）、职衔等，年龄、疾病、性别展示了老年人的生理特征，头衔和级别建构了老年人的职业身份。此外，"兴趣""外表"（白发）、"能力"（如不会操作手机和计算机）和"教育"（高学历）等特点较少出现。除了《老年之声》对性别、身份有稍多关注外，3 家微博在个体身份属性的展示上没有差别（表 4-3），主要集中在外在属性方面。这说明微博在整体上对老年人的个体认知还停留在表面，尤其是年龄和疾病，对其内在属性缺乏认知和表征。

表 4-3　微博新闻指称语中的老年人个体身份

微博	年龄	疾病	性别	职业	职衔	兴趣	能力	外表	教育	游客	总计
《人民日报》	69	12	7	9	5	3	0	1	1	1	108
《上海发布》	24	5	1	5	4	0	0	0	0	0	39
《老年之声》	56	10	19	11	13	2	2	1	1	0	115
总计	149	27	27	25	22	5	2	2	2	1	262

关系身份主要指老年人与其他人物之间，老年人与叙事者、读者之间的人际关系。总体来看，亲属关系是最多的（表 4-4），尤其是《人民日报》和《老年之声》，大大缩短了作者、读者与老年人之间的距离，比如"老

爷爷"老奶奶",也有表现人物关系的"夫妻""老伴"等。亲属称谓用来指称非血缘关系的他人(Tracy et al.,2013: 58),中国文化礼貌观(Ren et al.,2019)、中国家庭文化观念"一家亲"(Chen,2019)在新闻报道中也有大量体现。《上海发布》中关系身份相对较少,主要是亲属关系和敬称,如"杨老",表现出对老年群体的尊重和亲近并重的风格。《老年之声》与《人民日报》相对多样化一点,还使用了昵称"老宝贝"和亲近称谓"伙伴""朋友"等。

表4-4 微博新闻指称语中的老年人关系身份

微博	亲属	夫妻	敬称	亲近	亲昵	小计
《人民日报》	64	11	2	2	0	79
《上海发布》	9	1	8	0	0	18
《老年之声》	34	6	3	2	1	46
总计	107	18	13	4	1	143

老年人的情景身份属性由具体场景来确定(Zimmerman,1998),参照具体语境下的场景类型(陈新仁,2018)来确定。总体来看,与老年指称语搭配的仅有较少的活动角色,除了"反扒"一词外,均属于消极动作描述。

4.5 老年指称语的特点和老年人身份建构策略

有定指称语主要包括专有名词、指代词+名词短语;不定指称语包括一+量词+名词短语、数词+量词+名词、名词短语、分量词+名词短语。有些词语的内在语义决定了它们是无指成分,如光杆名词、分量词或带分量词的名词短语。参照指称语的语义确定性程度,新闻报道可以将社会行为者指称为确定或不确定的个体/群体。本章共发现了531个指称语,其中381个为不定指称语(71.8%),远远多于有定指称语(150/28.2%)。不定指称语大多用来建构老人的群体身份,和少量的不确定身份,不定指称语常用来对身份进行遮蔽或概括,从而模糊个体身份或将其泛化为某个群体身份;定指常用来对特定身份进行凸显或修饰等。

4.5.1 不定指称语和身份遮蔽 / 泛化

遮蔽策略又叫背景化策略，指通过模糊、笼统、泛化的语言表达方式（如任何人、一般人）消除、淡化，甚至放弃个人在当前交际情景下的默认身份，避免个人介入，是一种去身份化的行为（陈新仁，2018：125）。本书中，被遮蔽的个人身份或模糊化的群体身份主要通过使用两种"不定指称"方式来实现：同化（assimilation）和模糊个体（indeterminate individualization）。

4.5.1.1 采用同化手段遮蔽身份

同化是指将社会主体指称为群体的情况，具体表现为复数名词、物质名词或群体名词、量词的使用等（van Leeuwen，2008：37）。语料分析发现 3 种情况，即数量词 + 名词、分量词 + 名词、修饰词 + 名词，分别见下面 3 例。

①【6 名贫困老人合租 15 平方米公房，房东遭起诉】

近日，重庆。6 名贫困老人合租 15 平方米公房，房东王大爷一个床铺只收 150 元租金。渝中区房管局起诉房东，负责人称起诉系无奈之举，王大爷收留多名老人，"住在里面有安全隐患"，目的是令大爷停止转租。25 日，该案开庭未当庭宣判。

该例中，指称语"6 名贫困老人"包含数量词"6 名"和普通名词"贫困老人"，数字的作用在于量化和限制个体，限制类指名词所指范畴和数量。该指称语中的数字将"老人"这个群体限制其在一定量的范围，"贫困"则描述了"老人"的经济状况。标题描述了两种截然不同的身份冲突：年龄身份（几位老人）和职业身份（房东），概括了事件。在新闻报道中，这 6 位老人没有名字，其个体身份和整个事件的关联性不大。视频给出的是灰暗简陋的房间和老人模糊的画面，记者将 6 位老人的年龄相加，"近400 岁"（视频字幕），进一步将租房的 6 位老人的个体身份模糊化和背景化。后续新闻报道中使用了"多名老人"，与房东"王大爷"形成某种对比，该指称语明确了人物的"姓"。该新闻的主题是王大爷被起诉，6 位老人属于新闻事件中的背景人物。此外，"6 位老人和 15 平方米""400 岁和 150 元租金"等也形成一种数字对比和张力。

②【@上海老人，沪调整养老服务补贴标准啦→】

#便民提示#各位老人们注意啦！市民政局说，因上海相关社会保障数据发生变化，市养老服务补贴政策相关执行标准调整如下↓

1. 本市城乡居民最低生活保障标准按 1 160 元 / 人 / 月执行。

2. 本市城乡低收入困难家庭经济状况认定收入标准按 2 320 元 / 人 / 月执行。

3. 本市城镇企业月平均养老金按 3 851 元 / 月执行。

以上涉及养老服务补贴的相关标准从 2019 年 5 月 1 日起执行。

（《上海发布》，2019-8-9）

该条新闻中的指称语"各位老人们"包含分量词"各位"和类指名词"老人们"。"分量词（或带分量词的名词短语）的语义作用是指整体中的一部分，不可能指称构成这个部分的特定成员，也就是说不可能指称特定对象，所以说带分量词的成分是语义无指成分"（陈平，2015：11）。他们蕴含着隶属于一个背景集合的子集合的存在，而不是该集合中的个体（Chen, P., 2009）。参照标题中的"上海老人"，该例中的"各位老人们"指称的范围适当缩小至上海市的所有老年群体，通过使用模糊或泛化的语言表现老人在当前语境中的群体身份。

③【#你好，明天#】

身患阿尔茨海默症的老人大老远来接孩子，一直记着 30 年前女儿在

这边读书。就算忘记全世界，也不会忘记你，这大概是母爱本能。蹒跚学步是父母牵着我们手，长大成人有他们无怨无悔的付出，这份爱从未减少。过了腊八就是年，放假在家多陪陪老人。目送父母渐渐老去的身影，多一分陪伴，就多一分温暖。

（《人民日报》，2019-1-12）

该例中的"身患阿尔茨海默症的老人"包含一个指称特定群体的类指名词，读者可以感知的身份信息为身患疾病的老人，但是对该老人的其他身份属性则一无所知。在视频开头，记者用了不定指称语"一名患有阿尔茨海默症的八旬老人"，讲述了一位老母亲去幼儿园找女儿的故事。新闻中的描述却针对的是一个特殊的老年群体，使用了"父母""他们"描述了需要全社会关注的患有阿尔茨海默症的老年群体，他们遗忘了全世界也不会忘记自己的孩子。同时，新闻报道没有交代人物的名字，也是为了保护当事人的隐私。视频中的故事是从警方的角度来展开的，提供了警察的名字和派出所，叙述的声音是警察的，通过警察的描述和记者的叙述共同将老人的身份去个体化，将个人的故事泛化为一个群体的故事。

4.5.1.2　采用模糊个体的手法遮蔽身份

新闻报道中可以使用不定指称语将人物表达为不确定、模糊的个体，如"一＋量词＋名词、泛亲属称谓"等将当事人的个体身份背景化。请看下例：

④【好暖！公交司机路遇跌倒老人靠边停车下车搀扶】

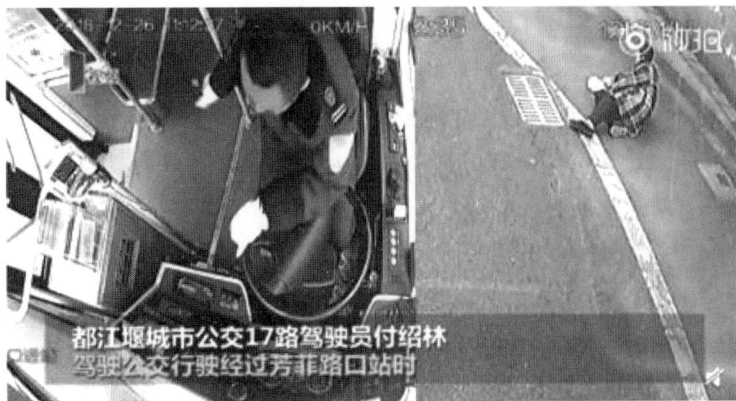

几天前，都江堰市公交智能调度中心监控记录下了令人感动的一幕，都江堰城市公交 17 路驾驶员付绍林驾驶公交行驶经过芳菲路口站时，看到一位老人摔倒路旁无人帮助，付师傅立即靠边停车下车搀扶，最后将老人送到熟人身边。网友们纷纷点赞，付师傅却说："人摔倒了，就应该扶起来！"

（《老年之声》，2019-1-2）

新闻标题将"公交司机"和"跌倒老人"并置，前者是职业身份，后者是消极情景身份，呈现鲜明的对比。在正文报道中记者使用了指称语"一位老人"，由数量词"一位"和名词"老人"构成。汉语中的"一＋量词"最接近英文中的不定冠词a（Chen, P., 2003: 1171），可以理解为单个指称。"一位老人"在语义上指示老年群体中某个不确定的个体，在该新闻中当然有具体的指称。文本中指称语的选择和视频中的叙事视角一致，讲述的是公交司机的故事，记者使用全名"付绍林"，并给出司机详细的职业身份描述"都江堰城市公交 17 路驾驶员"，老人的不定指和司机的定指形成对比。视频中老人出现在画面的右上角，没有任何介绍，也进一步遮蔽了老人个体身份。"泛化"是不定冠词语法化过程的最后特征，如语义漂白、语音磨蚀等（Heine, 1997），汉语的"一＋量词"也为此提供了证据（Chen, P., 2004），作为一种背景化手段，弱化主题性。

关系身份的泛化主要指亲属称谓的大量使用，建构新闻叙事者或读者和老年人之间的关系。亲属称谓的泛化在本书中是指将非亲属关系的老年人称为家庭成员（Ren et al., 2019），这是一种移情指称语，体现了身份移情。亲属称谓泛化遵循两个原则：亲密和尊重。泛化的亲属称谓语及其变体在实际交际中可以表示强烈的亲近意义；有些称谓语将交际对象当作长辈或同辈年长的亲属来称呼，表示明显的尊敬意义。

⑤【看了心里暖暖的！公交车车长把自己的包子给撒掉早餐的大爷，大爷连等 3 天还他一兜包子♥】

近日，河南郑州一老人着急赶车，不小心把提的包子和稀饭甩了出去。公交车车长王新伟看到，把自己没来得及吃的包子给了老人。不想老人连等 3 天，遇到王新伟后，老人把一兜包子还给了他。

（《人民日报》，2018-12-19）

"大爷"是称呼非熟识对象的一种泛称，"大"是一种泛化标记（潘攀，1998）。这是亲属名称的引申用法，有把社会当家庭的意思（郭继懋，1995），主要受中国古代的社会结构特点及传统的文化、人际关系等的影响。该例标题中使用"撒掉早餐的大爷"指称当事人，和"公交车长"形成身份比较，前者为能力衰退的老人，后者为职业身份。"大爷"建构了老人与叙事者 / 读者之间的某种泛亲属关系身份。新闻中的人物并非叙事者或读者的亲属，这种称谓是汉语亲属称谓泛化的表现，是中国家庭文化重要性的表现。新闻报道中给予了司机职业身份的描述"公交车车长"，对老人则是地域（河南郑州）和低能力（撒掉早餐）的描述。视频中给受访的司机使用了专名"王新伟"，对相关场景的回忆也是从司机的视角展开，建构了老人的不确定身份"一个不知名、撒掉早餐的老人"，但他是与我们有着某种关系的老人。

在这些新闻报道中，大量的不定指描述了老人模糊而不清晰的身份。老人是一个特殊的群体，是需要关爱、是能力衰退，依然心中有爱的群体。他们是别人，也是和我们有着千丝万缕关系的家人。数量词 / 分量词 / 修饰词 + 类指名词、单数名词将个体同化、群体化、模糊化；亲属称谓泛化表现了关系身份的泛化，将身份背景化。

4.5.2　有定指称语和身份修饰 / 凸显

定指或可识别性是有定指称语的主要特点，前者为语法概念，后者为语用功能（Chen，P.，2004），在汉语、日语等语言中通过专名、代词和指示语等实现，这些词语在本质上是有指的（Chen，P.，2009）。本书语料中531个指称语中共有150个有定指称语（28.25%），主要用来建构确定的个人身份。本节主要论述使用有定指称语的身份建构策略：身份修饰和身份突显。

4.5.2.1　身份修饰 / 叠加

Ariel（1988）提出的可及性理论指出，说话者 / 作者在选用指称语时会考虑到一些认知的和语用的非言语因素。所选择使用的指称语形式同在认知过程中获取指称语所指实体信息的程度之间有着明显的关联。根据听话者 / 读者在认知过程中能够获取指称语所指实体信息的程度，Ariel 将指称语归纳为高、中、低三档。低可及性标志包括有定描述和专有名词，可及性低就意味其语言表现形式必须信息含量大，因而比较复杂。专有名词是指称新闻人物最常用的方式，预设着听话人可以在当前语境中识别出人物的所指（Lee，2010）。专有名词是典型的命名方式（Van Leeuwen，2008），是指称实体最独立的结构（Lee，2010），可以单独使用或附加含身份信息的修饰词。个体身份的具体特征要依据相邻修饰词而定，随着身份属性细节的丰富而提升（Chen，P.，2009）。总体来看，语言形式越复杂，所包括的信息量就越大，其可及程度就越低，就越容易被读者识别。

⑥【杭州七旬医生示范颈椎操火了👍完整版学起来！】

近日，杭州市中医院骨伤科73岁的老中医李为群成了"网红医生"。原来，一位病人把他示范颈椎操的视频发在了网上，不到一天时间就收获160多万点赞。李医生建议，每天1次，每次50遍，颈椎、腰椎的不适就能得到有效缓解。马上学起来！

（《人民日报》，2019-2-28）

该例标题中"杭州七旬医生"属于不定指称语，强调了该新闻人物的地域、年龄和职业三重身份属性。新闻正文使用确定指称语"杭州市中医院骨伤科73岁的老中医李为群"，该指称语共包含5个身份信息："杭州""中医院""骨伤科""73岁""老中医"。这些身份属性涵盖了群体身份信息如地域、机构和个人身份信息如专业、年龄、职业，建构了该人物身份的丰富性和权威性。通过多种身份信息的叠加，结合视频里老人身体语言的展示，多模态建构了该新闻人物的丰满形象。多个修饰词的使用，提供了多个伴随身份信息，充分展示了微博新闻中老年人身份的丰富性和复杂性（Jing et al.，2020），克服了以往媒介中老年人身份单一的局限。

4.5.2.2　身份突显

身份突显往往强调某个体多重身份中的一种或该个体与其他人物身份不同的方面，与身份遮蔽形成对比。身份是具有意义潜势的复杂体，在特定情境下被触发、激活或突显（Coupland，2009a）。在建构身份时，记者经常有意识地提及或者彰显人物的某些身份信息或突显某一个身份（陈新仁，2018）。新闻标题经常突显人物最具有吸引力的身份属性，正面人物通常会给予积极呈现，彰显较为积极的个人身份属性，如下例。

⑦【一生只做一件事！上海女儿樊锦诗守护敦煌56年】

#寻找闪亮的名字#年逾八旬的樊锦诗，是1958级北京大学历史系新生。1963年，这位上海姑娘去了戈壁沙漠中的敦煌文物研究所。从此，她致力于敦煌石窟的保护和研究，一生坚守大漠。住土房、吃杂粮、缺水、断电……青丝到白发，她无怨无悔。

（上海发布，2019-9-5）

该例标题中有定指称语"上海女儿樊锦诗"包含地域、亲属词和专有名词，建构了老人的地域身份和关系身份，专有名词则使老人身份进一步明确化。该标题隐喻性建构了其作为上海女儿的关系身份（樊锦诗在上海长大），突显了上海以其为荣的骄傲感。这一身份显然是从众多身份中特意挑选出来的，比如正文中的其他指称语"年逾八旬""1958 级北京大学历史系新生"等，视频中也呈现了人物全名和其他多元化身份，如上海、敦煌、学缘等身份。之所以强调"上海女儿"的特色与媒体《上海发布》本身有较大的关系，"上海女儿"表现出媒体与当事人的亲切关系。对比同时期的《人民日报》文章标题为《一生一事，樊锦诗先生守护敦煌 56 年：如果死时让我留句话，就留我为敦煌尽力了》（2019-9-4），以及 2023 年的相关文章标题为《敦煌女儿樊锦诗捐 1 000 万给北大，用以支持敦煌学研究》（2023-5-5）。这些不同的文章标题充分体现了媒体在报道人物时出于交际目的的需要对身份进行了不同选择。

当新闻事件涉及两个或多个人物时，相对于消极人物，新闻会对重要的、正面人物给以确定性指称，并给以较多的身份信息，与其他人物形成对比。

⑧【最美入水姿势！71 岁大爷纵身一跃勇救落水老太：我水性好身体好】

近日，一位老太在湖北省黄石市青山湖落水，正在附近排练的 71 岁戏曲爱好者郭立新脱下衣服，纵身一跃跳入湖中，将老太救起。因抢救及时，老太无恙。

该例标题中叙事者将"71 岁大爷"和"落水老太"作为施事者和受事者并置，突出了主人公 71 岁大爷的勇敢救人者身份。在正文中，给这位大爷使用全名"郭立新"，同时给出了多个身份修饰语"71 岁"和"戏曲爱好者"，明确了该人物的正面形象，建构了人物立体的形象。作为对比，新闻中的"老太"被描绘为需要他人帮助的被救者，在整个救人事件中是模糊身份。视频对救人者进行了采访，标题给出了主人公的话语"我水性好身体好"，直接引语的功能是彰显人物的生动和主动。视频里将被救者打上了马赛克，模糊形象和施救者的身份形成鲜明对比。

4.5.3 部分定指和身份部分遮蔽

在语料分析中发现少数指称语属于部分定指或间接定指，前者使用"姓＋某"，后者借用与特定人物的关系给予间接指称，使其身份呈现部分遮蔽的状态。

⑨【莫名喜感！老汉无证驾驶被拘，拘留期间民警帮喂养家中 31 头猪和 100 多只鸡😂】

1 月 25 日，湖北宣恩县，老人韩某无证、无牌、无保险驾驶，被民警查获。老人表示，家里有很多的生猪和鸡需要照顾。民警陪同老人处理好家中琐事后，老人被行政拘留 3 日。在老人被拘留期间，民警一直帮忙喂养其家中 31 头猪和 100 多只鸡。

（《人民日报》，2019-2-2）

该例标题中作者使用了"老汉"来指称新闻故事中的主人公，和民警的职业身份形成对照。此外，标题开头的元语用评价语"莫名喜感"和标题末尾捂脸笑的表情符号😂，共同形成一种幽默效果，也隐含着叙事者对犯事老人爱护、包容的态度。正文中叙事者使用了"老人韩某"，用类指名词"老人"指出该人物所属的群体，"姓＋某"则对人物进行部分定位，后续报道沿用"老人"，除了无证驾驶的身份外，新闻没有提供任何其他身份。字母、数字或某出现在姓后是一种名字模糊化的策略（name obscuration），通常出现在消极场景中（Van Leeuwen，2008）。链接的视频是从警察的视角进行叙事，画面右方给出了全名"陈韬"，以及详细的职业身份"宣恩县公安局椒园派出所民警"；与此相对，对老人的称呼就是第三人称"他"，凸显了人物的"犯事者"身份，掩盖了"被处理者"之外的任何其他身份。整体来看，该例属于部分定指。徐文君（2013）认为，新闻报道中不方便透漏当事人姓名，多用"姓＋某、姓＋某＋名"，属于定指，显化事件主体真名之效（王宜广，2011），常用于消极事件报道或不带情感色彩。

⑩【81 岁老人去世，留下一屋保健品，商家承诺：活到百岁奖励 100 万😭】

近日，上海柴女士的父亲因意外车祸去世。处理后事时她终于走进父母的"秘密房间"：满满一屋保健品，用布盖着，许多未拆封且过期。还有两份商家"承诺书"，"凡购买使用的用户……年满 100 周岁奖励 100 万元整"

（《人民日报》，2018-12-26）

老人身份模糊化的另一个策略通过他人名字和所有格标记"的"来体现，如"借子称"，这在中国社会非常常见。该例标题中用"81 岁老人"和"商家"形成模糊的个体和机构身份。正文中，指称语"柴女士的父亲"表现了老人与柴女士的关系，该指称语包含了柴女士的部分信息，却抹杀了主人公存在的主体性，完全将主人公置于受体和客体的位置。随后的报道中用"父母"加强了前文的借子称，再次建构了新闻主人公的依附性身份。陈振宇和叶婧婷（2014）认为领属结构中两部分具有"占有性""控制性"，常具有对比性。这种固有的、排他性的语义关系，通过"的"字的语义凸显功能被凸显、受到强调（杉村博文，2015）。

在该例中，主人公没有明确的个体身份或其他任何特征，只有依附于柴女士的关系身份。参照认知语言学的观点（Taylor，1989），领属结构中所组合的两个名词之间的关系是不对称的。亲属关系是把人放在相对的参照个体中（社会的和谱系的），一个人不能自动就成为堂兄或叔叔，也不能相对于任意个体都是相同的亲属称谓。亲属关系强加了一个不对称的解释，其中目标通过它与谱系参照点的联系而被独立、具体地辨识出来（吴早生，2010）。因而，柴女士的父亲以柴女士为参照点确认双方的关系身份。所附的图片是文中所提到的大量保健品和商家的承诺书，隐喻性暗示老人个体身份的消失。通过对新闻主人公身份的无情消抹，其他权势群体无情地置换了老年人自身身份的主体地位。

4.6　老年指称语的变异和老年人身份的动态建构

为了成功地指称相关实体，语言使用者会从众多指称语中做出选择，形成指称语的变异，导致不同身份类型的转变。在这种变异过程中，交际者建构不同身份，实现交际目的（夏丹 等，2012）。在特定语境中，老年人的动态身份建构也通过指称语的变异而实现，主要表现在以下三个方面：不确定身份之间的转换、确定与不确定身份的转换和确定身份内部的转换。

4.6.1　不确定身份之间的转换

不确定身份之间的转换是指由不定指称语所建构的各种隐形身份之间的相互转换，比如不定群体身份和不定个人身份的相互转换，如下例。

⑪【"别再骗我了"，聋哑老人卖板栗有人却假装扫码不付钱😊】

近日，河南郑州一位聋哑的老人卖板栗遭顾客欺骗。有的顾客扫码时假装付款，实际却并未到账，而是把钱转给其他人。到底亏了多少钱老人自己也不知道，只好贴出公告。老人朋友表示，大家很辛苦，希望买板栗的人不要再骗他们。

（《人民日报》，2018-12-20）

标题中直接引语"别再骗我了"模拟当事人的第一人称视角，提供了老人的声音，展现出其受骗者身份。标题中指称语"聋哑老人"是类指名词，明确建构了受骗老人所隶属的聋哑人士身份。在正文中，数词"一"和名词"聋哑老人"形成不定指称，前置限定词"河南郑州"赋予了这位老人的地域身份，谓词"遭顾客欺骗"展现了明确建构老人的受骗者身份。该条新闻从老人视角出发，建构受骗者的群体身份"聋哑老人"，在正文中转换为叙事者视角，使用"不确定个体化策略""一聋哑老人"将老人建构为特定地域中的"不定个体身份"，然后再使用"老人自己[1]、老人朋友"转向老人视角叙事。视频则从老人朋友的视角出发，使用"大家"和"我们"指向卖栗子的聋哑人群体，映射群内归属感和群外的排他感，建构了该老人所隶属的身体残疾却自力更生的积极群体身份，同时也建构了该群体受欺骗的弱势身份，画面中老人的背影也进一步强化了其个体身份的模糊性。该例中指称语的变异表现出不定群体身份转向模糊个体身份，再回到群体身份"他们"。无论是群体还是个体，这些老人是受骗者、能力低下者，在生活中处处受欺负，报道对该群体的指称表现出有身体欠佳的老人作为弱势群体生活艰难的普遍性。叙事镜头从远到近，无论是群体还是个体，其形象仍然是模糊的。

4.6.2 不定指身份和定指身份的转换

新闻叙事过程中指称语的变异可以表现为不定指身份内部的转换，也可以展现为不定指到定指的转换，比如从不确定群体到确定个体的身份转换。

⑫【拆弹老兵#退休27年写200万字小说#：这一生经历的故事太多了🌰】

西安的张文声老人今年已88岁高龄。退休的27年间，他坚持创作小说20余部。老人曾以空军技术员身份参加抗美援朝战争，负责拆除美军投下的定时炸弹。他表示，这一生经历的故事太多了，想以文字的形式把它出版出来。

（《老年之声》，2018-12-30）

---

1 "老人自己"属于汉语中的强势反身代词，表示说话人/作者是从内部主人公视点出发，观察和评判语篇实体，并传达强烈的对比含义（刘礼进，2008）。

该例标题中"拆弹老兵"在语法形式上属于类指名词，建构了新闻主人公所隶属的职业群体身份，为整体的叙事内容增添了积极的英雄色彩，"写 200 万字小说"则彰显了新闻主人公的"作者"身份。新闻正文在指称主人公时，使用了地域和姓名指称"西安的张文声老人"，重申了具体年龄、写作等明确的个体身份。随后以类指指称"老人"再次回顾新闻主人公原来的老兵身份，并引用老人的话语来说明退休后现在的"作者"身份。视频中老人手捧着书，也进一步印证了现有的身份。整体上来看，该则新闻在建构新闻主人公时从不定的职业身份转变成了让人敬重的写作者个体身份。从模糊到确定，从过去到现在，从旧身份到新身份，建构了老人在退休后的积极生活。

⑬【感动！ 105 岁母亲给 74 岁女儿压岁钱 网友：在妈妈眼里永远是孩子】

2 月 6 日，江苏省连云港市，一段 105 岁的老人过年给女儿压岁钱的视频获赞百万。网友泪奔：在妈妈的眼里永远是孩子。拍摄者苏先生说，如今家里已是五世同堂，看到姥姥掏钱给 74 岁的二姨压岁钱，内心被感动了。

（《人民日报》，2019-2-8）

该条新闻在标题上建构了两位老人之间在年龄和关系上的对比，同时，通过借助网友的声音凸显中国文化极其重视的具有普遍性的"妈妈与孩子"的关系，属于泛化的不定关系身份。报道正文开始是旁观者视角，描述新闻主人公之间的关系，后半段从拍摄者苏先生视角，讲述身边的具体故事，两位人物分别为讲述人的姥姥和二姨，建构与当事人之间的明确的关系身份。视频在讲述过程中给出了母亲的名字，突显了这位高龄母亲的确定身份。

4.6.3　定指身份之间的转换

定指身份转换主要涉及明确的个体身份属性从标题到叙述过程的相互转换，由于整体上定指指称语的使用较少，体现在身份转换方面的使用就更少了。

⑭【转发送别！ 98 岁老红军李光逝世 资助千名学生圆读书梦】

12 日，老红军李光在遵义逝世，享年 98 岁。离休以来的 30 多年间，一向节俭的李光，将自己的大部分工资用来资助贫困学生，约有上千名，捐款 40 多万元。他结合自己的亲身经历，为青少年义务宣讲革命传统 20 多年，受教育人数 10 余万人。

（《人民日报》，2019-1-13）

该例标题中呈现了包含年龄、职业的确定身份"98 岁老红军李光"，用谓词描述展现了其资助者身份。正文叙事用指称语"老红军李光"延续了李光在退休之前的军人身份，"一向节俭的李光"则描述了退休以来的状态：节俭；与之形成对比的是，谓词"资助""捐款""宣讲"明确建构了现在的多元身份: 资助者、宣讲者。视频中回顾了李光资助学生的名单、宣讲等。该例成功地将李光过去的身份和现在的身份进行了融合和转换，形成了较好的对比效果。

上文例⑦也展示了叙述过程中类似的定指身份的转换，为方便讨论，再次呈现。

⑦【一生只做一件事！上海女儿樊锦诗守护敦煌 56 年】

#寻找闪亮的名字#年逾八旬的樊锦诗，是 1958 级北京大学历史系新生。1963 年，这位上海姑娘去了戈壁沙漠中的敦煌文物研究所。从此，她致力于敦煌石窟的保护和研究，一生坚守大漠。住土房、吃杂粮、缺水、断电……青丝到白发，她无怨无悔。

（《上海发布》，2019-9-5）

该条新闻从标题到正文呈现了主人公多样化的、确定的个体身份，随着叙事的推进，切换不同的定指身份。标题为"上海女儿樊锦诗"呈现的是含有地域信息（成长于上海）的关系身份。正文中，作者使用了两个确定指称语"年逾八旬的樊锦诗"和"这位上海姑娘"，前者突显了年龄身份，后者强调了地域身份，"1958 级北京大学历史系新生"描述了其历史身份。视频中，近距离的正面照旁边给出的字幕展示了主人公的职业身份"敦煌女儿""敦煌研究院名誉院长"。整体来看，人物身份的建构从可识别的地域身份到年龄身份、历史身份，再到职业身份进行了多元化展现。

这种定指身份的多元展示和切换一般发生在知名人物或较为正面的人物描述上，以扩大其正面影响。

4.7 结语

指称语是建构人际关系最直接的话语方式（Chen，2022）。本书从新媒体新闻叙事中老年指称语入手，探讨老年群体的身份建构问题。研究发现，微博新闻叙事中群体身份最多，其次是个体身份、关系身份，情景身份最少。说明微博新闻中老年人身份主要以群体身份为主，但也逐步摆脱了以往老年人的媒介身份的刻板印象，开始彰显人物的个体身份及其与叙事者、新闻人物或读者等的关系身份。从指称语的语义特征来看，多数为不定指成语，也有少量的确定性指称，说明微博倾向于使用有标记性指称语建构老年人较为多样化的身份。微博新闻使用较多的不定指称在整体上建构老年人身份的不确定性和背景化；确定指称语则较多依赖复杂修饰词，展示了人物身份的复杂性和丰富性，同时对正面人物或人物积极身份属性的高度突显。新闻叙事中指称语的变异表现出老年人身份建构的动态变化，如不确定群体和个体身份之间的变化、泛化关系身份到具体关系身份的转换、不确定和确定身份之间的变化、确定身份内部的互动等。不同的指称方式可以用来赋予某种个体特征，也可以忽视某些特征。叙事者可以通过压制或模糊、隐藏或掩饰该个体身份的重要方面，也可以使用专有名词彰显人物独特的身份，使指称和相关陈述合法化（Van Leeuwen，2008）。指称语的使用有助于对身份的某些特征进行协商（Chaemsaithong，2019），用来弱化或强化叙事者对人物的认知。老年群体在退休后逐渐退出了生产活动，社交指称被剥离的同时，也弱化了老年人的职业身份。也有媒体关注部分老年人在退休后继续参与社会活动或追求个人兴趣等拓展的多种个体身份、社会身份等，未来期待在新闻叙事中出现更多样化的指称语，打破以往媒介对老年人的刻板印象或身份模糊，展现老年群体更多样化的个体身份，进而潜移默化地影响老年群体的身份认同。

第 5 章　疫情类微博新闻报道中的老年指称语与老年人身份建构

5.1　引言

随着全球老龄化的加速进程，老年群体的话语表征和身份建构获得了来自社会学（Ainsworth et al.，2007）、传播学（Bonnesen et al.，2004；Nussbaum et al.，2004）、批评话语分析（Fealy et al.，2012）的广泛关注。社会群体可以通过不同的方式进行表征（Van Leeuwen，2008），其中语言表征位于社会交融和社会分裂的核心位置。人们借助表征符号对个人和群体以及它们的属性和价值观等进行识别、主题化、聚焦、塑造和理解（Coupland，2014）。表征一个群体不只是对他们进行指称，尤其是在媒体话语中。当人们对事物进行归类或命名时，总会将该事物和概念原型进行比较，讨论该事物和原型相比是否正常（Gwyn，1996；Coupland，2014）。

在公共话语中，由于老年人在年龄上的突出特点，通常被表征为脆弱的、恐惧的和虚弱的（Pain，2001），这就产生了对老年人进行命名和指称的特殊方式，以及衰老和年龄身份的特定结构（Fealy et al.，2012）。特殊的命名和指称术语在表意上对老年人定位时有着很大差别，不仅将其定位为特殊的年龄群体，而且指定该群体是与普通人不同的其他群体（Richardson，2007）。老年身份的话语建构主要表现其负面形象，如依附性身份（Ainsworth et al.，2007；Fealy et al.，2012）、看护管理中的问题（Reed et al.，2010）、社会的负担（Martin et al.，2009）等。文献研究也指向年龄歧视的泛文化性，不仅出现在西方发达国家（Bodner et al.，2008），也出现在一些东方集体主义社会（Cuddy et al.，2005）。

　　我国媒体从 20 世纪 80 年代起开始关注老年群体（郭子辉 等，2014）。大部分研究认为国内媒介存在着老年人形象呈现度低，老年女性较男性更低（丁卓菁，2016），城市老年人多于乡村老年人（陈泓宇，2011；何天天，2015）；整体呈现不健康、低消费、传统保守等刻板印象（殷文，2008）。媒体对冲突事件中的老年人污名化（郭蓓，2014；王淑伟，2012），逐步形成"敲诈老人"（张玉璞，2017）、"老人变坏"（丁舒，2017）等负面叙事框架。近年来老年人形象的媒介身份表现出了多元化，有研究发现，主流报刊主要采纳积极叙事框架（戴俊潭，2014；刘文宇 等，2017），微博叙事多采用消极叙事框架，但呈现出老年人多元化身份（刘文宇 等，2017）；主流微博媒体中的老年人多以积极正面的形象为主，但在老年女性和农村老年群体存在报道失衡的问题（孙慧英 等，2019）。

　　公共疫情问题给全世界的老年人都带来无法言说的恐惧和痛苦（Guterres，2020），尤其是不断增多的中国老年群体。有学者关注疫情期间的老年群体受到的冒犯和歧视，如 Jimenez-Sotomayor 等（2020）发现与 COVID-19 相关的推文中，有四分之一的推文存在对老年人的年龄歧视或冒犯性的描述。Meisner（2021）发现社交媒体在疫情期间被用来传达对老年人的刻板印象、偏见和歧视。与此同时，不断加速的全球化和多民族化带来群体界定的流变，导致弱对抗但更复杂的群体关系和表征（Coupland，2014：257）。在这样的背景下，中国老年群体在特殊类型新闻中的表征方式值得关注。

　　本章探索疫情期间微博新闻报道中的中国老年人的指称表征和身份建构，尝试为强调孝道和尊老的集体主义文化（Sung，2001）中的老年人身份建构进行描绘和阐释。

5.2　分析框架

5.2.1　研究问题

　　本节探索疫情背景下中国老年人在微博新闻中的指称特点和身份建构情况，具体回答以下问题。

　　（1）疫情新闻报道使用哪些指称语描述老年人？

　　（2）疫情新闻报道中指称语所建构的老年人身份属性和具体的身份

类型有哪些？使用了哪些建构策略？

5.2.2　语料收集

新浪微博是国内最为重要的自媒体平台之一，截至 2020 年 3 月，微博拥有 550 百万的月活用户。微博可以用图片、视频，可以用 @ 符号实现的受众定位功能、回复、评论、转发功能等（Shen，2019）。微博话语的多模态特征、去中心化、及时性、互动性吸引了大量的读者。

本书的语料来自三家微博《人民日报》（国家官方微博）、《武汉发布》（地方政府微博）和《老年之声》（聚焦老年群体新闻）。考虑到本次疫情于 2020 年 1 月 21 日在武汉爆发，4 月 8 日城市解封，因而语料收集主要集中在这段时间。本书总共收集了涉及老年人的 157 篇新闻，其中《人民日报》66 篇，《武汉发布》56 篇，《老年之声》36 篇，所有收集的语料均包含文字、图片和视频链接等。

5.2.3　语料分析

本书采用语用身份论考察疫情新闻报道中如何指称老年人从而进行身份建构。语用身份是交际者在语境中有意或无意中选择的自我或他人身份，或提及的第三方身份（陈新仁，2013，2014，2018）。身份建构和话语实践是相互的，一个人所选择的具体的话语实践是塑造他 / 她和对方身份的重要方式（Tracy et al.，2013）。在身份建构的众多话语策略中，人称指示语是通过言谈建构身份最明显和最直接的策略（Bucholtz et al.，2005：594）。Sacks（1992）指出，人称指示几乎总是和身份的方方面面相联系，成员归类从来不是中性的，而是包含着丰富的内涵；使用某种成员词语，说话人可以对所指的人进行正面或负面评价。Tracy 和 Robles 讨论了各种人称话语实践，如婚姻称谓、个人称谓、指称种族或性别的群体称谓等。作者指出，人称指示从自然的、非选择性的自我表达逐步转变为包含深思和论证的隐性身份选择（2013：76）。

针对老年人在具体新闻报道中的身份建构，我们借助指称语表达的身份信息对构成老年人的身份属性进行切分。陈新仁（2018）将非话语身份分为个人身份（涵盖个体身份和群体身份）、关系身份和情节身份。本书关注新闻主人公在新闻语篇中的个体性，因而将个体身份和群体身份分开来，分为四大类，具体考察微博新闻中每个身份类别所展现的具体属性。参照 Brewer 和 Gardner（1996），个体身份指个体区别于其他个体的独特的自我概念；关系身份源于当事人与其他社会个体发生联系的交往关系、角色关系而形成的自我概念，本书中特指新闻叙事中与老年人、老年人与其他主人公或者读者等的关系；群体身份指源于个体隶属于特定社会群体的自我概念；情景身份涉及老年人在新闻中所从事的具体活动（陈新仁，2018；Zimmerman，1998）。考虑疫情类新闻报道的特点，结合文献对身份的界定（参见陈新仁，2018：16-19），以及对语料的仔细观察，我们对老人的个体身份主要从年龄、性别、身体状况、长相、个性、爱好、职业等方面进行标注；群体身份主要涉及机构、党派、老年人、住所、老兵等；关系身份主要包括亲属、配偶、尊称、近称等；情景身份涉及具体活动类型，比如治愈、住院、独居、隐瞒信息等。

　　针对新闻中老年人的具体身份类型，本章结合指称语的特点、疫情主题，主要从积极和消极两大方面来考察身份建构。需要说明的是，一篇新闻可能涉及单个或多个老年个体或老年群体，由于每一篇新闻在描写多个老年人均建构了同类的身份，因而在统计时不再刻意按老年人的数量来进行区分，仅考察每篇新闻中所总体建构的身份色彩。

5.3　疫情类微博新闻报道中的老年指称语和老年人身份属性

　　参照指称语所表征的身份属性对微博话语中老年人身份属性进行统计，结果如表 5-1 和图 5-1 所示。表 5-1 展现了 3 家微博中的老年人的四类身份建构情况，整体来看，个人身份频率最高（44.30%），其次是关系身份（25.63%）、群体身份（19.13%）和少量的情景身份（10.94%）。3家微博均展现出较高程度的身份多样性，除了《老年之声》关系身份略高于个体身份外，《人民日报》和《武汉发布》在建构老年人身份的趋势上基本一致，均以个体身份为主，高于关系身份，说明这两家微博更关注老年人的个体身份属性；《老年之声》展示较为均衡的关系身份和个体身份，前者略高于后者，说明《老年之声》较为看重与老年人之间或老年人相互之间的关系身份，其次是个体身份。

表 5-1　疫情类微博新闻报道中指称语建构的老年人身份

微博	个体身份	群体身份	关系身份	情景身份	总计
《人民日报》	304（48.64%）	113（18.08%）	124（19.84%）	84（13.44%）	625（100%）
《武汉发布》	184（43.91%）	80（19.09%）	118（28.16%）	37（8.84%）	419（100%）
《老年之声》	91（34.6%）	57（21.67%）	93（35.36%）	22（8.37%）	263（100%）
小计	579（44.30%）	250（19.13%）	335（25.63%）	143（10.94%）	1 307（100%）

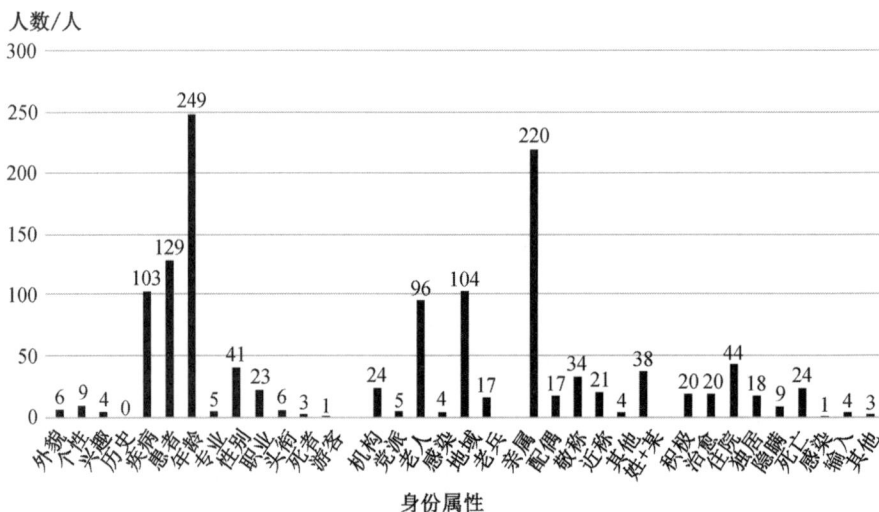

图 5-1　疫情类微博新闻指称语中老年人身份属性图

图 5-1 显示，老年人总体身份属性中，年龄、亲属、疾病、地域较为显著，展示了老年群体作为"亲属""患者"的总体形象。具体来看，年龄、患者和疾病是个体身份中较为显著的三个方面，其次是性别、职业等，年龄属性包括精确的年龄信息、年龄修饰语（高龄）等，疾病信息包括疾病名字、病例、重症等。患者和疾病属于同一个范畴，上图呈现的老年个体身份主要表征为"感染了新冠的老年患者"。群体身份主要表征为老年、地域、机构等信息。关系身份主要为亲属身份（爷爷、奶奶）、尊称和近称，

在关系身份中有数量不少的"姓＋某"表述较为客观和中立的关系。情景身份中的几类较为集中，数量较为均衡，主要围绕着疾病诊治过程，如住院、确诊、治疗或者死亡、治愈等。

从指称语的语法结构来看，指称老年人主要有三大类名词短语：普通名词短语，含确定指称（如专有名词）的结构和不定名词短语。普通名词如"94 岁母亲""浙江老人""暴躁奶奶""武汉 77 岁重症患者"；确定指称包括全称和含姓的指称语（如"黄老""范某芳""易老先生""张爷爷"）；不定名词如"一批特殊的 90 后""462 位老人""一名 65 岁的患者"等。这三类名词短语可能是单独使用，也可能是形成多样化的组合，如"84 岁的抗美援朝老兵张爷爷、南京 97 岁最年长确诊患者"，共同建构老年人的复杂身份属性。从所报道的新闻数量来看，总计 157 篇微博新闻中，其中 59 篇（37.6%）在报道时给了姓，另有 27 篇（17.2%）给出了全名，其余 71 篇（45.2%）主要使用普通名词（59/37.1%）或不定名词（12/7.6%）进行描述。总体来看，疫情类微博新闻报道更注重人物的确定指称（54.8%），其中全称指向特定的个体，"姓"则交代所报道人物的部分信息（王宜广，2011）；该类报道在指称老人时也使用了较多的普通名词和不定名词，这两类指称语分别指向群体类属和不确定指称（45.2%）。新闻标题则有着较为明显的特点，1 例给出了姓，1 例为不定名词，其余标题中所有指称语均为普通名词，提供除了确定名称外的其他较多信息（楚军，2008；Ariel，1991）。Lee（2010：2508）发现新闻主人公大部分都由专有名词引入语篇，其余信息则通过名词短语提供。在我们的研究中，专有名词很少单独使用，大部分伴随有较多表征多元身份属性的词语。Lee 认为，当相关人物不出名或者当相关事件被认为比人更重要时会使用名词短语。这说明，在疫情类微博新闻报道中与疾病相关的事情本身比人物更为重要。

以上用来指称老年人的语言表征给疫情背景下的老年人呈现了一个整体画面，从整体身份属性来看，主要表征为较多的个体身份和关系身份、群体身份，少量的情景身份，具体表现为个体身份中的年龄和疾病，关系身份中的亲属，群体身份的地域和老年人，以及少量的情景身份等。从指称语的特点来看，疫情类微博新闻中的老年人指称语有着较为均衡的确定指称和不定指称，建构了身份信息丰富的老年群体。

5.4 疫情类微博新闻报道中的老年人身份类型

本节讨论微博新闻中所建构的具体身份类型，主要通过指称语以及表征老人社会行为的谓词来实现。在 157 篇新闻报道中总共建构了 169 种身份（个别语篇建构多种身份），其中积极身份（101/64.5%）远多于消极身份（60/35.5%）。前者包括治愈者、抗疫战士感恩者、乐观者、奉献者、鼓励者；后者包括受照顾者、确诊或死亡、不合作者等。需要注意的是，这些身份并非单独存在，其自身存在复杂性，确定指称语主要表征积极身份类型，也有不少新闻为了保护当事人隐私仅给出姓氏信息；消极身份类型多使用类指名词或不定名词进行表征。

表 5-2 疫情类微博新闻报道中老年身份类型

微博	积极身份						消极身份		
	治愈者	抗疫战士	感恩者	乐观者	奉献者	鼓励者	受照顾者	确诊/死亡	合作者
《人民日报》	17	3	6	3	4	0	2	24	7
《武汉发布》	21	8	11	5	1	4	5	0	0
《老年之声》	3	9	1	7	4	2	4	0	2
总计	41/24.2%	20/11.8%	18/10.7%	15/8.9%	9/5.3%	6/3.6%	27/16%	24/14.2%	9/5.3
	109/64.5%						60/35.5%		

5.4.1 治愈者和感恩者

语料发现比较多的治愈者（41/24.2%）和感谢者（18/10.7%），这和当时的疫情严重程度有密切关系。2020 年 1 月 23 日，武汉"封城"，随后多个省份开始启动重大突发公共卫生事件一级响应。新冠病毒蔓延至全国，引发了全国人民的关注，无数人密切关注感染情况。确诊人数不断攀升，令全国人民为之担忧，同时，每一条患者治愈的消息给广大群众多了一分信心和安慰，尤其是治愈了难度较大的老人。在描述治愈者时，叙事者会凸显高龄这一身份属性，如下例。

①【全国年龄最大治愈患者出院：＃湖北 91 岁患者治愈出院＃】

2020 年 2 月 7 日 10 时许，91 岁高龄的新冠肺炎患者王某从宜昌市第三人民医院出院，这是目前年龄最大的治愈患者。"能够治愈出院，我非常开心"，老人表示，自己参加过解放战争，和打仗比起来，这个病没什么可怕的。据了解，老人 1 月 19 日出现发热、咳嗽、乏力等症状，23 日入院治疗，两天后确诊患病。

（《人民日报》，2020-2-7）

在诸多身份中，治愈者占有最多的比例。由于老年人身体虚弱，很容易被感染，不容易治愈。该条新闻中，标题用最高级修饰词"全国年龄最大治愈患者"分别凸显了人物的年龄和治愈者身份，随后又特别强调其地域和准确年龄。正文中用多个修饰词描述了老年人的年龄、疾病等，并给出了"姓＋某"（王某）强调确定指称，介绍了医院的名字，用直接引语描写其高兴的心情，并间接转述老人对新冠肺炎感染无所畏惧的态度。最后详细交代了从出现症状、发病到疗愈的大概过程。治愈患者的新闻，尤其是高龄老人治愈的新闻能增强普通人抗疫的信心，也缓解了公众的恐慌，减少负面影响，传递正面情绪，这是主流媒体在突发公共卫生事件中的责任和担当。王维丹等（2020）将 1 月 25 日到 2 月 29 日的这段时间的公众心态变化分为四个阶段：盲目期、恐慌期、烦闷期和调整期。这可能是因为公众在疫情初期对新型病毒认知不足导致的。疫情期间，《人民日报》

微博的重要主题包括疫情监测与通报、相关政策及指示、疫情相关知识发布与引导、社会救援动态、抗疫一线英雄人物事迹、相关责任人违纪通报等（胡凡，2021）。媒体及时通报治愈案例有助于增强人民群众抗疫的信心，减少恐慌情绪和负面社会影响。

很多老年人在住院或出院时都会向医生表示感谢，以感谢为主题的新闻也非常多（18/10.7%），如下例。

②【#93 岁老人在防护服上画画留念#❤】

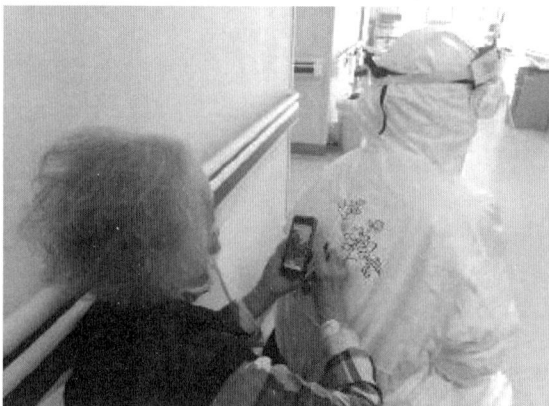

93 岁的华婆婆是江汉大学的教师，爱好画画，日前因感染新冠肺炎，在华中科技大学协和东西湖医院住院治疗。昨日，华婆婆病愈出院，为表达对医护人员的感谢，出院前她在护士的防护服上画了一幅画，以留纪念。网友：这是最好的礼物，祝婆婆早日解除隔离，身体康健！

（《武汉发布》，2020-2-29）

该条新闻标题描述了 93 岁老人画画的行为，给出了老人的年龄（93岁）、画画这个动作，标题末尾附上爱心表情符号，吸引了很多读者的关注。新闻正文使用了老人的"姓 + 亲属称谓"（华婆婆），详细介绍了老人的职业、爱好，病愈出院时在护士防护服上作画表示感谢的场景。最后借用网友的话对华婆婆进行夸赞和祝福。"华婆婆"的称呼给予该老人以确定的指称，"婆婆"这一亲属称谓也建构了老人与叙事者、读者之间的关系身份。还有些老人手写感谢信，用小提琴演奏等，表达他们在住院期间被照顾的感恩心情。和治愈者不同的是，这些老年人在治愈后主动表示感谢，具有能动性。他们没有受疾病影响，还能在病愈后向医护人员表示感谢！

5.4.2　乐观者和鼓励者

很多老年人感染后需要住院治疗，他们不仅能以乐观的精神配合医护人员，还相互鼓励，与其他病患分享康复经历和治疗经验，建构了乐观者身份（15/8.9%）和鼓励者身份（6/3.6%）。

③【暖❤#火神山86岁患者和老伴的约定#】

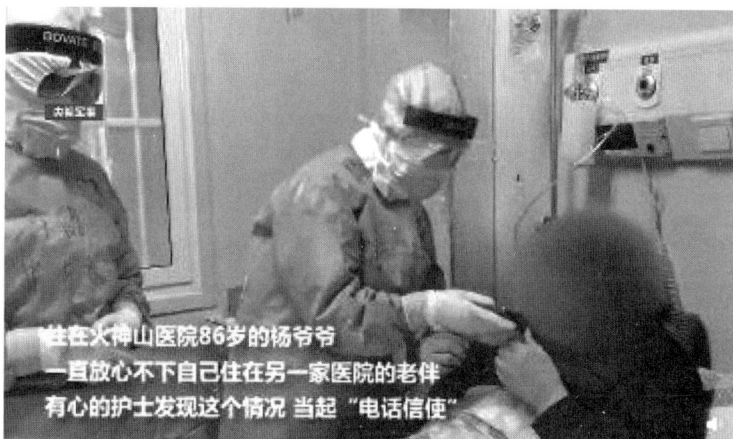

火神山医院感染三科一病区 86 岁的患者杨爷爷，一直惦记住在另一家医院的老伴，于是，护士们就当起"电话信使"。电话里传出奶奶乐观坚定的声音："早日康复，我们夫妻双双把家还！向 90 岁奋斗，向 100 岁进军！"加油，祝福❤。

（《武汉发布》，2020-2-28）

这则新闻的主题是关于两位住在不同医院的老人之间的相互安慰。标题中使用了"86 岁患者"给出年龄、身体状况信息，以及与老伴的关系身份。正文中，叙事者给两位老人增加了医院信息，同时使用了"姓 + 亲属称"（杨爷爷）给老人以较为明确的定位。两位老人相互鼓励，在护士的帮助下，老人听到了老伴从另一家医院打来的电话，奶奶的声音"乐观坚定"，约定"早日康复"，而且还约定一起奔向"90 岁、100 岁"，这个约定给了彼此信心，也给了医护人员信心，并缓解了大众焦虑的情绪。新闻标题开头和末尾的爱心符号❤强化了这个内涵。老年病患充满信心地抗疫给公众传递着积极的信念：病毒不可怕。在这样的语境下，病人的好情绪具有感染性，治愈意味着胜利。

　　住院的老年人因为身体虚弱通常都需要医护人员的关心和照顾，然而，部分老人充满信心，他们不仅能相互鼓励，还能给医护人员提供安慰、鼓励和关爱，这反映在不同的指称语和言语行为动词的使用上。

　　④【转发这一幕！抗美援朝老兵和医护人员互敬军礼】

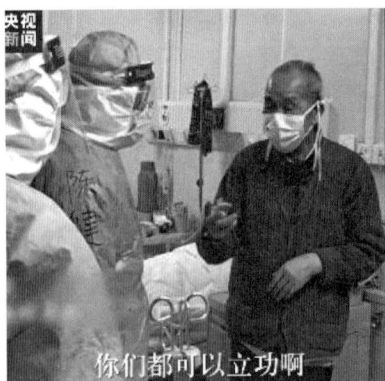

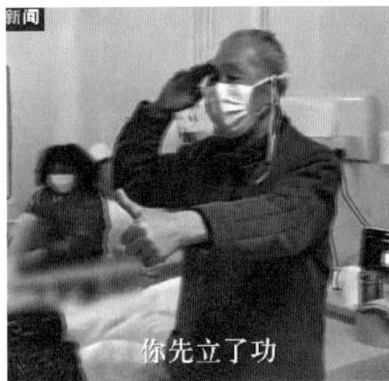

你们都可以立功啊　　　　你先立了功

　　抗美援朝老兵张兆堂，因新冠肺炎住进武汉火神山医院后，身上还带着最珍贵的立功证书和老照片。治疗期间，张爷爷敬礼鼓励医护人员，说："你们都立功啊！"医护人员回敬军礼，说："是爷爷先立了功，给我们做了榜样！"网友：薪火相传！为你们点赞！

（《老年之声》，2020-3-4）

　　标题上两个指称语"抗美援朝老兵"和"医护人员"作为并列主语，也是"互敬军礼"动作的实施者，标记两个群体的平等。正文中用"全称"（张兆堂）给老人以准确指称，老人参加过抗美援朝战争，有着战士的英勇和不畏艰险，所以他没有被疾病吓倒，以军人的礼仪向医护人员致敬和夸赞。老人的动作"敬礼"和言语"立功"属于军事行为和军事话语。医护人员也向老人回礼，"是爷爷先立了功"，医护人员的回礼强化了老人的军人和贡献者身份。需要说明的是，通常给予鼓励和赞美的都是有能力或有经验者。在该例中，老人的患者身份弱化，凸显了老兵身份，将老兵和医护两个群体并置。记者特意借用网友的评论："薪火相传"也间接将老人和医护看作同一个群体"贡献者"，在这个群体中，老人是曾经的奉献者，医护是当下的奉献者。

5.4.3　勇敢的抗疫战士

自从疫情暴发以来，全国各地很多医护人员都奔向武汉这个疫情肆虐的城市，也有很多退休在家的医生重返医院，这些医疗工作者和志愿者经常被媒体描写为勇敢的抗疫战士，总计为 20 例（11.8%）。请看下例。

⑤【感动！武汉 86 岁呼吸内科专家全副武装坐镇一线，笑称"我有粉丝啊"】

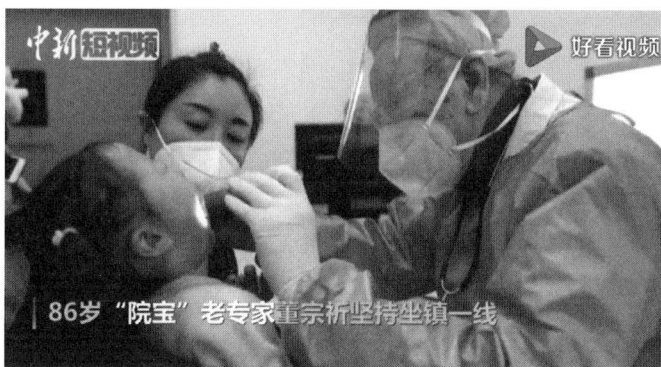

1 月 23 日，武汉全城抗击肺炎。#武汉儿童医院呼吸内科，中国儿科医师终身成就奖获得者董宗祈主任全副武装坐镇一线。其子女担心，劝他暂停门诊，已经 86 岁高龄的他笑着安慰："我有粉丝啊……"

（《武汉发布》，2020-1-23）

上例将一位 86 岁的医生建构为疫情战斗中在"坐镇一线""全副武装"的战士！标题中的指称语凸显了老人的年龄、所在的地域、专业等信息，并引用老人话语"粉丝"揭示了其作为医生的自信和骄傲，在这条新闻报道中，他不是老人，他是医生，是"院宝"（视频字幕），是战士，更是病人崇拜的偶像。在正文中，叙事者给医生较多的身份修饰语，比如"武汉儿童医院""呼吸内科""中国儿科医师终身成就奖获得者"，还有专名和职衔"董宗祈主任"，这些修饰语强化了医生的权威、专业和经验。通常，80 多岁的老人是需要他人照顾和关心的，然而这位老人却在"笑着""安慰"子女、病人以及广大读者,这些言语行为彰显了主人公在提供专业帮助时高超的医疗能力和冷静的态度。视频中老人弯着腰认真地给病人检查身体,借助这样的表述,新闻报道表现了"疫情就是战争"的隐喻。这种隐喻将个体与群体相连接,实现普通个体社会和国家身份的符号化(袁婷婷,2021)。

　　除了医务工作者外,还有大量的老年志愿者也表现出了抗疫精神。通常在新闻报道中处于施事者角色,媒体用积极动词描写其行为。比如下面标题中"76岁社区代购员"为年长的个体,"带领"和"服务"的对象均为复数群体;"60岁老人"用画笔当武器,为一座城市"武汉"加油,这些都表现了老人在抗疫中的奉献。

　　⑥a【76岁社区代购员:带领11位志愿者,服务148户居民】

(《老年之声》,2020-3-11)

　　b【60岁老人的抗疫:我用画笔为武汉加油】

(《武汉发布》,2020-3-3)

5.4.4　慷慨的奉献者

　　除了医护人员和志愿者直接参与抗疫行动外,还有很多普通人间接参与了这场战斗,共有9例(5.3%)。他们捐款、捐物,甚至承诺捐献他们的身体供医学研究。下例中,指称语和言语行为动词指示出老人的职业、能力和慷慨态度。

　　⑦【环卫大爷到派出所捐12 000元转身就走,纸条留言:急转武汉】

31 日，山东日照，一位头戴环卫帽子的大爷来到东港公安分局西湖派出所，放下一个纸包就转身离开了。派出所民警打开纸包，里面是 12 000 元，纸包里放着一张纸条上面写着："急转武汉，为白衣天使加油，我的一点心意，东港环卫。"

（《人民日报》，2020-1-31）

该例标题中叙事者使用了新词"环卫大爷"指示当事人，彰显其职业身份和关系身份，将其薪水不高的职业和捐款的大额数字并置，凸显了捐献者慷慨的态度。在新闻描述中老人是动作的实施者，动词"捐"以及后面的动作"转身就走"展现了老人不容分说、援助武汉的急切心情。正文使用了不定指称，同时给了带有职业特征的外貌描写和亲属称谓"一位头戴环卫帽子的大爷"。最后纸条上的落款"东港环卫"确认了老人的机构性职业身份，也说明匿名捐款的老人不愿意别人知道其个体身份。

在新闻报道中，很多老年人作为普通百姓以他们的方式为抗疫做贡献，如下面三个标题。"87 岁抗美援朝老兵"捐赠口罩（⑧ a），"89 岁老兵"捐献遗体（⑧ b），"暴躁奶奶"送水果（⑧ c）。在这些描述中，当事人均为正面动作的实施者，充分表现了老年主体的主动性和能动性。

⑧ a【为热血老兵点赞！ 87 岁抗美援朝老兵捐赠 2 万只口罩】

（《武汉发布》，2020-1-31）

b【89 岁老兵：请将我和老伴的遗体献给国家❤】

（《老年之声》，2020-3-14）

c【"暴躁"奶奶硬核送水果，颤颤巍巍扔下就走还撂狠话：不要我就扔了】

（《老年之声》，2020-2-5）

5.4.5　受照顾者

老年人通常被认为无论是在身体上还是精神上都是虚弱的，在疫情期间，很多老人会被描述为需要或正在接受救助的形象，媒体通常使用特殊的指称标签，将其描述为动作的承受者，总计 27 例（16%）。

⑨【独居老人说民警是她的精神支柱】

每隔一两天……中南警务站站长刘俊，都会去看望76岁的独居老人李婆婆……疫情发生后，刘俊警官担心老人无法自理，经常看望老人。在老人心里："他是朋友，也是精神支柱。"

（《老年之声》，2020-2-24）

该标题使用指称语"独居老人"，这个标签激发读者许多相关的联想，如需要帮助的群体身份，他们不仅仅需要物质帮助，也需要精神支持。标题中"独居老人"是主语，其语义角色为受助者，"民警"是付出者，是老人的精神支柱，两者形成年龄群体和机构身份的对照。正文中指称语"76岁的独居老人李婆婆"进一步突出了年龄和独居状态，"李婆婆"包含老人的姓和亲属称谓。后续描述中"老人"为动作的承受者，是刘俊警官的看望对象和担心对象。在这些描述中，老人均为需要关爱和需要帮助的受助者角色，平常需要帮助，疫情期间更加需要帮助。

受助的老年人通常在语法上体现为宾语，语义上为接受他人关爱或遭遇疾病等不幸事件的承受者角色。下面标题中，⑩a中"被"将"70岁老人"置于被感染者状态，⑩b中火神山医院为动作执行者，"80岁患者"为受益者状态，接受他人的庆祝。

⑩a 无接触史，独居，70岁老人为何会被感染？

（《老年之声》，2020-2-28）

b "暖！＃火神山医院为80岁患者庆生＃"。

（《武汉发布》，2020-2-13）

5.4.6　确诊或死亡病例

有些老年人不幸确诊，需要入院治疗，却不幸没有治愈，成为去世群体中的一员。每天的疫情通报牵动每个人的心，和治愈信息相反，确诊人数和死亡人数令人沮丧，总计有24例（14.2%）。

⑪【＃天津现首例死亡病例＃＃天津公布首例死亡病例抢救措施＃】
2月5日凌晨，天津市一名新型冠状病毒感染确诊病例出现……为天

津市首例死亡病例。死亡病例为第 50 例患者，女，66 岁，天津市宝坻区人……

（《人民日报》，2020-2-5）

该例标题中明确指明地域（天津市），以及"首例"死亡病例。正文中给出了时间、性别、年龄，以及所在医院信息。老人外在的生理信息和在天津市疫情中的基本信息均已明确，没有其他个人信息。序数词"首例"和"第 50 例"明确强化了老人作为患者和死亡病例的群体身份。

5.4.7　不配合者

有些老人，尤其是生活农村的老年人，缺乏卫生意识，不了解病毒的危害，外出时不戴口罩，还不听劝告。有些老年人感染新冠后未及时告知或隐瞒相关信息，他们通常被建构为不合作者，共计 9 例（5.3%）。

上述分析表明，疫情新闻报道中的老年群体大部分为积极型，也有不少消极型。大多数积极身份是采用专有名词或积极修饰语来实现的，建构为确定的、具体的老年人，或积极或积极动作的执行者。消极身份的老年人多用普通名词、不定名词或"姓＋某"，建构其不确定、笼统的、隐瞒者身份，多为动作的承受者角色或消极动词的施事者。疫情类微博新闻报道中存在大量积极身份的建构，说明中国新闻报道传递出家国情怀与个人奉献的"集体大爱"情感氛围（刘婵君 等，2022）。

5.5　疫情类微博新闻报道中的老年人身份建构策略

身份是具有意义潜能的复杂体，在特殊情景中被触发、激活或者突显（Coupland，2009a）。身份的出现往往只是和当时互动框架中的其他身份相关（Bucholtz，2005）。当提供相关身份信息时，叙事者通常使用一些修饰语对人物进行细致阐述（Lee，2010），强化或确定某个身份，模糊或隐瞒某个身份。本节聚焦不同身份之间的互动策略，具体涉及身份修饰、身份关联、身份的流变和跨越。

5.5.1　身份修饰

身份的具体属性通过伴随修饰语体现，随着身份识别属性的细节加深而增加（Chen，P.，2009）。指称语的复杂性揭示身份信息的丰富性，最简单的指称语包含一个身份信息，比如"老人、奶奶、患者"，复杂指称语则包含至少2个或更多身份信息，如下例。

⑭【98岁！＃全国年龄最大的危重症患者出院＃】

3月1日上午，截至目前全国年龄最大的新冠肺炎危重症患者、98岁高龄胡汉英从武汉雷神山医院治愈出院…………

（《人民日报》，2020-3-1）

该例标题中的指称语为11个汉字，正文中用来指称当事人的指称语有23个汉字，包含7种身份信息："全国""年龄最大""新冠肺炎""危重症""患者""98岁""高龄"，其中3个和年龄有关，3个和疾病有关，1个和地域有关，专有名词使身份明确化。较高程度修饰词"最大"的使用对人物的年龄身份进一步夸张，这些身份修饰语共同作用，建构一个具有较多身份信息的立体人物，而非单一信息的扁平人物。汉语核心名词前面经常添加多个修饰词，形成较长的复杂指称语，传递较为丰富的身份信息。语料中出现较多的如"武汉87岁婆婆""87岁抗美援朝老兵"等。从认知视角来看，叙事者想要凸显的身份信息通常用修饰语或核心词表达，尤其是在新闻标题中，以吸引读者。

5.5.2　身份关联

身份关联是微博新闻标题中经常采用的一种策略，采用各种方法使不同身份产生联系，从而凸显有些身份，遮蔽其他身份，也就是说，某个身份可能比另一个身份获得更多特权（Ainsworth et al., 2007），后者则背景化。还有一种方式是直接将两个或多个身份并置形成比较。本节讨论身份的凸显、遮蔽和对比，探索不同身份类别或身份属性之间的关联。

5.5.2.1　凸显策略

从认知上来看，较为重要的身份属性或积极的身份类别会给予较多的描述或较高程度的修饰词。言语交际中一般默认不必提及自己、对方或第三方的身份，但是一旦说话人或作者在话语中刻意提及身份信息，就是凸显策略（陈新仁，2018：122），从相关身份解读当前的话语。本语料中的凸显策略除了刻意凸显当事人的年龄、疾病等身份信息外，还设置了当事人和其他人在身份之间的比较，如下例。

⑮【连续 7 天没回家，60 岁老医生坐楼道吃饭感动网友】

1 月 31 日晚，一张两鬓斑白的医生坐在楼道吃饭的图片出现在网络上，令不少网友感动不已。图片上的这位医生叫朱少华，今年 60 岁，是江夏区中医医院的一名内科主任。新型冠状病毒感染的肺炎疫情发生后，朱少华与该院 200 多名医护人员在请战书上签下自己的名字，主动要求到临床一线。

（《武汉发布》，2020-2-2）

该条新闻在标题中凸显当事人的年龄和职业——"60 岁老医生"，以及行为"楼道吃饭"，与模糊指称"网友"形成对比。正文再次将医生和网友进行比较，特意聚焦医生的头发"两鬓斑白"，被感动的"不少网友"属于模糊指称，指称没有任何信息的模糊群体。在后续描述中，叙述者给出医生的准确名字和所在的医院，并进一步将该医生和医护人员的身份形成比较，通过全称指称个体"朱少华"和"200 多名医护人员"指称群体，在医护群体中高度凸显了该医生的形象。通常，群体中的榜样或值得较多关注的身份信息会得到凸显；在抗疫斗争中，积极的战士、热心志愿者、高龄老人、重症患者等都给予了较多关注。

5.5.2.2　遮蔽策略

与身份凸显策略相反的是遮蔽策略或背景化策略，即通过模糊、笼统、泛化的语言表达方式（如"任何人""一般人"）消除、淡化，甚至放弃个人在当前交际情境下的默认身份，避免个人介入，是一种去身份化的行为（陈新仁，2018：125）。在关于负面事件的新闻报道中，比如违反规则（徐文君，2013）、感染重症（刘峥，1996）等，由于报道的重点为相关事件而不是人，通常使用"姓+某"或其他类指名词模糊身份或保护隐私。

⑯【#91岁高龄的新冠肺炎治愈患者出院#】

2月7日上午，91岁高龄的新冠肺炎患者王某从宜昌市第三人民医院出院，这是目前年龄最大的治愈患者。"老人家属于早诊断、早治疗的受益者。"宜昌市新型冠状病毒感染的肺炎医疗救治专家组组长、市三医院副院长杜德兵介绍，患者……

（《武汉发布》，2020-2-7）

这则新闻标题中使用指称语"91岁高龄的新冠肺炎患者"，正文中指称语增加了"王某"彰显当事人的年龄、疾病、姓氏等个人信息，但没有给出具体名字；与之相对的是医生，新闻中给出了医生的名字和其他代表权威、专业等身份信息，同时也引用医生的话语交代该患者的诊治情况。该例中老年患者在和医生的身份对比中背景化，目的是彰显医生介绍治疗的过程。当老年人被建构为需要关爱的患者时，通常会彰显他们的年龄和疾病，其他方面的身份则给予背景化；而提供治疗和帮助的医护人员则会给予具体、确定的指称，从而处于身份舞台的前景。

5.5.2.3　对比策略

上述两者策略已经暗含了两种身份的比对，结果是形成凸显或遮蔽。社会身份的建构也可以在话语的二元对立中建构，比如年轻与年老、男性与女性、专业与非专业等（Pain，2001）。在本语料中，老年人经常与其他群体并置，形成不同群体身份对比，表现出平等的身份比较。

⑰【"90后"照顾"90后"我光荣！】

……有一家妇幼保健院收治了一批特殊的"90后"，他们都是90多岁，有的甚至是百岁老人，而救治、照顾他们的大多是20多岁的"90后"医护人员……

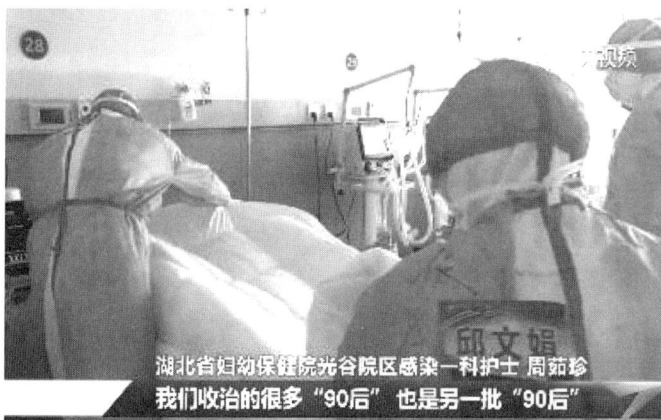

（《老年之声》，2020-3-5）

　　该例中，年轻的医护人员和老年患者之间形成身份对比，尤其是在标题中，作者使用了同一个模糊指称语"90后"同时指称出生于1990年以后的年轻医护和90多岁的老年患者。该指称语的使用消解了医患之间的隐含冲突，彰显了医患之间、两代人之间在共同作战中形成的亲密关系。

　　⑱【94岁母亲举报65岁女儿打麻将】

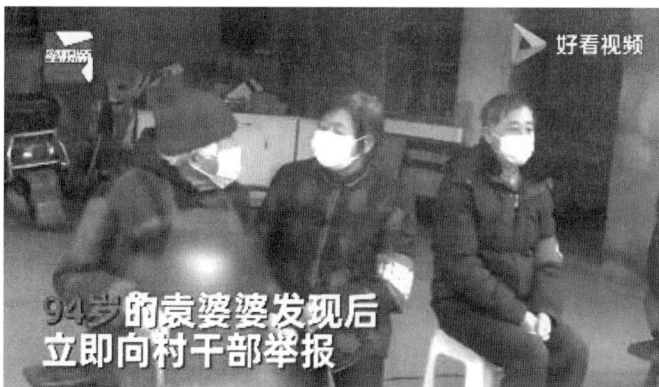

　　近日，袁婆婆的女儿将自家麻将馆的门锁起来，让人偷偷在里面打麻将，94岁的袁婆婆发现后立即向村干部举报。经批评教育，65岁女儿认识到问题的严重性，主动加入疫情防控的志愿服务中。网友：硬核版《听妈妈的话》。

（老人之声，2020.2.21）

该例中标题用动词"举报"连接了两个个体身份在年龄和关系上的比对：94岁母亲和65岁女儿。在疫情肆虐的情况下，母女关系让位于举报和被举报的关系。94岁的母亲是积极的抗疫战士，严格遵循疫情防控的规则，而65岁的女儿却不顾疫情防控要求，聚集打麻将。在传统语境下需要照顾的两位老人在该条新闻中分别为遵纪的母亲和贪玩的孩子，这种身份的对比激发了中国文化中焦虑母亲和叛逆女儿的刻板印象。文末引用网民的话进行评论："听妈妈的话[1]"，再次激活了大众关于中国母女关系的身份联想。

5.5.3 身份流变／跨越

老年人身份建构随着微观语篇的推进发生即时的动态变化，也随着新闻报道目的的变化而发生缓慢的历史变化。正如 Bucholtz 和 Hall（2005：606）所说，"任何既定身份的建构……都会随着互动的展开或话语语境的变化而不断发生变化"。下面两例分别表现了身份在当前语境内或跨越不同语境的变化。

⑲【保持好心态！武汉＃方舱医院医生患者一起打太极拳＃：患者大爷带头教】

9日，湖北武汉。上午9点，国际会展中心方舱医院内的医护人员和

1　这是中国歌星周杰伦的一首歌曲，主题就是听妈妈的话。

部分患者一起打起太极拳，带队的是一位患者大爷。网友：心态好，一切好❤。

（《武汉发布》，2020-2-10）

　　该例标题将"医生"和"患者"并置形成身份对比，因缺少连词"和"，两个词合并形成一个概念。当医患一起打太极时，传统意义上的医患对立的刻板印象在这个方舱医院得到消解。此外，老年患者通常处于弱势地位，在这个临时形成的群体中反而变为领导者，折射出老年人在打太极方面的经验力量，还能带动其他群体。这是一个充满爱与力量的群体，吸引着其他医护人员和患者。医患这种合作必然可以战胜疫情，在当时语境下具有较好的宣传效果。

　　下例中，老年人身份的建构在不同时间的新闻报道中发生了不同的变化。

　　⑳a【#2020 最治愈的瞬间#，刻骨铭心！】

　　3 月 5 日，武汉大学人民医院东院，上海援鄂医疗队刘凯医生在护送病人做 CT 途中，特意停下来，让已经住院近 1 个月的 87 岁老先生欣赏了一次久违的日落……

（《人民日报》，2020-3-5）

b【太暖了！#看日落老人拉琴送别援助医疗队#❤】

3月5日，一张医生与病人共赏落日照片感动全国。照片中的老人在复旦大学附属中山医院援鄂医疗队的照料下，身体状况持续好转。3月30日，得知医疗队要回上海，老人拉了一首小提琴曲表示感谢。

（《人民日报》，2020-4-1）

c【#看夕阳老人拉了曲送别#】

因为一张躺在病床上看夕阳的照片，87岁的新冠肺炎患者王欣受到了很多关注。为感谢医疗队员，今天，王欣又站在夕阳下拉了一曲《送别》。

（《人民日报》，2020-4-7）

从2020年3月5到4月7日，老人的身份建构发生了变化，从躺在病床上的被动的患者变为医疗队员演奏小提琴的积极的艺术家。在⑳a中，叙述者将当事人描述为"病人""住院近1个月的87岁老先生"，这两个指称语均为模糊指称，没有给出当事人明确的身份信息，老人在刘凯医生的"护送"下，在医生的帮助下欣赏了一次日落。⑳b中，标题用"看日落老人"和⑳a新闻进行了互文性链接，正文进行了简要回顾，用"照片中的老人""老人"指称当事人。⑳c例中，指称语"看夕阳老人"也和历史语篇⑳a形成互文。该例报道给出了老人的年龄、疾病，并特意给出了姓名。该条新闻描述了治愈后健康、有能力、具体的身份，"老人"为动作的施事者，站在夕阳下又拉了一曲《送别》，这里的"又"和⑳b建立预设关系。跨越了时间的三例新闻呈现了当事人身份的动态变化，从类指名词"病人"到"照片中的老人"到有定指称语"87岁的新冠肺炎患者王欣"。同样在夕阳中，上次是躺着，这次是站着，上次需要医生帮助，这次可以拉小提琴向医疗队员表示感谢。

Coupland谈到个体或群体在塑造自我身份时的一种创造性方式：流变/跨越（crossing），指说话人援引明显属于其他群体的说话模式再进行修改（2014：247）。在表征第三方身份时，身份跨越经常发生。身份的流变/跨越和后殖民理论中的混杂（hybridity）概念（Ashcroft et al.，1998）相呼应。本书中，身份流变或跨越主要目的是消除不同群体之间的对立，或颠覆不同群体之间的关系。微博新闻中老年人的身份建构印证了特殊语境下老年人身份的多样性和混杂性，而非传统意义的刻板描述。

5.6　结语

疫情类微博新闻报道中老年人的个体身份频率使用最高，其次是关系身份、群体身份和少量的情景身份，在身份属性上主要展现为年龄、疾病、地域等。具体来看，《人民日报》和《武汉发布》更倾向于展现老年人的个体身份，其次是关系身份；《老年之声》展示较为均衡的关系身份和个体身份，关系身份略高于个体身份。老年人较多由"确定指称语"或"积极修饰语"建构确定的积极身份，也有不少的不确定或模糊指称建构的消极身份，积极身份略高于消极身份，从次类来看，类型较为多样化。身份的语用观和后现代身份观是一致的，"很多身份的传统边界消解，可以进行很多创造性的重新塑造"（Coupland，2014）。身份的语用视角打破文化同质下的传统二元论，有助于人们探索身份的混杂性及其背后的影响因素。疫情类微博新闻中的老年人身份建构展现了较为明显的混杂和多样，体现为身份修饰、身份关联、身份流变 / 跨越。老年人属于传统意义上的弱者，被认为是社会的负担，在疫情席卷全国，老年人反而变为能干的抗疫者、奉献者等。

本研究发现和前人研究不同，出于消极偏见的警惕性原则（Jing-Schmidt et al.，2011；Rozin et al.，2001）并不适用于疫情语境下的中国微博新闻，读者更期待积极新闻而不是消极新闻。这和中国新闻本质、疫情对老年群体的危险性，以及中国"家文化"有关（Chen，2019）。中国媒体持马克思主义新闻观的人民性，体现为"以民为本、倾心于民、为民陈言"（郭晓科 等，2012）。在报道疫情新闻时，中国媒体具有突出的共情化传播特征（黎藜 等，2021），叙事者经常将老年群体看作家人，表现出较强的共情性。疫情暴发初期，感染力强，风险指数高，老年群体容易受感染，在整个社会中处于优先级。在儒家思想影响下，中国的孝道、尊老的概念深入人心（Sung，2001）。如果他们能得到治愈，公众会有较多的信心。以往新闻故事青睐冲突性框架，强调戏剧性（Nussbaum et al.，2004：385），疫情语境下的新闻报道受中国文化"一家亲"（Chen，2019）的思想影响，更多采纳的框架为"国就是家"。中国媒体对老年群体的报道正好响应了 Guterres（2020）的呼吁，目标在于尊重老年人的权利和尊严，建构更具包容性、更可持续和更适合未来的年龄友好型社会。

第 6 章　冲突类微博新闻报道中的老年指称语与老年人身份建构

6.1　引言

随着多起与老年人相关的冲突性事件（如"彭宇案"）的出现，网络新闻报道给老年群体贴上了系列负面标签："扶人反被诬""老人碰瓷"等，并形成了大面积的传播，引发了公众对于社会道德的广泛讨论。这些负面报道在较大程度上折射出当代中国老年人逐步下滑的媒介身份及其所面临的偏见和困境。

自古以来老年生活就具有复杂性与多样性，然而老年人的受关注度与社会地位只降不增，在现代社会这种问题更加严重（Minois，1989）。在媒体看来，所谓的日常生活的小事，只要具备了冲突、矛盾的消费因素，就具有了可看性和观赏性（李前进 等，2014：49），因而涉老冲突新闻吸引了媒体较多的关注。大众媒体报道中的老年人尽管也有正面形象，但整体上出现频率低，且多为负面、弱者（见本书 2.3 节），甚至邪恶的形象（Aronoff，1974）。对老年人认知的复杂刻板印象（温暖但能力低下）导致社会偏见和社会排斥（Cuddy et al.，2005）。这种偏见在很大程度上带来了老年群体的"话语失权"（殷文，2008），不仅降低了老年人的自尊心和自信心，也同时降低了老年群体在社会中的地位。

网络媒体已成为推进我国信息公开与舆论开放的重要力量。本书通过分析冲突类微博新闻报道中老年群体的指称语，探讨媒体对于老年人的态度和老年人在媒体中的身份建构。

6.2　涉老冲突类新闻的相关研究

冲突类新闻指新闻事件中存在社会主体之间争夺、竞争、争执和紧张的状态（达仁多夫，2000）。有研究指出，出于对新闻价值的追求，大众媒体往往更倾向于报道各类事件的冲突性（贾广惠，2013）。Park（1940）认为媒体关注意外事件的原因是吸引受众，以获得更多的发行量和广告。Lasswell（1927）在分析第一次世界大战主要参战国的宣传策略时，将媒介对冲突的呈现归为一种"暴力管理"。新媒体的崛起打破了大众媒体对于现实定义的垄断权，并且赋予不同社会成员参与新闻事件建构的渠道，新闻事件的媒介呈现机制发生了变化，为新闻事件赋予意义的社会网络，导致冲突事件媒介呈现的复杂化及真相的不确定性（涂光晋 等，2015）。在谈到拆迁类冲突新闻时，有学者认为媒体能起到正确的舆论监督功能（赖胜兰，2009）、社会动员功能（孙玮，2008），也有学者认为媒体未能做到客观公正，未能兼顾冲突双方的话语权（陈柏峰，2012），导致社会负面情绪更为根深蒂固的非理性行为（李春雷 等，2012）。媒体的介入一方面放大了事件的本身，让公众更加了解冲突性事件的原因及过程，另一方面容易引导或操控舆论导向，使公众对事件的判断产生类似的想法，从而在某程度上降低看待事件的客观性。焦俊峰（2020）指出，不同媒体对同一新闻主体的倾向性差异导致其报道相对于新闻事实的某种偏离，这将在很大程度上影响客观中立新闻价值观的实现。

在探究涉老冲突性新闻的相关议题时，媒体对老年人媒介形象的建构是学者关注的焦点，尤其是新闻报道的偏向性对老年群体形象的负面建构。

国外有不少研究聚焦冲突性报道对老年人所持的偏见和污名化。Roberto 等学者（2013）收集了澳大利亚报纸中对老年伴侣间暴力行为的报道，发现其中多数都针对女性，体现了性别和年龄两者的交叉影响。Funk 等（2021）运用框架分析法发现，加拿大新闻中对老年人挑衅行为的报道倾向于使用污名化、诱导恐惧和病理解释的框架，加强了模糊性和对立性。与护理机构中老年人之间、老年人和工作人员之间的报道相比，家庭攻击行为的报道中污名化语言较少。Dissanayake 和 Bracewell（2022）调查了新西兰主流媒体对导致死亡的家庭暴力的报道发现，造成死亡的家庭暴力的老年受害者在媒体报道中比例明显偏低。Grigorovich 等（2019）指出，媒体将护理机构中老年人之间的暴力行为归结于"患痴呆症"的"异常个体的行为",这种论述转移了人们的注意力,忽略了体制上的原因以及媒体自身的偏见。

国内针对老年人媒介形象有着大量的研究,涉及具体的形象、建构策略以及背后的原因。首先,很多研究探讨了冲突类微博新闻报道中老年人形象的负面建构及其影响。华乐(2013)指出,网络新闻对老年人负面事件和消极形象的连续报道,在一定程度上是对老年群体形象的"污名化"。代晓利(2014)认为,公众对老人偏见的形成与媒体报道的引导有着密切的关系,媒体在对扶老人事件的报道中以负面报道为主,其媒介形象呈现负面化、污名化。新闻媒体在相关报道中戴着有色眼镜,给摔倒老人贴上了"碰瓷""讹诈"等标签,使公众对这一群体的认识带有偏见(郭蓓,2014)。孙倩倩(2017)剖析了公众和媒体对于"老人摔倒碰瓷"的刻板印象,认为正是这种刻板印象引发了公众舆论缺失理性客观的批判。贾广惠(2018)发现媒体围绕广场舞大妈扰民现象进行了较多的负面建构,涉及大妈反美学举动、背离传统角色与社会认知、引发社会矛盾等诸多方面,使其成为被消费的"他者"形象。新闻机构作为话语权力的掌控者,从中扮演了"幕后推手"的角色。黄建东(2019)认为自媒体时代为提升老年人媒介话语权提供了契机,也加速了女性媒介话语权的崛起,有望改变公众看待"大妈"的刻板印象。

其次,媒体如何建构老年人的负面形象也得到了广泛关注。李海波和郭建斌(2013)利用新闻框架理论,分析了纸媒中对"老人摔倒"议题的新闻报道文本,辨识出4类新闻框架,即"道德框架""事实陈述框架""法律框架"和"问责框架",其中,"道德框架"占主流。明珊(2015)以污名化和标签理论为研究视角,发现媒体在对"扶老人"事件的报道中,通过戏剧化处理报道情节,热衷描绘故事,夸大卖点等方式,给"扶老人"事件贴上了"被讹""碰瓷"等标签,以此形成了对"扶老人"以及老年群体的污名化建构。张玉璞(2017)也认为,老年人一再以"讹诈"的负面形象出现是隐藏在新闻失实背后的新闻框架的作用。新闻框架从报道主题到报道结构,再到报道基调,分别凸显了老人讹诈的报道议题、从具体的文本中建构新闻事件的意义,以及倾向负面的报道基调。

此外,有学者探究了这些负面报道背后的原因。王淑伟(2012)认为,媒体商业化是选择性报道行为的外部诱因，而事件特殊性是选择性报道的内在动因，"标签化"与"合理想象"式的选择性报道造成了舆论的"一边倒"，且拟态环境的建构偏离了现实，形成公众对老年人的"刻板成见"。兰悦（2016）以中国老年人日本碰瓷事件为例，剖析了新闻反转剧的成因，即媒体的主观臆断、媒体的惰性及迎合公众的阅读习惯。同时，崔璨（2016）从主体内容和报道修辞两方面探寻"老人摔倒"的正面报道引发负面效应的原因：主题较单一且违反公众眼中"新闻"非"常态"的逻辑；部分内容价值取向存在问题；用多种修辞手法加深公众的恐慌和顾虑；新闻图片传递的负面信息容易影响受众情绪。从社会心理学角度出发，陈祥（2016）认为，青年一代与新媒体运营者之间的"共谋"促成了"广场舞大妈"被"污名化"，这本质上是代际冲突的体现。

以上综述表明，冲突类新闻中老年群体的形象与身份吸引了越来越多的关注，整体以负面形象、污名化报道、负面框架为主。研究方法多为传播学视角的内容分析，缺乏语言学的微观分析。作为公众理解外部世界的知识来源，新闻对冲突事件的建构影响公众对事件的感知。本章从老年指称语入手，探讨主流微博与自媒体微博在报道冲突类新闻时建构的老年人身份。

6.3　研究设计

本书依据微博影响力榜单和粉丝关注数量，选取了国家党报微博《人民日报》和自媒体微博《头条新闻》为语料来源，收集其中的冲突类新闻报道，探讨两家微博在老年指称语的使用及建构的语用身份特点。《人民日报》微博是国家党报微博，记载和报道中国社会的日月变迁，在一定程度上代表着国家对社会民生的态度。《头条新闻》作为自媒体平台，能够第一时间传递最新最热门的新闻，侧重对社会民生的报道。本书选择这两家媒体，基于影响较大的特点，又能兼顾国家和个体媒体，能够从不同方面分析老年人身份，具有一定的代表性。

本书收集了 2019 年 1 月 1 日至 2023 年 3 月 29 日来自两家微博有关老年人的 72 条（各 36 篇）冲突类微博新闻报道为研究语料，主题涵盖了老人与其他群体、社会机构之间的各类冲突。本书中的指称语均用来指称真实的新闻人物，因而对语料中指称语（陈平，1987，2015）的讨论，排除无指类型，仅区分定指和不定指两大类（详见本书 4.3.3 节）。结合语料观察，定指主要指对人物的全称或含姓的指称（如李奶奶），不定指主要包含以下 3 类：类指名词（老人）、关系指称（大爷）和不定名词（一卖菜老人）等。最后结合指称语的类型讨论冲突类微博新闻中建构的身份特点，定指指称语常用来建构确定的身份，3 类不定指分别对应的群体身份、泛亲属关系身份和不定个体身份。

6.4　冲突类微博新闻中老年指称语的特点

指称语是指别参与者或可提取环境因素的手段（Martin，2010）。人类是事件的重要参与者和社会关系的核心组成成分，因而人物指称语在叙事文体中频繁出现（刘桂玲 等，2015）。指称语作为身份的外显言语标记，反映的是通过人际互动和人际角色分配所获得的身份概念，也可以是通过群体特征而获得的身份特征（袁周敏，2011a）。使用指称语指称对象时主要需要考虑到三个方面，即指称语的呈现形式、该形式表现的同指称有关的意义和说话人使用指称语的意图以及具体语境（陈平，2015）。媒体对老年人的不同指称语可以从一定程度上反映社会对待老年群体和老年人矛盾事件的大致立场。本章按照定指和不定指对冲突类微博新闻中老年指称语进行了统计，具体见表 6-1。

表 6-1　冲突类微博新闻中老年指称语的特点

微博	定指（14.2%）	不定指（85.8%）			小计
		类指	关系指称	不定名词	
《人民日报》	20/19.6%	32/31.4%	32/31.4%	18/17.6%	102/100%
《头条新闻》	10/9.1%	63/57.7%	16/14.7%	20/18.3%	109/100%
小计	30/14.2%	95/45%	48/22.8%	38/18%	211/100%

整体来看，新闻中的老年指称语以不定指居多（85.8%），仅有少量的定指（14.2%），这说明该类新闻在较大程度建构了模糊、不确定的老年群体或个体身份以及泛亲属关系身份，确定性身份较少。说明微博在报道新闻时倾向于将人物信息进行模糊和非特定的处理。

　　具体来看,《人民日报》在 4 类指称语的使用上较为均衡,使用了同样数量的类指指称和关系指称建构老年的群体身份和泛关系身份,其次是确定指称和不定指称及相应的确定身份和不定个体身份。《头条新闻》在 4 类指称语的使用上差别较大,主要以类指指称为主,建构了较多的群体身份,其次是不定个体、关系身份,确定类身份最少。

　　媒体呈现事件的方式在很大程度上可以改变公众的信念和观点。当新闻报道的内容存在矛盾和争议时,标题的介绍就显得尤为重要。新媒体时代是读“题”时代,如果标题不吸引人,即便内容再好,用户也不愿点开,传播效果必然有限。新媒体新闻标题不再只是单纯起着新闻眼的作用,而是肩负着吸引受众阅读兴趣的重任,直接决定着新闻点击率的高低(秦芹,2016)。在报道有关老年人的冲突类微博新闻时,标题中老年指称语可以潜在地反映各媒体对此事的态度,也潜移默化地影响公众对事件和当事人的判断。本章对两家微博新闻标题中的老年指称语进行了对比分析,具体见表 6-2。

表 6-2　冲突类微博新闻标题中的老年指称语

微博	定指（1.4%）	不定指称（98.6%）			小计
		类指指称	关系指称	不定名词	
《人民日报》	0/0	14/42.4%	18/54.5%	1/3.1%	33/100%
《头条新闻》	1/2.7%	29/78.4%	7/18.9%	0/0	37/100%
小计	1/1.4%	43/61.5%	25/35.7%	1/1.4%	70/100%

　　注：由于《人民日报》有 3 例标题没有出现老年指称语,所以总计为 33;《头条新闻》有的标题中出现了 2 个不同的指称,所以总计 37。

　　表 6-2 显示,总体上冲突类微博新闻标题中的指称语分布和总体趋势一致,主要为不定指（98.6%）,仅有 1 例为定指指称（1.4%）,不定指主要为类指指称（61.5%）和关系指称（35.7%）。两家微博在标题上差异更为明显,《人民日报》以关系指称为主（54.5%）,其次是类指指称（42.4%）;《头条新闻》以类指指称为主（78.4%）,其次是关系指称（18.9%）。《人民日报》微博在信息传播风格上整体呈现内容接地气、语言平民化、标题活泼化的特点。在信息传播内容上,呈现贴合民众心声、迎合网友喜好、兼顾舆论引导的特点(沈智婉,2022)。请看下面案例,均来自《人民日报》。

例①a【暴徒冲进地铁站#香港大爷把暴徒打出车厢#】（2019-9-1）

b【小伙子一声怒吼，吓退高空抛物大妈】（2019-7-13）

c【#公交司机扶起摔倒大妈被冤枉#多亏监控还原现场】（2019-11-11）

d【又来！大爷霸占火车卧铺：我先睡就是我的，随便处罚】（2019-5-4）

e【地上一个烟头扣环卫7元？烟头太多环卫大爷气哭，城管中心：只是口头督促，没具体实施】（2019-5-7）

f【#老人提醒别插队被暴打#女子下跪哭求放过】（2019-2-24）

g【天津#警方通报老人遭物业殴打事件#：打人者行拘十日】（2020-2-29）

h【#保姆闷死老人案最新进展#检察机关提前介入保姆闷死老人案】（2020-5-13）

上述标题a例中"香港大爷"是冲突事件中的正面形象，b、c、d中"高空抛物大妈""摔倒大妈""大爷"均为负面形象，最后两例g、h中的"老人"为冲突事件中的受害者。《人民日报》标题中使用了较多的关系指称，无论是讹诈他人的老人还是秉持正义的老人；针对冲突事件中老人受冤的情况，则主要使用类指名词"老人"，泛化指老年群体，引发读者对老年受害者的同情。爆款新媒体产品往往通过高浓度的情绪化标题，吸引读者点击，激发和带动用户情绪，形成共情共鸣效应（陈玲，2022）。情绪色彩鲜明的标题，往往呈现人格化表达。"大爷""大妈"作为泛亲属称谓，在心理上形成亲切感，在阅读中引发读者产生和所指人物之间的家人关系，强化读者对老年积极身份的认同，同时弱化对老年施恶者的负面态度。

《头条新闻》标题则主要用类指名词"老人"指称老年人，请看下例：

例②a【#老人嫌打篮球太吵高空扔饮料瓶#涉嫌高空抛物罪被移送审查起诉】（2022-11-8）

b【摩托车被"惹事"老人推倒损坏，小伙坚持追刑责】（2022-11-25）

c【#男子帮骑电动摔倒大爷报警反被讹#双方和解，其家属已进行补偿】（2022-12-13）

d【#90后女子称遭六旬邻居猥亵骚扰#】（2023-3-24）

　　e【#男子先装孙子后扮警察诈骗老人#称打架要私了，引导老人转账】（2022-10-1）

　　f【#保姆踢打扇脸智残老人获刑8个月#禁业3年】（2022-12-18）

　　无论是作恶者（a、b、c、d）还是受害者（e、f），《头条新闻》均使用了大量类指名词"老人"（a、e）来指称，或使用修饰词，如"'惹事'老人、智残老人"（b、f），泛化当事人，同时与所报道对象形成一种距离感和陌生感，也有少量关系指称，如"摔倒大爷"（c）和"六旬邻居"（d）。此外a、b、c、d四例中的"老人、'惹事'老人、摔倒大爷、六旬邻居"均为消极动作的施事者，e、f中的"老人和智残老人"指冲突中的受害者。自媒体大量使用"老人"与消极谓词搭配，容易造成"老人"作为指称语的消极刻板印象。也有少量的关系指称，如"摔倒大爷"和"六旬邻居"指向老人的负面身份。读者在阅读过程中容易将自己代入事件中，和新闻人物之间产生一种看与被看的关系。

　　整体来看，冲突类微博新闻对老年群体以不定指称为主，尤其是类指指称，说明微博新闻在报道冲突类微博新闻时倾向于将人物信息进行模糊和非特定的处理。《人民日报》将类指指称和关系指称并重；《头条新闻》以类指指称为主。这一差别在微博标题上表现更为突出，《人民日报》在标题上更多使用关系指称，而《头条新闻》则较多使用类指指称。"标题党"有时巧妙地利用了受众的心理期待和传播想象，从情感上打动受众（涂凌波，2017）。关系指称的较多使用，可以表达媒体的态度，增加亲和度，增强舆论引导力；类指指称的较多使用容易激发读者与老年群体的对立，迎合社会偏见，激化矛盾。

6.5　冲突类微博新闻中的老年人身份建构

　　结合老年指称语的特点和冲突类新闻的主题、内容等，研究发现老年人身份的类型主要为消极类身份，但在具体的消极身份类别上有着明显的差别，具体见下表6-3。

表6-3 冲突类新闻中老年人的身份类型

微博	积极身份 （4.1%）	消极身份（95.9%）		小计
		失德失范	受害者	
《人民日报》	3/8.3%	16/44.4%	17/47.2%	36/100%
《头条新闻》	0	26/68.4%	12/31.6%	38/100%
小计	3/4.1%	42/56.7%	29/39.2%	74/100%

注：《头条新闻》中两例中老年人既为麻烦制造者，又是受害者，因而导致总数为38。

整体来看，冲突新闻中建构的老年人消极身份（95.9%）远远多于积极身份（4.1%），直接指向了文献中老年人身份的刻板印象。具体来看，《人民日报》所建构的消极身份中主观制造麻烦和被动受害者的身份较为均衡，前者（47.2%）略高于后者（44.4%），有少量的积极身份（8.3%）。《头条新闻》则相反，消极身份中主动制造麻烦的占绝大多数（68.4%），远远多于被动的受害者（31.6%），未发现老年人的积极身份。两家媒体在身份类型的特点与本书6.4中指称语的特点是一致的。

6.5.1 主流媒体微博中老年人身份建构

作为国家机关报和全球化报纸，《人民日报》对冲突类新闻报道较少，有大量的新闻报道了老年人的正面形象，以此激励大众营造良好的社会氛围。表6-3显示，《人民日报》微博在报道冲突类新闻时，主要塑造老年受害者和施恶者形象，前者略多于后者，还有少量的积极身份建构。在具体报道中，主要采用关系指称和类指指称实现身份建构。请看下例。

例③【＃公交司机扶起摔倒大妈被冤枉＃多亏监控还原现场】

11月7日，南京公交司机周师傅开车进站后，一位赶车的大妈在车前1米处摔倒。周师傅立即下车将大妈扶起并报警，不料对方却不让他走，说是周师傅撞了她。好在公交车载监控拍到老人跌倒的画面，不少路人也主动向警方证明。

（《人民日报》，2019-11-11）

上例来自《人民日报》的微博，标题中用"摔倒大妈"指称当事人，该指称语包括情景描述和关系指称，冲突事件的另一方使用了职业指称"公交司机"，完整地交代了冲突双方和事件的前因后果。正文叙述从司机的视角出发,使用了"一位赶车的大妈"和"大妈"的泛亲属指称,使用确定指称"周师傅"指称司机。正文主要从公交司机的视角进行叙事,介绍了事件发生的过程和涉事主体的性别等。叙事者显然是站在司机的角度,对周师傅表现出了较多的认可:"对方"和"他"在句内形成指称对立,"不料"和"却"展现了周师傅的无辜。末句转换视角,从叙事者的视角客观描述车载监控的情况,用指称语"老人"拉开距离,客观透视该新闻事件。

在该条新闻报道中,老人是公交司机扶起的对象,同时又是讹诈话语的发出者,"摔倒大妈""老人跌倒"的描述客观呈现老人的遭遇,"公交司机……被冤枉"则间接指出老人的作恶者形象。新闻给了公交司机具体的指称,而对当事人使用"大妈""老人"进行指称,没有全称。这也体现了媒体惯常的做法,对正面人物通常给予正面描述、确定指称,而事件负面人物通常给出背景画面,使用模糊指称。

类指名词"老人"常用来指称冲突事件中的受害者,如下例。

例④【#老人卖土鸡蛋收100元假币伤心落泪##好心男子自掏腰包给收百元假币老人#】

据贵州广播电视台@百姓关注,7月12日早上,在贵州凯里,一位老人哭着找到民警,称自己收了一张百元假钞。听到老人的遭遇,一位中年男子站了出来,从自己的口袋掏出100元给老人家,然后把假币撕了,默默离开。

(《人民日报》,2020-7-15)

上例报道的标题说明了"老人"作为受害者的遭遇和"好心男子"的救助,对于导致老人受骗的对方没有信息。这也是《人民日报》在报道老人遭遇的基本情况,倾向于交代事件的解决而不是刻意呈现冲突本身。该报道主要呈现的是冲突事件的结果,正文中叙事者用"一位老人"指称受害者向"民警"求助,"一位老人"为不定指,"民警"为职衔指称,两者形成"年老个体"与"机构"之间的身份对。在接下来一句中,使用了另一个不定指"一位中年男子"描述其作为救助者的形象,和被救助者"老人"形成年龄对,随后的指称语"老人家"则表现出了中年男子以及叙事者对老人的共情。最后还补充了一句,呼吁关注避免类似事情发生,避免老人再受欺骗。

《人民日报》有少量案例建构了老年人的积极身份，如下例。

例⑤【极度舒适！＃华人大妈出手追打分裂分子＃】

近日，澳大利亚悉尼，一男子举牌支持乱港分裂分子，华人大妈拎包追打，感受下大妈的战斗力💪！网友：你大妈还是你大妈！＃就这身板还想独立＃！

（《人民日报》，2019-8-20）

该例新闻中标题上用了关系指称"华人大妈"和行为指称"分裂分子"形成冲突对立体，标题前面对这一行为给出了正面评价"极度舒适"，表现了媒体对大妈的赞许。正文中使用不定指名词"一男子"指称冲突的另一方，文中没有明确说明其民族身份，相对应的是"华人大妈"，凸显了民族和亲属身份，放大了单个个体在冲突中的效应，有一定的舆论引导力。针对任何意图分裂的人，华人大妈的战斗力都是很强的，文中表情符号强化了这一效果，也表达了媒体的支持态度。最后还补充了网友的支持性评论："你大妈还是你大妈！"这个语义重复句激活了"大妈"所包含的正义感，彻底打破了众多媒体对"大妈"的污名化报道。

除了大量的关系指称外，类指指称常用来建构老年受害者和作恶者身份，《人民日报》在多例严重妨害公共事务的新闻中给出了"姓＋某＋名"的指称，一方面保护隐私，另一方面也给予了确定指称以警示。如标题"大妈不满婴儿车挡路将4个月婴儿掐伤"中使用关系指称"大妈"，正文使用"杜某玉"进行描述，"违法行为人杜某玉已被治安拘留"。标题"65岁女子多次妨碍公交运营被刑拘"使用类指名词"65岁女子"指称当事人，正文使用"井某芬"描述当事人已被依法刑事拘留。

6.5.2　自媒体微博中的老年人身份建构

与《人民日报》不同，《头条新闻》使用了较多的类指名词和少量的关系指称，建构了大量的施恶者身份和少量的受害者，无正面身份。请看下例。

例⑥【＃老人连续6年每天定时3次狂敲铁盆＃居民：凌晨2点也要敲】

据＠白鹿视频报道：1月4日，江苏常州。有网友反映其居住的小区有老人每天定时在单元楼门口敲大铁盆，声音十分大，对小区居民造成困扰。据该小区居民介绍老人每天 8 点、12 点，甚至在凌晨 2 点都会准时敲响铁盆，整个小区都能听到，家里有孩子的总会被惊醒。已经敲了至少有六七年了，大家想过很多种方法都无济于事，猜想老人可能有精神疾病。

（《头条新闻》，2022-1-7）

如上所示，从标题到正文，整篇报道均用"老人"一词来指称新闻事件的主体，和事件的另一方"居民"形成对比。老人属于类指指称和中可及性标志语，模糊了指称范围，容易使读者从个人上升到整个老年群体；"居民"则按居住地进行归类。消息提供者"网友"也属于泛指，将小区居民扩大至不确定的网民群体；消息提供者称"该小区居民"缩小了范围，具体指该小区的某个居民，其影响波及"整个小区""家里有孩子的""大家"等。该例报道中所有消息提供者、受影响的小区居民形成一个群体，和"老人"构成冲突事件的对立：我们和他。此外，画面上方突出的数字：每天、定时、数年、凌晨 2 点，画面下方较大的铁盆以及网友的弹幕都强化了"老人"行为造成的负面影响。报道末尾关于老人"精神疾病"的猜想使读者增加很多联想和偏见。整个叙述未提供当事人的话语，仅提供了众多讨伐老人的声音，确认了老人作为施事者的负面形象。

《头条新闻》也使用了少量关系指称指称施恶者，如下例。

例⑦【#男子车停路边2分钟被7旬老太放气#拍摄者：她怕汽车把下水道压坏】

据@搜狐千里眼报道：5月26日，河南郑州。一男子把车停在路边2分钟，却不料被7旬老人把车胎气放了。拍摄者李先生表示，自己过来工作三天，大妈也不让从门口过，称会压坏门口下水道。自己也没想到，大妈会真的把轮胎气放了。

（《头条新闻》，2022-5-26）

该例标题既介绍了冲突性事件"汽车被放气"涉及的人物"男子和7旬老太"，也借助拍摄者的话语给出了放气的原因。指称语"男子"给出了性别信息，"7旬老太"则强调了年龄和性别两种身份信息，给出了当事人作为肇事者的较多身份信息。纵观整篇报道，叙述时使用了"7旬老人"强调其年龄身份，随后借用拍摄者的声音，用关系指称"大妈"指称肇事者。在叙述中，"大妈"为消极动词的施事者，如"把车胎气放了""不让从门口经过"，叙事者使用"不料""没想到"强调当事人行为的怪异和违常，及其给对方带来的麻烦。

《头条新闻》也使用了少量的"姓+某"表达部分定指，针对影响力比较大的新闻事件，会使用全名指称，指称相关事件中的主体，如下例。

例⑧#跪地求供水林场主孙国友发声#领导正上门协调说要慢慢解决

据 @ 百姓关注报道：3 月 29 日 10 时许，宁夏"林场主崩溃跪地求水"当事人孙国友称，10 时许，灵武市政府领导和纪委工作人员已到达林场，正组织各方协调处理此事。@ 孙国友万亩治沙孙国友告诉记者："他们说慢慢解决，我可以慢慢等到 70 岁，但十几万的树苗要干死啊"。27 日，网传视频显示，孙国友因林场水源被破坏，崩溃跪地求水。3 月 29 日，据《红星新闻》等媒体报道，当地的水务公司回应称，水的盐分过高不利于浇树才导致没有按预期供水。

（《头条新闻》，2023-3-29）

标题用长有定描述语"跪地求供水林场主孙国友"对事件主人公名字和关联的事件给出了仔细描述，给不了解该事件的读者交代了相关的背景，冲突涉及的另一方通过孙国友声音给出"领导"。该事件牵扯到个体（孙国友）与机构（水务公司、自然资源局）之间的身份冲突，事件开始就是以当事人跪地求水引发自媒体轰动。该例新闻正文从孙国友视角说明"市政府领导和纪委工作人员"已到场，接下来使用微博的 @ 功能"@ 孙国友万亩治沙孙国友"继续叙事，形成微博之间的互文指称，@ 的功能一方面方便读者点击孙国友微博，另一方面也提醒孙国友本人。求水事件引发媒体热议的后续新闻有使用敬称"孙先生"，还有使用职业指称"林场主"等，该例新闻给了当事人较多的身份信息以及全名，高度凸显了该个体身份的影响力。

6.6　结语

语料分析表明，《人民日报》和《头条新闻》在报道冲突类新闻时均使用了大量的不定指，主要包括类指名词、关系指称和不定指，仅有少量的定指。这说明，该类微博新闻建构了冲突事件中老年人较多的"模糊""不确定"以及"泛亲属关系"的身份特点，确定性身份较少，主要用"姓＋某"指称涉事老人保护其隐私，而个别具有较大影响力的新闻人物，以全称进行定指。具体来看，《人民日报》在四类指称语的使用上较为均衡，首先建构了泛亲属关系身份和老年群体身份，其次是确定身份和不确定的个体身份。《头条新闻》在四类指称语的使用上差别较大，首先以类指指称为主，建构了较多的群体身份，其次才是不定个体、关系身份。这一差别在微博新闻标题上表现更为明显，《头条新闻》的标题主要以类指指称、群体身份为主，《人民日报》则以关系指称、关系身份为主，先入为主建构了老年人在冲突事件中的不同身份。从身份类型来看，《人民日报》建构了同样比例的老年人施恶者和受害者身份，还有少量的维持正义的正面身份；而《头条新闻》中建构了较多的作恶者身份，少量的受害者身份，未发现正面身份。从语料收集的过程来看，同一时间段内，《头条新闻》中涉及老年人的冲突类新闻数量远远多于《人民日报》，也间接印证了本研究关于指称语和身份类型的分析。

综合来看，老年群体在冲突类新闻话语中呈现较多的消极身份，这与事件本身的冲突性质有着必然的联系。《人民日报》针对老年群体的指称和身份建构相对较为客观，多将老人看作家人，施恶者和受害者身份较为均衡，表现出较高程度的同理心，体现出"敬老爱老"的文化观念，这也体现了《人民日报》作为主流媒体的舆论引导力。《头条新闻》建构了较多老年群体的类指指称和施恶者身份，从而进一步强化老年人消极刻板印象。《头条新闻》作为自媒体，更注重冲突性和娱乐性，过度描述老年人的消极行为及其带来的影响，又潜在引导大众产生负面的态度，不利于老年群体社会地位的提高。老年群体与社会的矛盾只是客观因素，媒体的过度渲染及其背后折射的新闻从业者的职业素养、新闻伦理考量等共同形成了这一结果。

本章对冲突类微博新闻中老年指称语和身份建构进行了讨论，研究结果有助于打破对老年人的刻板印象，提升大众对老年人身份的客观认知，更好维护中国文化敬老爱老的优良传统。要逐步消除对老年人的刻板印象，主流媒体应加强呈现老年人新的精神风貌的符号文本，以消除老年人的心理焦虑，引导公众尊重、理解并关心老年人（张蓓 等，2019）。

第7章 人际语用视角下微信朋友圈互动中的老年人身份建构[1]

7.1 引言

当前关于老年人身份的研究多关注他者建构，在他者视域下的老年人通常被描述为负担、问题、具有依附性等（Coupland，2009a）。这不仅不能准确反映老年群体的客观生态现状，同时也对衰老（ageing）的个体叙述产生负面的影响（Cook，2018），加深老年群体对自身生理阶段的恐惧。值得关注的是，社会语言学开始关注老年个体的自我身份建构及变化。2009年期刊 *Aging* 和 *Society* 设专辑讨论老人如何通过言谈互动、话语生产、阅读和理解来协商持续变化的身份（Coupland，2009a），例如，老年人在故事讲述中的多样化身份建构（Norrick，2009）、老年女性在谈论丈夫疾病和死亡时的话语实践（Matsumoto，2009）、老年人在谈论衰老中的身份变化（Nikander，2009）。此外，Cook（2018）从主体视角探讨老年人在描述照片时的身份变化；徐继菊、高一虹（2020）探讨了老年人在死亡访谈叙事中的多元身份。

中国正在进入深度老龄社会，而学界对老龄社会的社会理念、制度，包括话语体系等仍停留在年轻社会，可以反映老年人身份认知与表征的主位视角却一直没有得到重视。要深入探究老龄社会的客观真实，只有建构老龄社会话语体系（李新涛，2016）。现实情况是，随着年龄增长，老年人社会生活的参与度降低（杨华 等，2014），主动交际的意愿亦随之降低，语言能力呈现不同程度的退化（黄立鹤，2015b；刘楚群，2016；李宇峰，

---

1 本章在景晓平（2022）的基础上扩充完成。

2018）。世界卫生组织在 1999 年呼吁开展"积极老龄化"（active aging）的全球行动，目的是促进老年人社会参与，提升老年人的生活品质。新媒体的普遍使用拓展了老年人的生活领域，使老年人参与社会的方式有了新的变化，给老年人的自我身份建构进行了赋权，使他们获得"通过网络空间中的符号生产强化、重塑、创造自我理想身份"的可能（唐红，2018：78）。在众多新媒体中，微信简单直观的用户体验让作为"数字弱势群体"的老年人（周裕琼，2018）有机会在数字世界中加入自己的声音（Guo，2017）。中国老年人的数字参与在很大程度上归结于新媒体的广泛使用（He et al.，2020），中国老年群体对使用新媒体有着强烈意愿（郭恩强，2014），有 6 成以上的老人能熟练发布原创、给他人点赞及评论[1]。有学者开始从传播学、社会学视角探索老年人在新媒体中的身份建构（孙信茹等，2018；黄秋彤，2019），但缺乏微观层面的语言分析。

当前研究对老年群体自我话语建构的忽视（刘文宇 等，2018）和老年群体长期的媒介缺位所导致的话语权缺失（杨暖暖 等，2020），共同强化老年人在他者描述中的消极刻板印象。社会语言学研究注重老年人话语中的身份变化，但语料多限于"访谈、讲故事"等封闭式人际交往。随着互联网向中高龄群体[2]持续渗透（CNNIC），老年人开始积极融入数字世界，在新媒体时代思考老年人自我身份的话语建构具有特别的现实意义。本书基于老年人微信朋友圈的互动语料考察老年人在新媒体互动中的身份建构，期望丰富身份建构主体路径的研究，了解老年群体的媒介参与情况，实现积极老龄化。

7.2　人际语用视角下的身份建构

人际语用学视角下的身份建构研究涵盖人际语用研究的主要课题，能揭示身份建构的多元与多面的本质（Haugh et al.，2013；李成团 等，2015，2017）。人际语用学研究的重点就是身份与人际关系的建构，即呈现、发展、证实、协商与关照身份（Locher，2013）。建立人际关系指表现或

1　具体参见 2018 年中国社会科学院和腾讯研究院联合发表的《中老年人互联网生活报告》。

2　根据第 46 次《中国互联网路发展状况统计报告》，50 岁及以上的网民群体由 2020 年 3 月的 16.9% 上升到 6 月的 22.8%，其中，50~59 岁占比 12.5%，60 岁及以上的网民为 10.3%。

照顾交际中出现的身份（Haugh 等，2013；Spencer-Oatey，2013）；身份建构是协商个体与更大的社会组织或社会群体之间关系的过程。关系研究的焦点是探究交际者如何进行选择，以及交际过程如何动态地展开，而结果则体现为一种身份建构（Locher，2013）。因而关系工作与身份建构相互关联，对身份意义的理解也会影响人际关系建构本身。

身份的研究经历了从本质主义到建构主义的变革，身份不是固定的社会范畴，而是在交互中可以协商、涌现的、由双方建构的，这就意味着身份研究和人际语用学具有密切联系（De Fina，2010）。身份建构具有人际语用特点，因为"身份是主体间产生的而不是个体产生的，是交际互动中涌现的而不是事先指定的"（Bucholtz et al.，2005：587）。语用学视角下的身份研究探究交际参与者在互动过程中如何通过建构、协商或管理身份，以传递说话人意义，完成特定的交际目标，从而维持、调节或巩固人际关系（陈新仁，2014，2018）。说话人建构不同身份的自我定位也可能对他人的身份建构产生一定影响，所以身份问题是一个互动中的交际问题，也是关系问题（冉永平 等，2019）。陈新仁（2014，2018）提出语用身份研究的 5 种路径充分说明身份的涌现性和互动性特征，其中之一是将交际者选择、建构的身份视为体现认同取向的人际资源，探究交际者如何选择、建构特定的身份以达到亲近或疏远交际对象的目的。语言不仅具有交际功能，而且具有认同功能，可以用来建构圈内人或圈外人的情感身份（陈新仁，2018）。

参照语用身份论及人际资源研究路径、人际语用学的身份交互性（Bucholtz et al.，2005），本章勾勒出老年人在微信互动中的身份建构流程（见图 7-1）：为了满足特定交际需求，如分享生活、展示自我等，老年人发布朋友圈，与朋友进行（非）言语互动，选择或建构特定的语用身份，同时维护或调节人际关系，身份建构在人际互动中展开，体现为话语选择。交际者身份来自其系列身份类属，交际者使用不同的类属描述建构自我与他者身份，维持、挑战或者建构不同的人际互动与社会关系（袁周敏，2020b）。在本书中，身份建构的显著性话语选择主要体现为微信互动中的言语行为序列，因为身份和言语行为存在着相互联系：既有身份影响言语行为的实施；实施言语行为则建构、改变身份（Tracy et al.，2013：80-83）。

具体来说，当老年人在朋友圈发布动态，即进入微信"舞台表演区"（Goffman，1959），利用平台提供的功能和各种道具——文字/图片/视频等设计或展示自我形象，建构其在线身份（Yuan，2018）——"初始身份"；当好友开始点赞或评论时，则启动呈现者与参与者的人际互动，也启动身份磋商与调整。人际语用学的身份研究考虑到所有参与者，包括未出场的但对交际中人际关系产生影响的间接参与者（Haugh，2013），比如微信好友中未参与评论的旁观者、发链接带来的参与者，他们和发布者、评论者共同组成微信互动语境的参与者，这个参与群是开放的，但大都是老人认识的"熟人群体"。

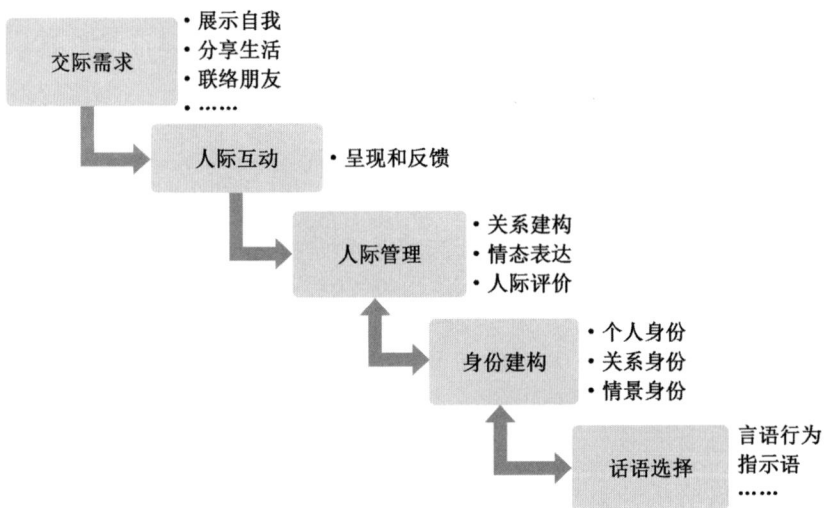

图 7-1 微信互动中的身份建构

本书认为，老年人的身份建构是微信互动中"所有参与者共同合作的结果"（Ren，2020），始于但不限于微信展示时的初始身份，这种初始身份在人际互动和关系管理中不断磋商与调整，得以确认、强化，或质疑、否定等，甚至激活或拓展了其他的附属身份，直至互动结束。

7.3 研究设计

本书选取老年人微信互动作为语料，因为微信在中老年人社会活动的参与和组织中扮演重要角色[1]；中老年人对微信的使用已不局限于将其作为即时通信工具，还作为表达情感和维系社交的互动平台。同时，微信简单直观的用户体验使得许多从来不会上网的中老年人能够使用微信轻松自如地上网。微信为中老年人提供了一个平台，让他们第一次大量地获知和主流新闻媒体不同的内容和观点；也使得他们中的一些人能够在网上参与公民生活（Guo，2017）。

我们依据人际语用学的分析方法，在笔者朋友圈随机选择认识的老人。由于愿意使用网络的老年人总体较少，往往"是收入和教育程度较高的精英人群"（凯迪数据，2015），积极提供朋友圈互动文本以供笔者研究的老年人更少，笔者严格遵守研究伦理，深度阐述研究目的与意义，最终联络到 3 位符合要求又愿意提供语料的老人，均为退休教师。我们向每位老人说明研究目标、研究内容以及实施步骤，老人们提供了 161 份微信互动作为个案分析语料（2019.8—2020.9）。按照文中出现的次序，分别用 A1、A2、A3 指称 3 位老人，用 B1…Bn 指称其他评论者。3 位老人的基本信息见表 7-1。

表 7-1　参与者的基本信息

老人	性别	年龄	教育	退休前职业	爱好	发布频率
A1	男	82	本科	中专教师	诗歌创作	每日
A2	女	70	硕士	高校教师	旅游、绘画	偶尔
A3	男	72	本科	中学教师	散文创作	经常

在语料分析方面，我们对所有参与评论者的身份特征进行简单了解，如年龄、爱好、与老人的关系（史）等，从双方的言语行为互动分析受教育程度较高的老年人在微信互动中所建构的身份类型和建构策略。具体研究问题如下：老年人在微信互动中建构了哪些身份类型？这些身份建构在互动中呈现哪些变化？

1　具体参见 2018 年中国社会科学院和腾讯研究院联合发表的《中老年人互联网生活报告》。

7.4 老年人在微信朋友圈互动中的身份建构

微信朋友圈是建构和谐关系，呈现理想自我，建构多元化身份，提升社会参与的一个重要平台，对于脱离社会的老年群体来说尤其如此。老年人在微信互动中的身份建构体现出老人与其他参与者的互动过程。老人在展示自己的作品或评价转发内容时遵循"身份准则"（陈新仁，2018），建构与当前交际情境相适应的"初始身份"，如创作者/展示者或评价者等身份。当微信好友进行评论时，可能直接或间接地对老人的语用身份产生影响，其初始身份在微信舞台上经受多样化磋商，直到互动结束。本研究主要考察交际双方在实施言语行为时的互动，因为实施或避免实施某种言语行为是影响双方关系的主要方式，可以维护或挑战交际者的身份（Tracy et al.，2013：106），比如一定语境中，请求帮助可以将熟人升级为朋友，赞美可以将朋友关系升级为恋人关系（Tracy et al.，2013：83）。本研究从所收集的语料中发现老人身份的动态变化主要出现在以下四类言语行为互动中：呈现—夸赞—回应、呈现—请求—提供、呈现—表达分歧、呈现—共情等，体现为以下基本模式：自我呈现—他人参与—自我确认。

7.4.1 "呈现—赞美—应答"中的身份建构

"呈现—赞美—应答"是微信互动的一种常见模式。通常在老人发布图文信息后，参与者开始夸赞式评论，老人的初始身份在互动中得到确认、强化或修饰。赞美包含言语赞美和非言语点赞，"点赞"具有副语言数字可供性（paralinguistic digital affordances），是社交媒体中一种不需要特定语言表达，能够促进交际与互动的线索（Hayes et al.，2016）。但只点赞不评论，不能达到有效交流（周懿瑾 等，2016）。因而，本研究仅关注言语赞美及其带来的有效互动。

赞美可以表达人际礼仪（interpersonal rituals）（Ferguson，1981），是一种表达羡慕的方式（Brown 和 Levinson 1987），其首要功能是缩短交际者之间的社会距离，联络感情并维系正常的人际关系（Holmes，1988），作为社会的润滑剂，滋润社会的车轮（Wolfson，1983），赞美的应答语也起着同样的作用（Herbert，1990）。随着越来越多的寒暄交际成为网络文化的一部分（Miller，2008），微信互动中出现大量的"赞美—应答"

言语行为序列，具有确认、强化身份等功能。请看下例。

例①A1（82岁，男）

三改稿

卜算子　（回母校有感）

晨练瘦西湖

筑梦扬师好。

教导谆谆似有声，

泪看恩师照。

半世各西东，

难觅同窗笑。

幸喜原楼未改颜，

大学辉煌貌。

[配图][赞]2019-8-29

（下面为评论区对话）

A1：将末句改为：极目辉煌貌。（1）

B1：严老师认真、精益求精、博学，值得我永远学习。（2）

A1回复B1：开始写的内容，悲情较重。只考虑物事人非。未从全局考虑。谢谢你美言。（3）

A1：物是人非。（4）

A1：亲友们：晚上好！谢谢各位关注！点评！（5）

该例是老人A1继前一天在朋友圈发布诗作后的修改稿，A1在诗作标题上面明确写道"三改稿"，诗作下面配图是A1在母校拍摄的几张照片，与诗作主题（回母校有感）呼应。老人A1在评论区对诗的末句进行了修改（1），似乎在与不同时刻的自己进行对话，建构了严谨、追求完美的创作者身份。B1（70+）是A1的学生，评论时使用称呼语"严老师"、直接称赞"认真、精益求精、博学"和间接称赞"值得我永远学习"进行了程度较高的赞美（2）！学生的夸赞语强化了A1严谨、认真的创作者身份。A1对称赞的回应方式属于复合型（3）："评论型接受"和"感谢型接受"（Herbert，1990），前半句对修改的原因进行了解释，后半句表示感谢。夸赞回应中的解释属于一种缓和策略，让双方感觉得体，并在某种程度上与夸赞者保持一致（辛丽虹，2018）。随后 A1 老人对解释中的一字之错再次修改（3，4）。该例充分体现了 A1 老人在自我呈现之后的多次修改，学生夸赞和老师回应，从而再次强化和确认了其"严谨的创作者身份"。

很多老年人在退休生活中不断学习新事物，重建自己的学习者身份，该身份在朋友圈互动中得以修饰和确认，请看例②。

例② A2（70 岁，女）

上学期期末老师教了色粉画，我提前学习了一点色彩的知识。本学期学习油画……感觉油画的吸引力太大了，但难度真不小，每次画完都觉得不满意，自己却没有能力修改……还需多多练习……

[配画作图：A2 的画作]，2019-11-11

（下面为评论区对话）

B1：（67 岁，同学）：有功底！成了画班里的学霸了吧😁👍？（1）

B2：画得好好哟！（2）

B3：油画的色彩真是丰富。为你高兴！（3）

A2 回复 B1：过奖了！班上有的人学过好几年了。🌑🌑🌑（4）

A2：谢谢朋友们的鼓励，我要再努力了。（5）

B4 回复 A2：您已经好棒啦！👍👍（6）

B5：赵 **（A2），这个学期才开始学油画就画出了画家的水平……愿你成为优秀的画家！（7）

老人 A2 退休后开始学习画画，经常在朋友圈发布自己的画作。该例中老人在呈现自己的画作时使用"老师、学期、学习、难度、练习"等词语，建构自己绘画"学习者"的初始身份，这一身份在评论区与朋友的互动中得到确认和修饰。B1 是老人 A2 过去的同学，采取比较夸张的赞美方式（1），其夸赞语中的"画班、学霸"建构了 A2 作为"优秀学习者"的身份。老人 A2 随后进行自谦式回复（4），同时还使用表情符号"🌑🌑🌑"表达自己尴尬而喜悦的心情。A2 回复中的"过奖了"属于缓和策略中的"降格"策略，通过降低所接受赞美的级别来削弱赞美力度，以表明"部分接受部分拒绝"（夏登山 等，2017）的态度。同时，A2 将其他朋友的赞美当作鼓励，表示"谢谢"和"再努力"（5），这也是谦虚式回应赞美的一种方式。在这个互动中，B1 的赞美对 A2 的学习者身份进行了修饰——"学霸"（优秀学习者），而 A2 的谦虚应答表示不完全接受该身份，这一回应与后续 B5 评论中的身份标签"画家"（7）形成对比，突显出老人 A2"谦虚的学习者身份"。

很多老人在退休之后坚持原有的或开启新的兴趣爱好，发布朋友圈建构自己的创作者 / 学习者等身份。评论者跟帖表达赞美之情，赞美有助于建构积极面子，增强人际关系，是人们建构身份的重要方式（Tracy et al.，2013）。老人的初始身份在赞美与应答中发生变化，得到确认、强化或修饰。

7.4.2 "呈现—请求—提供"中的身份建构

提供（offer）言语行为在提升社会和谐方面起着重要的作用（Drew，2013）。老年人可以参照自身经验或能力为朋友提供帮助，包括信息提供或专业指导等，重构自己的经验者地位。通常在老年人发布朋友圈之后，参与者寻求帮助，老年人提供帮助，从而建构基于自身经验和能力的提供者身份。下例中，学生求教，老师给予创作指导，在师生互动中建构教师的专业身份。

例③ A1（82 岁，男）

重游瘦西湖有感（七绝）

当年击水五亭桥，

今带儿孙旧地聊。

昔日二分明月夜，

一心苦读未听箫。

……

[配图]2019-8-20

（下面为评论区对话）

A1：将"一心苦读未听箫'改成'书香陶醉未闻箫"。（1）

B1（55 岁，学生）：严老，您好，可否这样写，请老师指教……（2）

B1：儿孩可改成儿孙，均可。（3）

B1：请老师多多指教！（4）

A1 回复 B1：携字是平声，不可。"寒窗数载"平淡，显得空洞，也不可。（5）

B1：有道理，谢谢老师指教！（6）

A1：亲友们，晚上好！谢谢各位关注点评！（7）

在该例中，老人 A1 发布诗作，建构自己的诗人 / 创作者身份；在评论区进行自我修正，展示其严谨的创作者身份（1）。B1 是 A1 以前的学生，尝试对 A1 的诗作进行修改，使用尊称"姓＋老""您"，不确定表达"可否"，以及请求语"请老师指教"（2），附上修改稿（2，3），并再次发出请求（4）。B1 在请求中建构了自己的学生身份和 A1 的教师身份；A1 在提供指导的过程中确认了教师身份，体现在韵律诗创作的专业术语"平声"、评价语"不可"和解释原因"平淡"等方面（5）。在接受了教导之后，B1 表示认可和感谢（6）。整体来看，B1 的多次请求表现出学生对知识的渴求和对老师的尊重，尊重行为建构双方的身份与地位差异（Haugh，2010），在此体现为知识上的差别，从而建构"学生—教师"的身份对。老人 A1 的诗人 / 创作者身份在"请求—提供"中发生变化，得到拓展和确认，激活自己作为教师的职业身份。

④ A2（70 岁，女）

乘小火车游览茶卡盐湖，虽然下着雨，美丽梦幻的景色却让我们大开眼界。在晴朗的天气可以拍到清晰的倒影和水天一色的画面。最后两张是景区内的蒙古包，每晚 398~598 元不等，据说可以欣赏到银河的浩瀚雄伟。

[配景色图] 2020-7-13

（下面为评论区对话）

B1：天空之镜！（1）

B2：好美！（2）

B3：真美！（3）

B4：非常时期远行勇气可嘉。（4）

A2 回复 B4：谢谢！这次是和先生及他的朋友一起自驾游。（5）

B5（67 岁，战友及室友）：蒙古包这么贵呀？想知道里面有些什么装饰？（6）

B4：哦，玩得愉快！（7）

B6（70 岁，同学 / 战友）：水很大啊！都淹到铁道了！雨中别有一番风景！（8）

A2 回复 B5：据说晚上可以看到银河反射在湖面，形成"星空之镜"。我们只能想象一下了。（9）

A2 回复 B6：是的。还有年轻人下到湖中拍照。（10）

B7：这是哪儿？太美了！（11）

A2 回复 B7：青海茶卡盐湖。（12）

B7：分享快乐！心驰神往！（13）

该例中老人 A2 发布了自己的旅行信息，包括风景描述和物价信息，其初始身份是信息提供者和分享者。该信息吸引了 7 位朋友参与评论，内容涵盖夸赞（2，3，4，11）和信息寻求（6，11）。B5 是 A2 以前的战友及室友，关系比较亲近，就 A2 发布信息的内容进一步询问相关信息（6），A2 提供了对方所需求的部分信息（9），建构了基于当下语境的体验者 / 信息提供者身份。B7 显然没有阅读文字，只看图片就询问地点（11），A2 提供了相关信息（12）。值得注意的是，B6 对图片描述的景色只是进行了感叹式评论（8），并未寻求信息，A2 却在此基础上主动提供了更多的当前语境信息（10）。随着互动的丰富和深入，信息提供者的身份在互动中不断强化，提升当事人的自信心和成就感。

提供类言语行为涵盖请求和提供的双重言语功能：请求是向听话者求取信息或者物品、服务，而提供则是为听话者提供信息或者物品和服务（Halliday，1985）。Schiffrin（1994）将英语中提供言语行为的运行规则公式化，认为最关键的有两步：一方有需求，另一方满足需求。请求行为提升被请求者的身份，提供行为则确立自身的能力者身份。本书语料中含有大量"会话中引发的提供"（Curl，2006），既有对会话中明确提出问题话轮的回应，也有针对潜在需求的主动提供。Leech（2014：92）指出，提供、邀请和许诺言语行为（默认）是"慷慨的"，在英语中可以直接提供，甚至是强加性提供。在微信互动中，请求方未必是真正的受益方，往往通过礼貌性或赞美式询问，积极参与互动，维护人际关系，重建或维护双方的关系身份。

7.4.3　"呈现—表达认同"中的身份建构

表达认同具有支持性和社交性等语用属性，能够增强或提升人际关系，因为认同表示交际者之间的志趣相投（Pomerantz，1984）。在微信互动中参与者可以使用"我们""共同""也认为"等直接表示认同，如具有共同的观点、爱好和感受等，建构相同的内群体身份。此外，还可以通过语用含义与前提，间接表达身份信息（Bucholtz 等，2005）；或通过讲故事，叙述者将自身归为特定的群体（de Fina et al.，2006），进一步吸引有认同感的群体。请看下例。

例⑤ A3（72 岁，男）

a 感谢《芳土文学》将愚作发表，让我们共同去追求精神文明。

（转发 A3 自己发表在《芳土文学》上的作品）2020-9-15

b 我的高中同学、共同在青年点的炕上历尽煎熬的农友 *** 写的七律诗，敬请赏鉴。

[转发同学的诗作链接]

2020-10-2

上面两例中，老人 A3 使用了"我们、共同"，与《芳土文学》及其他作者、阅读该微信的读者一起建构了"追求精神文明"的群体身份。在 b 中，A3 在转发诗作链接的同时，在引导话语中直接建构了与诗作者之间的内群体身份：同学、农友等关系身份，在转发过程中间接建构了共同的文学爱好者身份。

例⑥ A3（72 岁，男）

五常一中，一个闻名遐迩的完全中学，曾经的辉煌，使我想起宋代大词人辛弃疾《永遇乐·京口北固亭怀古》的句子："千古江山，英雄无觅孙仲谋处……"，不禁悲从中来。

[链接：曾经的五常一中]2020-5-18

（以下为公众号文章的部分留言节选）

B1：很自豪，我是 ***（当事人）的女儿。感谢钟老师让我们知道这段历史……（1）

A3：感谢亲朋好友的关注，愿与原五常一中师生共同回顾曾经的辉煌。（2）

B2：感谢钟先生老前辈，让我们了解自己母校在历史长河里的寒来暑往……（3）

B3：我是 2000 年毕业的，那时候这些老师大多不在高中任教了。（4）

B4：钟 **，黑土地的骄子……（5）

B5：钟 **，你好！你下乡初期应该在 ** 待过，我们应该共过事……（6）

B6：虽然我不曾在五常一中读书，……但我们都是教育人……（7）

B7：读完钟老的文章，对一中这片我工作的热土又有了重新的认识！感谢钟老！（8）

B8：老师写得真好，我是你的学生……（9）

该例为老人 A3 转发自己一年前在公众号上发表的一篇文章，在发布朋友圈时，老人 A3 用类比的手法将文中的历史与辛弃疾的词联系起来，建构自己作为"五常一中"人的群体身份，这一身份建构与留言区 A3 的回复相呼应："原五常一中师生"（2）。有趣的是，老人在朋友圈的初始身份与文章的开放式留言不断产生互动，从而衍生出很多类似的共同体。留言区中 B1 是文中当事人的女儿，在该留言中，A3 为历史的记录者（1）；B2、B3、B8 均为五常一中不同历史时期的学生，他们的评论建构了 A3 "五常一中"的教师身份以及与他们之间的师生关系（3，4，9）；B4 通过使用全称，对 A3 进行夸赞"黑土地的骄子"，建构其地域身份（5）；B5 与老人过去有过交集，使用全称"钟 **""我们"在留言中建构与 A3 共同的"下乡者"身份（6）；B6 建构与 A3 同是"教育人"的身份（7）；B7 使用敬称"钟老""一中"建构 A3 作为前辈的同事身份（8）。在该例中，老人作为叙事者，借助群体身份的共享表征，用故事提供一个可以进行"立场协商"的场所（de Fina et al.，2006：356）。老人 A3 不仅讲述了一段历史，建构了共有记忆，而且将这段历史中的人物进行归类和定位，众多参与者的评论则进一步建构双方不同类型的内群体关系，从而形成老人多元化的身份：历史记录者、同事身份、地域身份、职业身份等。

7.4.4　"呈现—表达异议"中的身份建构

表达异议是一种违反礼貌原则的行为（Leech，1983），但不一定会引发冲突和不礼貌，若出现在朋友之间，反而体现出交际者之间的亲密和社交性（Tannen，1984），具有增强交际者之间关系的作用（Georgakopoulou，2001）。本书发现少量的隐性异议表达，在老人发布信息后，参与者进行异议评论，或老人就参与者的评论表达异议，老人的初始身份在双方分歧中发生微妙的变化。

⑦ A1（82岁，男）

大寒有感（七绝）

新韵

今岁严冬到哪寒？

花香草绿蝶忘还。

莫非上帝偷偏爱，

筑梦中华热浪翻。

[配图] 2020-1-23

（下面为评论区对话）

B1：严老师，今年真是个暖冬。但这让细菌传染有了可乘之机会。（1）

A1：用B1意，小诗最后两句也可以改成：

细菌乘暖繁殖快，

万众须防病毒传。（2）

A1：亲友们，晚上好！谢谢各位点评关注！（3）

这首诗的发布时间为2020年1月23日，除夕前一天，多数人都在忙着备年货，或赶赴在回家的路上，老人发布这首诗的初衷是感叹"严冬"不寒，赞美祖国，赞美生活，寓意积极。当时正值疫情暴发，各地启动一级响应，迎战疫情。B1（学生，70+）对老人A1的诗作表示赞同"今年真是个暖冬"，随后以"但"表示转折，谈到暖冬给细菌传染带来机会（1），属于隐性异议。A1则主动接受了学生的异议，将其当作"建议"接受，并对诗作进行了修改（2），诗作的主题由之前的"赞美"变作"提醒与忠告"。A1特意标明出处"用B1意"，回复所有读者，和大家有进一步的呼应。在这个过程中，老人A1建构了热爱生活、善于接受建议并及时修改的学习者/完善者身份，关注社会并忠告亲友的建议者身份。在与建议者互动的过程中对自己的身份进行调整，重新建构了新的身份。

⑧ A2，（70岁，女）

去大柴旦（柴达木）的路上，真正领略了大西北的风貌……那边信号全无。

[配图：当地风景照片]2020-7-14

（下面为评论区对话）

B1（70 岁）：没想到最弱的你，去了最多的远方。（1）

A2 回复 B1：老人也可以有"诗与远方"。（2）

B1 回复 A2：生命不息，就不要忘记诗和远方。（3）

老人 A2 发布在外旅游的风景描述，如"在……的路上"，"领略了……风貌"，并附上图片，呈现自己的旅行者和分享者身份。评论区中 B1 是老人以前的同学和战友，对 A2 过去身体状况（较弱）比较熟悉，其评论透露出一种夸赞和羡慕（1），但评论中的"没想到"属于意外类连接词，加强语势，表示所连接的信息和自己的预期相对立（洪莉娜，2014）。该评论隐含 B1 对老年群体的传统观念：身体弱的老人不出远门。老人 A2 的回复则阐述自己对老年群体的不同看法："老人也可以有诗与远方"（2），突破社会对老年群体的刻板印象，建构不同于其他老人，勇于寻求诗与远方的旅行者身份。

关系亲密的朋友之间就某一话题发表不同意见，是常见的交流形式（冉永平 等，2017）。通过对对方的观点、立场和身份的隐含否定，维护当前语境下人际关系的和谐（李成团 等，2012）。在本书中，异议表达的目的往往是表示对当前对话的积极参与，同时，在异议表达中维护双方的关系，明确自己的观点和身份。

7.5　讨论

3 位老人在朋友圈的自我呈现和人际互动中建构了积极、阳光、正面、有能力的老年人身份，表现为热爱生活、乐于分享生活经验 / 经历、帮助他人、关注社会等。微信朋友圈互动整体属于合作性语境，人际情态体现为积极情态，言语行为表现为夸赞、尊重、提供、共情等，以及少量的异议表达。老人在发布信息时通过精心编辑文字、选择图片等方式来自我展示，建构呈现者 / 创作者 / 分享者、学习者、提供者、记录者等初始身份。这些初始身份在人际互动中得到了不同程度的关注、修饰、强化、确认、丰富或拓展。其中夸赞—回应对初始身份进行强化和确认；寻求—提供序列推动了老人信息提供者、经验分享者等能力者身份建构；表达认同则通过共有记忆、观点、职业等强化了老人与不同群体的联系，激活老人的潜在身份；分歧表达从不同的角度彰显老人的社会身份在互动中的丰富性和开放性。有些是原来社会身份的延续，比如教师身份；大部分是在当下互动语境中重新建构的（呈现者/表演者、信息提供者、经验介绍者、学习者），都和参与者的人际历史关系密不可分，比如师生关系、同学关系、战友关系等。

老年人发布朋友圈是为了分享生活，同时激发受众回应，激活人际交往。老年人身份建构的这些特点与老年群体的交际需求、微信语境的特点、言语行为的人际功能是分不开的。首先，当老年人在他人面前呈现自己的时候，更倾向于"迎合并体现那些在社会中得到正式承认的价值"（Goffman，1959），建构其积极正面的身份。每个人都希望将自己最好并且与社会的期望相符合的一面展现给其他人，这在老年群体身上更为明显。当前中国的老年群体，出生在20世纪50年代或更早，他们是关注理想的失落一代（周裕琼，2018），他们渴望接触新事物，愿意分享自己的美好生活。老年微信用户呈现出渴望接触新事物的一面，他们不甘落后和平庸，努力与时俱进，更加主动地获取各种信息，在丰富晚年生活的同时，也希望跟上年轻人的步伐。

其次，老年人使用微信分享或评论体现出对自我和他人的关注，有效激活和维护老人的社交关系。在使用微信的过程中，老年群体分享、点赞、评论等行为充分体现了他们对自我的关注，同时也希望得到他人的关注。每个人都拥有自己的身份和角色，点赞和回复就是自我身份和角色的仪式化表征。老年人的微信好友大多是关系紧密的亲朋好友，类似老人日常生活中的熟人社会圈，这与老年人的社交圈有关，也与微信的特点有关。与其他社交媒体不同，微信不是在拓展弱关系，而是在新媒体平台上重构中国固有的熟人社会（曾一果，2017）。强关系（Granovetter，1974）中个人的社会网络同质性较强，人际关系紧密，弱关系则相反。在微信上"刷存在感"，对于日渐老去、被社会不断边缘化的老年人来说，意义非凡。大多数老年群体愿意在微信网络上通过自我呈现和人际互动来延伸和增强现实中的人际关系（杨洳，2019）。他们愿意把自己擅长的东西与朋友分享，形成各种社交群体，建构多种个体身份、关系身份和群体身份。

最后，老年人的身份建构是所有参与者在言语行为互动中共同完成的，有助于提升社交参与，实现积极老龄化。参照隐退理论（Cumming et al.，1961），退休后的老年人失去了原有的各类社会身份。活动理论（Havighurst，1961）认为，成功的老龄化是指老年人应尽可能地保持以前的兴趣并积极参与社会活动，用社会参与创造的新社会角色减少由角色转换带来的失落和抑郁。个体所扮演的社会角色是幸福感的主要来源，老年人应尽可能地保持以前的兴趣并积极参与社会活动。Douglas，Georgiou 和 Westbrook（2017）的研究也表明社会参与是成功老龄化的指标之一。微信的广泛使用使老年群体重新找到了参与社会的方式，老年人的社会身份得以重塑，他们更愿意在虚拟网络环境中呈现一个真实的自我（黄秋彤，2019）。微信舞台吸引了很多同类群体，带动老人重新参与社会活动，走出家庭，走出孤独。他们积极参与人际交往，在言语行为互动中实现身份的多元化建构与动态演进，有助于实现积极老龄化。

7.6　结语

微信朋友圈是呈现理想自我，建构多元化身份、提升社会参与的一个重要平台，对于退出职场的老年群体来说尤其如此。研究发现，老人在微信朋友圈与自我和他人形成丰富的人际互动，建构积极健康的多元身份。老年人在发布信息时创建的初始身份得到众多关注和参与，在夸赞—回应、请求—提供、表达认同或异议等人际互动中得到了确认、修饰、强化或拓展。有些身份是过去的职业身份延续；有些是在互动中临时建构、拓展的身份。这表明，新媒体互动中老年人得到技术赋权，部分受过教育、热爱学习的老年群体不怕困难，愿意学习新事物，跨越数字鸿沟，在后喻时代（Post figurative culture）（Mead，1970）建构更为开放、丰富和多元化的新身份。值得注意的是，囿于语料收集的严格要求，本书的结论需要谨慎解读，不一定适合不同教育程度、不同职业、不同年龄段的所有老年群体。未来的研究可以引入变异语用学的视角，进一步从职业与社会分层考察老年群体的新媒体呈现方式与身份建构的特点，并聚焦话轮转换与序列分析，考察不同老年群体的身份在对话进程中的动态协商与转换，进而管窥老年人的社会参与和语言使用之间的微妙关系。

第 8 章　老年人在微信群仪式互动中的身份建构

8.1　引言

　　仪式是人类社会一种独特而复杂的文化形式，体现着特定群体的社会关系、集体精神与情感思想。仪式的概念源于 Goffman（1967），指语言使用中各种规约化、形式化的部分，往往与特定的言语行为有关。Goffman（1959）认为仪式是为确立社会道德秩序的人人遵守的行为规则，是一种表达意义性的程式化活动，包括惯常的口头互动仪式（如问候、道贺）、结束仪式（如道别、晚安）、遵从仪式（指遵从他人）、回避仪式（指不冒犯他人）等。Kádár 和 Bax（2013）持较为宽泛的定义，认为日常会话中存在各种带有仪式特征的话语实践现象。他从人际语用学的角度，将仪式看作人际关系沟通的行为，由会话者在会话互动中通过事先存在的模式加以建构。Collins（2004）指出，人们在参与互动仪式的过程中能够产生共同关注焦点和共享情感，并将其与某种"共同符号"相联，在此基础上逐渐形成身份认同与集体团结。

　　随着现代化、全球化的深入以及宗教信仰的退化发生的去仪式化导致现代生活似乎没有多少仪式可言（Muir，2005；Sifianou，2012；陈新仁，2016）。与此同时，微信等自媒体技术的出现，使人际传播与群体传播方式得以回归，虚拟社群成为社会交往的最主要的平台之一（郑满宁，2018）。微信群作为网络群聊的新形态，已随着微信用户相继"入群"而成为流行的群体生活方式（蒋建国，2015）。以微信为代表的社会化媒介技术促使群体内的交互过程从"亲身在场"到"虚拟在场"转化，从而打破了物理空间对互动仪式的限制，创造出更为广阔的仪式空间（徐明华 等，

2020）。微信等新媒体不仅提供即时高效的语言介质，还赋予了表达行为高度的交互性和仪式化特质，为身份建构提供了全新的媒介和空间。有学者指出，虚拟社群不但是交换信息和资源的场域，同时也是个体建构"他我"的舞台（包咏菲，2015）；微信群话语空间存在话语弥散与追求自我身份建构（郑满宁，2018）。部分跨越时代鸿沟的老年人在年轻人的文化反哺下进入或组建了各种微信群，在群内实现丰富的人际互动和身份建构。老年人在微信群交际互动中，会采取各种仪式性语言和仪式性行为，这些话语和行为有助于老年人建构特定的个人、关系或群体身份。

本章具体分析老年人在微信群仪式性话语互动及身份建构的类型和策略。为搜集老年人微信群交际中的身份建构案例，笔者选择了两个老年群进行观察、记录，对群成员之间的仪式话语和身份建构进行质化分析。一个是退休老年微信群，该群大约有 108 人，年龄跨度在 60~80 岁，群成员基本都是当地企事业单位的退休人员。另一个是由退休教师组建的同学群，年龄在 40~80 岁，选择群内经常发言的几位老年人的互动话语为语料。

8.2　仪式性话语与身份建构

仪式性话语存在于严格的仪式行为和日常社会语言的实践中。在日常社会生活中，人们和谐相处不仅取决于彼此间语言信息传递，还取决于各种形式化的、意义共享的，甚至重复俗套的行为举止（刘建明，2017）。Kadar 和 Bax（2013）认为，人们在关系网络中的语言使用是相当仪式化的，不仅在某些机构语境中，而且在非等级语境中也是如此。仪式的形式化不仅表现为语言手段具有相对固定的结构形式，还充分表现为言语行为的程序化和语境空间的结构化（武瑷华，2013）。仪式性话语具有象征性、重复性的特征。第一，作为文化符号，仪式从一开始就是一种集体（原始部落、族群、民族、特定社会群体）认同意识和情感的象征性表达，因此仪式话语首先是社会集体的话语、机构的话语，属于个人的日常话语不具有仪式性。第二，仪式具有纯粹的象征意义，仪式的行为序列具有表演性，因此任何一种仪式都对形式有特别的依赖和追求（曾庆香，2011）。

传播学领域的学者对仪式性话语的身份建构进行了较为系统的研究。美国文化研究学者 Carey（2009）提出传播的"仪式观"，将传播看作文化共享过程，并非只指讯息在空间上的扩散，而是指在时间上对一个社会的维系。根据仪式观，传播是一种维系社会关系和社会生活的仪式化活动，其核心是将人们以团体或共同体的形式聚集在一起的神圣典礼。Goffman（1967）用"互动仪式"指称一种表达意义性的程序化活动，以研究日常生活层面的仪式问题。他认为个体的自我表征是在情境中被建构起来的，情境中的互动仪式推动了群体互动与群体团结，使得个人依附群体价值。在此基础上，美国社会学家Collins（2004）发展出了系统性的互动仪式理论。他指出，彼此的关注与情感的联系是互动仪式的核心，互动仪式后会产生促进群体凝聚、激发个体情感能量、生成维护群体的道德感等多种结果。互动仪式的核心机制在于高度的相互关注和高度的情感连带——通过身体的协调一致，相互激起/唤起参加者的神经系统——结合在一起，从而形成了与认知符号相关联的成员身份感，同时也为每个参与者带来了情感能量。

所有人际符号互动行为都具有仪式性，仪式性话语服务于特定的交际目的、具有特定的社会组织形式，因而具有身份建构的功能。武瑗华（2013）认为人们在使用仪式性话语的过程中所体现的集体认同感，肯定、巩固某种社会价值观，激发某种社会情感，以特殊的形式标记话语秩序和话语权力。仪式性话语反映了个体在群体中的位置、角色和权力大小等。仪式话语具有特定的人际关系功能，可以用来促进群内特定问题的讨论。Kadar（2017）认为，仪式是一种互动的社会行为，仪式规程关注"标准情景"下，仪式参与者对社会角色固定的期待和社会角色认知。Kádár和Bax（2013）从人际关系沟通角度，认为仪式隶属"带有图式特征的行为"以及"带有规约性质的人际行为"领域中的范畴。Kádár（2016）认为，仪式互动可以（重新）塑造、强化人际关系，借助仪式，个体可以传递自身的社会依附性，表达自己希望在特定交际群体中寻得位置的想法和愿望。群体内部的仪式话语是参与者之间使用的形式化/图式性的、规约化的语言用法（陈新仁，2016：4-5），具有下列特征。从本质上来看，这种仪式是一种群内话语实践，在特定的社会关系网络中具有约定俗成性。频率上，这种仪式话语行为具有反复实施的特征。功能上，具有情感性，能建构一种临时性的仪式框架或基调，具有较好的互动效果。特征上，源于其模仿特性，特定仪式表达的使用并非当前说话人的个人声音，而是模仿了所在群体的声音，属于交际双方的"共同财产"。

由此看出，交际中的仪式互动与交际者的身份建构息息相关，这种仪式性互动往往会产生超出事件本身的意义。人们在交际互动中通过使用带有仪式性特点的语言或仪式性的互动行为，能够达到建构个人、关系、群体等身份的交际目的。

8.3　老年人在微信群内的仪式互动

新媒体见证着当代视觉文化的转向，正如周宪（2008）所说，视觉因素一跃成为当代文化的核心要素，成为创造、表征和传递意义的重要手段。老年人使用智能手机在微信群内积极参与互动，采纳的主要方式有文字、表情图、视频，及其他行为，如打卡、点赞、转发链接等。

作为一种社交媒介，微信表情图片以图像等视觉符号形式，成为老年人群体开启对话的钥匙。微信表情图片在老年群中的广泛使用也印证了视觉文化在当代的发展趋势，即图像压倒文字成为视觉文化的新仪式。老年人在微信互动中偏爱带有仪式性的视觉图案符号，这些表情图片表现为盛开的花朵、鲜艳的色彩、闪光正楷字体等图像和文字符号，有些伴随着真人照片等，建构了话语秩序，形成话语界限，即老年人亚文化群体的时代身份特点。

图 8-1 中，老年人相互发送颜色鲜艳、带有各种文字、人物的图片，这些图片带有鲜明的 20 世纪八九十年代的时代特征，激活了老年人共同的历史时代身份，激发正向的情感体验，有效表达情感和活跃微信群的气氛，因此这些图片被老年群成员所接受、收藏、使用，甚至转发。吴静（2018）指出，高龄父母所使用的表情包多为饱和度高、大字体、表达直接的图像，这主要是由于他们的生理特征和心理状态以及生活文化背景所致。高龄父母所使用的符号具有老年化特色，所生产的意义较为简单直白。在此过程中，群体象征符号被群体成员共同关注和认可，并在互动仪式达成后进一步升华为集体身份的标志和象征。老年人也同时获得了具有身份意义和情感能量的符号，感知到自身与集体的相关性。也有老年人发布自娱自乐、吹拉弹唱的视频，发布后获得了其他老年人的点赞。在自媒体时代，普通人皆可成为传播的主体，建构网络空间中平等自由的身份。老年人在微信

群互动中会上传自拍或转发的视频或照片，甚至是直播交流的形式与群成员进行的仪式性互动，获得群成员的认同。

图 8-1　微信截图 1

　　微信中的仪式互动受现实世界中仪式的影响，并表现出共享仪式的特征，被群成员所认同、接受并使用。老年人微信交际中的仪式互动言语行为主要有群内打卡、点赞和转发链接等仪式互动行为。打卡行为是微信群交际中常见的仪式性行为。老年人在微信群中每天基本在固定的时间发出问候，节假日期间会相互祝福，遇到疫情等实施提醒和警示等仪式性行为，不仅突出了存在感，感知到自身的活跃，进而塑造一种积极的自我形象，同时也强化作为团体成员的身份，增强了群体成员之间的情感纽带和亲密关系。有些老年人重复进行早安问好、周末和节日祝福等仪式性交际，有时还伴随着其他言语行为形式如提醒、警示等。虽然这些老年人在微信群中的日常聊天行为看似为"无意义"的重复性日常聊天互动，其话语和文字意义已经弱化，转化为人际交往的"中介"和"润滑剂"，但是却将群体内部的老年人的情感心理紧密联系在一起。

　　在微信互动中，每个人都拥有自己的身份和角色，点赞和回复就是自我身份和角色的仪式化表征，可以视为极具仪式感的回复行为。老年人在微信群交流中通过公开点赞的方式表达意见，使参与的个体从中获得承认感和力量感，也可借此展现对分享对象和内容的有利于维系认同的正义或道德感。点赞行为通过使用象征性的图片符号（大拇指、鼓掌）（图 8-2），以及群成员相继"保持队形"，使得个人的点赞形式上升为集体的仪式性行为，不仅加深了老年人相互之间的关注和欣赏，使对方感到集体的认同，甚至上升为群体里的"舆论领袖"。在微信所建构出的虚拟场域中，典型的社交活动主要有两项：点赞和微信红包，二者均是量化的情感表达。微信点赞不仅是表达态度和情感的方式，更成为寻找身份认同和群体认同的路径（吴静，2018）。

图 8-2　微信截图 2

在微信群交际中，交际者会通过转发行为来传递自己关心的信息以及与自己原有观念、态度价值观吻合的文化价值观念等，同时，也期盼群成员的回应，检验转发行为的效果。通过转发的内容，转发的主体能够间接地呈现和建构自身形象。老年人在微信群中喜欢转发社会热点新闻、健康养生信息、生活资讯、文娱表演等老年群体感兴趣的网站或视频链接。老年人在相互转发和回复行为中实现了信息交流，同时引发群体成员的感情共鸣。转发主体通过对转发内容的赞同间接表达了自己的观点，有时群体成员还会参与交流，经过反复讨论最后形成群体的价值取向，产生群体团结和凝聚力。

8.4　老年人在微信群仪式互动中的身份建构

虚拟社群不但是交换信息和资源的场域，同时也是个体建构"他我"的舞台，信息分享行为本身就是在有意识地建构自我形象和寻求网络中的自我认同（包咏菲，2015）。微信群主要是网络虚拟社群的用户按照血缘、学缘、地缘、趣缘等（郑满宁，2018）搭建的临时共同体，给用户提供了一个呈现自我的网络空间。老年人在微信群交际的互动仪式中生产出的共同话语可以看作老年人的"群体身份象征符号"，这些共同话语符号的创设是微信群互动仪式的重要成果之一。为方便叙述，语料呈现中将参与互动的老年人用 A1、A2、A3 等来标记；其余年龄段的互动者用 B1、B2、B3 等来标记。

8.4.1　自我形象展现者

老年人在群内通过发言、点赞、评论等互动来感知自我存在，实现个人身份的认同和共同体的维系。根据 Goffman（1959），社交互动是一种拟剧化"表演"，人们在互动中通过语言、姿态等表现来表达自己所希望的印象。Jung 等学者（2007）提出社交网络中的自我呈现，是在网络人际互动以及对于现实自我的充分利用的情况下，通过选择性自我呈现，对自身进行榜样化和自我提升。老年人在微信群内的发言、评论、转发等互动行为，是一种仪式化行为，更是一种戏剧化行为。他们通过文字、图片、表情等符号进行自我形象的"面具化"呈现，从而有机会受到群内其他成员的关注，建构多样化的理想身份。

例①语境：老人早上持续在微信群打卡问候。

•2020 年 7 月 23 日　上午 7：10

梦，住心里，不管真实与否，只要心存美好，坚持不懈，美梦定能成真。美好的一天从我的问候开始。早安🌷

•2020 年 7 月 24 日　上午 7：26

人生如登山，应该不断地朝高处走。高处能够让人于喧嚣中获得一方

安静之地，让人的精神世界装满各种各样的宝藏。早安😊

• 2020 年 7 月 29 日　上午 6：23

不管在什么时候，都要学会欣赏自己，相信自己，肯定自己，鼓励自己，这样，你就会发现，你的生命将焕发新的生机，让生命的每一天，都做一个全新的自己，早安🌹

• 2020 年 7 月 30 日　上午 6：26

勤奋充电，努力工作，保持身材，对人微笑，这些都不是为了取悦他人，而是为了扮靓自己，照亮自己的心，告诉自己：我是一股独立向上的力量。早安🌹

在例①中，老人每天早上定时在群内打卡、问候，使用一些自我祝福和自我激励的话语，如"心存美好，坚持不懈""相信自己，肯定自己""勤奋充电，努力工作，保持身材"等。每条问候语后面均附有玫瑰花或笑脸表情符号，彰显了积极向上的精神特点，这些带有自我表演性质的仪式性话语建构了积极向上的个人形象和身份。日常打卡仪式不仅是人们社交的方式，也是自我表露和展演的重要舞台，是人们通过主动的自我表露融入集体中的第一步，也成为媒介仪式形成的标志，而这种媒介仪式是一种自发的，基于媒介技术功能的社会实践活动（曹昂，2021）。

例②语境：2020-7-28 某群成员上传视频展示其退休生活。

A1：这是我们每天的生活，这叫放下！（8：15）

（连发 5 个视频）

A2@A1：龙口生活充满活力！🌹🌹🌹🌹🌹👍👍👍（8：29）

A3@A1：你们龙口的抱团养老的生活真好，丰富多彩真的很美慕你们，你是金子到哪儿都发光。祝福你们越来越好🌹🌹🌹👍👍👍（8：35）

A1：酒王趣园组织的活动马马虎虎吧？😁😁😁（8：40）

该例中老年人 A1 在微信群中上传了 5 个视频展示自己和其他退休老友的丰富生活，并进行了解说，使用了"我们"，评论语"放下"，展示了 A1 对自己生活的满足感。通过发视频或照片，展示退休后的丰富活动或来赋予生活意义，是对自我身份和形象的呈现和彰显，而其他群成员通过点赞👍、评论（"充满活力""丰富多彩"）、转发等仪式性行为回应表达了对对方的关注和赞赏。

例③语境：退休老人 A1 发布诗作（2023 年 4 月 2 日 17∶07）后引发了群友的热烈讨论。

A2@A1：犁锄耙磨的"磨"字应为"耱"。我的个人见解，不知对否。（18∶05）（1）

B1 回复 A2：你应该是对的。（21∶06）（2）

A2@B1：🙏🙏（21∶13）（3）

A1：都对吧。简化字后，就没那个了吧？（21∶26）（4）

A3：（两张字典拍图）（22∶05）（5）

A3@A1：看你写的意思是磨面还是耱地。（6）

A2 @ A3：👍👍（7）

A1：地。（8）

A3@A2：咱们那儿不说耢。（9）

A2：对的。咱们那儿坡上人耙平整土地，坡下人用耱平整土地。（10）

A2@A1：把灾字改一下，说得轻一点……（11）

A2@A2：好像碾麦子时用耱。（12）

A1：谢谢各位学友！（13）

A3 @ A2：坡下土地疏松，不像上面大土块多。（14）

A2@A3：没见用过。但见过坡下人用比耙小的耱。（15）

4 月 3 日上午 11∶22

A4（语文老师）：耱在 20 世纪五六十年代，是咱们这儿一带普遍使用的农具。不仅坡下有，坡上也有很多。特别是种棉花时，地基本都要耱一下，使地面平整且无土块。现在有的农家还存有它，不过因不再使用而被束之高阁。

……

做耱时为把枣树条扭好不使其伸展，匠人要踩在耱上手脚并用，所以咱们这一代又把制作耱的工艺称之为踩耱。（16）

A2@A4：张老师解释得太清楚了！👍👍👍（17）

A3@A4：👍👍👍印象小孩有时坐在耱上玩。（18）

4 月 3 日中午 12∶07

A1：张老师解释清楚详尽了。和耙作用近似但又有区别。（19）

[附修改后的诗作]

　　该群为校友群，几位退休老人经常在群内发布自己的诗作或画作等，获得其他老人和后辈的多次夸赞，还就个别诗作中的措辞进行讨论、修改和完善。发布者 A1 于 4 月 2 日下午 5 点左右发布了诗作，随后其他成员对诗作中的一个字"磨 / 糖"进行了广泛的讨论，尤其是 A2 和 A3，从第一天下午一直持续到次日中午结束，最后发布者参照大家的意见对自己的诗作进行了修改。诗作发布者和参与者（除了 B1 外）均为退休老人，A3 翻出了词典（5），最后 A4（语文老师）给出了权威而细致的解释（16）。通过发布诗作和参与讨论，老人们建构了自己的写作者身份、热爱学习的学习者身份。A1 在回复中直接使用了"学友"（13），几位老人也都称呼 A4"张老师"（17，19），确认了和 A1 之间的师生关系以及自己的学习者身份。

　　徐钱立（2014）认为，微信朋友圈是一个巨大的"虚拟剧场"，用户为了在朋友圈好友心目中树立理想的自我形象，会通过各种信息在舞台上进行精心表演展示自我，并与他人形成良好的互动关系。Goffman（1959）的印象管理理论认为，社会交往就像戏剧舞台，每个人都扮演着自己的角色，表演者以不同的方式给观众造成某种理想化印象。也就是说，当人们在他人面前呈现自己的时候，总是倾向于迎合并体现那些在社会中得到正式承认的价值，每个人都希望将自己最好并且与社会的期望相符合的一面展现给其他人。他认为身份的角色表演本身就是一种仪式，是对共同体道德价值的表达性复原和重申。老年人在微信群交际仪式互动中的身份建构带有鲜明的自我表演性质，建构正面的、理想的自我身份。

8.4.2　群体关系维系者

　　随着微信等社交媒体的普及化和日常化，人们已经离不开以微信为主要方式的日常交流和关系维护。现有的社交媒体已经可以模拟出现实的象征性空间，也就是说每个参与者都可以突破时空限制，通过虚拟聚集的行为，用信息互动来营造出仪式性的参与感（袁媛 等，2020）。处在不同时空、平常不便来往的老年人在微信群内相互交流，建构或强化彼此的人际关系和群内身份。

　　例④语境：*2020-7-19 新冠疫情期间，群成员之间相互问候。*

　　2020 年 7 月 19 日上午 9：07

A1：早上好！

A2：今年是"多灾多难"的一年，先防疫，现防汛，后面还是未知数，望众亲多保重，活着就是胜利！🌹👭👤（9：35）

A3：让雨滴捎去问候，🌹🍎让雨滴带去欢乐，让健康向你报到，☕让平安向你拥抱！早安吉祥！👭🌷🍎（9：47）

在 Collins 的互动仪式理论中，身份意识又总是与情感能量的寻求和激发关联在一起。与朋友保持联系、展开情感沟通是老年生活的重要组成部分，微信平台正是老年人社会交往、情感交流的新途径。老年人在面对新冠疫情、洪水等突发公共事件时，或者高温、严寒天气时常常通过相互问候的仪式性行为（如例④），加强彼此之间的情感联系。老年人使用网络流行称呼语"亲""亲爱的""亲们"等建构了群成员之间亲密的关系身份，从而结成联系更为紧密的虚拟群体。

例⑤语境：某群成员参加老年摄影大赛，其他群成员为其投票。

A1：各位朋友们好！非常感谢大家，正如大家所想的那样，第二名在最后一分钟抢到了第一，我在最后二十秒夺回了第一，朋友们给力了，最后太刺激啦🌸🌸🎊

说实话，中途我不想参与了，是亲朋好友的鼓励，我是有生以来第一次参与投票活动，也是最后一次参与这类活动，太累人。但是我从中感受到了亲情、友情及同学之情，收获满满的爱，这是最大的胜利🎊👭👤👤

A2@A1：说得好，为你点赞！👏👭🌷👍

A1@A2：王哥，让大家跟着受累了，再次感谢感谢！👭👭👭

例⑤中交际者使用了带有中国传统"家文化"特点的亲属称谓"朋友们""亲朋好友""王哥"等，建构了群成员作为家人、朋友的关系身份，反映了老年人之间相互关心、抱团养老的愿望。老年人通过点赞等仪式性行为对他人表示关心、夸赞，给对方人情、面子等，对方则表示感谢。这些都具有强烈的中国文化特性，也具有浓厚的仪式性特点，从而将群体的社会互动仪式上升为群体性团结仪式，加强了虚拟和现实世界中团体成员之间的紧密联系。虚拟社群中身份标签的使用并不是简单的称谓，更多的是一种"社群仪式"，达到自我身份建构和社群归属的作用。这些称谓在整个话题讨论中扮演着重要的价值，维系着社群的公共讨论，除了标签化外，还具有重要的"社群仪式"的价值（郑满宁，2018）。

群成员组成一个具有集体认同感的大家庭，通过积极参与群内互动维系彼此的关系。微信群大都有一个共同点——入群门槛是基于一种"原始身份"，本书语料的来源为退休群和校友群。在校友群中，每次有新人入群，群主都要详细介绍一下参与者作为校友的身份，从而展现了群主自身的身份以及群内各成员之间的共同身份。在群内互动仪式中，社会参与感经由互动从个体情感衍化为集体共享情感（徐明华 等，2020）。

8.4.3　社会生活参与者

"自在"与"自觉"是民族存在的两种状态，前者是指民族成员并未明确意识到本民族的存在状态；而后者则是指民族成员深刻感受到本民族与其他民族的差异，并有意识地将自己与其他民族区别开来（张媛 等，2018）。老年人有强烈的家国情怀，并关心世界的发展和人类社会的进程。老年人微信群仪式性互动能够激活他们潜在的国家民族意识，重构老年人的社会和民族身份，表达了他们积极参与社会活动、关心国家发展的美好愿望。请看下面例⑥、例⑦。

例⑥语境：2020-7-30 某群成员 A1 转发了黄河大合唱音乐视频。

2020 年 7 月 30 日下午 14：37

A2@A1：黄河大合唱，唱出了我们中华民族生生不息，一脉相承的民族气节！👍👍👍

A3@A2：芳妹、同感！👍🏻

例⑦语境：2020-7-31 某群成员 A1 转发了一则社会新闻链接后，其他群成员对此进行评论。

A1：被砍 188 天后，陶勇再次发声……（链接）（10：16）（1）

A2@A1：文章很棒，有道理👍👍👍（10：23）（2）

A1@A2：转发的，谢谢！（10：28）（3）

A3@A1：周总好，看了您发的链接，很有哲理！评判一个人，一件事，都不能离开当时的环境背景，都要分析诱发这个人与事的起因与结果，都要换位思考，调动一切积极因素，向好的方面引导，努力用自己好的一言

一行去影响、带动人们，为人类社会进步努力、努力、再努力！谢谢分享！👍👍👏👏👍👍👍（4）

上面两例分别是老年群成员对转发视频和新闻链接的评论及点赞。例⑥中 A1 转发《黄河大合唱》的视频，表达自己对祖国的感情，A2 通过评论"中华民族""民族气节"、A3 表示"同感"，并点赞，共同强化了黄河大合唱的主题：觉醒、团结、奋战等，建构彼此热爱祖国的共同身份。例⑦是通过转发"陶勇医生被砍"的社会新闻，激发大家强烈的正义感，在评论中强化了彼此对事件的理性认知和道德正义感，建构为"人类社会进步"而努力的身份认同感。老年群成员对文艺作品或社会事件的点赞和评论的仪式化特质重构了老年人国家和民族的身份符号，使得老年人产生更大、更强的心理归属感，唤起老年群体强烈的情感共振，乃至产生集体行动效应（"努力用自己好的一言一行去影响、带动人们"），乃至国家和社会层面的团结仪式（"为人类社会进步努力、努力、再努力"）。国家符号和仪式行为激发起国家意识的有力表达，就是因为它们对作为国家成员的公民身份的独特强调（Schatz et al.，2007）。微信群中的仪式互动成为老年群体参与情感互动以及生产身份认同的重要载体，通过参与对发布事件的感悟、评论、转发等表达对社会生活的参与，也促进了老年人将虚拟空间中对身份认同的渴望延伸为现实世界中的国家和社会认同。

8.4.4　情感能量提供者

Collins（2004）认为，情感能量是互动仪式中最为关键的因素。互动仪式的核心机制是高度的相互关注，即高度的互为主体性，跟高度的情感连带结合在一起，从而形成了与认知符号相关联的成员身份感；也为每个参加者带来了情感能量，使他们感到有信心、热情和愿望去从事他们认为道德容许的活动。就群体而言，情感是社会团结的黏合剂，社会身份意味着个体与社会的情感关联。老年人微信群仪式互动中的身份建构总是伴随着强烈的情感输出。研究发现，相比于年轻人，老年人对于负性情绪的加工能力有所下降，对正性信息的加工能力维持较好，表现出一定的正性偏向（王敬欣 等，2020）。

老年人通过转发图片、文字进行相互问候，这种仪式性行为在群成员当中相互传递正面积极的情感和情绪价值，从而将个体投入的短暂情感体验转化为持续性的群体情感能量。Collins（2004）指出，作为互动仪式要素的情感是短暂的，然而产出的结果则是长期的情感能量，是一种对逐步聚集起来的群体的依恋感。请看例⑧。

例⑧语境：清明节期间（2020-4-6.07：18），群成员 B1 发布 B2 对因公去世父亲的怀念文章，引发群成员的夸赞。

A1@B1：👍👍👍（10：59）（1）

A2@B1：👍👍👍（11：37）（2）

B2@A1@A2：🙏🙏🙏🙏🙏🙏（13：26）（3）

A3：**（B2），感恩，怀念，继承遗志，完成未竟之业。上好文章，点赞！（14：17）（4）

A4@B1：👍👍👍👍👍（14：33）

老子英雄儿好汉！清明节 **（B2）思念缅怀英雄的爸爸，前赴后继，他牢记爸爸生前的教诲！传承爸爸的遗志，全心全意为人民，忠心耿耿为公安！尽职尽责保护 ** 的平安！为 ** 点赞！为 ** 的公安干警点赞！👍👍👍👍🌹🌹🌹🌹（5）

A5 @ A3 👍👍👍（6）

B2 @ A3 @ A4 @ A5：谢谢老师！很惭愧，会继续努力的。（7）

在该例中，通过对纪念 B2 父亲（已去世的公安局局长）的文章进行点赞、怀念和评论，几位老人表达了正能量！ A1、A2 使用了点赞的表情符号（1，2），A3 和 A4 对 B2 及其父亲进行了高度夸赞（4，5），A4 使用表情符号和大段赞美文字。这种怀念和夸赞充分体现了大家对正义和奉献的认同，对 B2 也是巨大的情感激励，从 B2 的回复（会继续努力的）可以体现（7）。对共同事件的高度参与赋予在场的个体一种情绪感染力，这种共同的情绪表达强化了群内成员之间的关系。Collins 指出，当人们越来越密切关注其共同的行为，更知道彼此的所做所感，也更了解彼此的意识时，他们就会更强烈地体验到其共享的情感，如同这种情感已经开始主导他们的意识一样（2004：79）。夸赞行为对被夸赞者和夸赞者来说都是高度浓缩的情感力量，在情感上凝聚着具有认同感的群体，强化彼此的关注和认同。

8.4.5 群体记忆唤醒者

身份意识是基于传统和历史记忆的共同知识（Chwe，2013）。老年人在微信群内通过讨论公共事件或私人事件激活共同记忆，凝聚群内关系，唤醒其共同身份。对历史事件的回忆，将私人记忆和集体记忆交织在一起，也强化了彼此感情，重构了彼此的历史身份。

例⑨语境：该例延续例⑧的讨论，因而采纳同样的符号标记。

A6@B2：**人民永远怀念**老局长，他的英雄业绩值得大家学习！（4月6日16：44）（1）

B2@A6：谢谢张老师！（16：45：27）（2）

A7：向用生命诠释忠诚的**老局长致敬！（23：04：52）（3）

B2@A7：感谢老师们的教诲!!（23：40：16）（4）

A7：**（B2），不言感谢。你爸任局长之前或以后我每次见你爸都是称大哥。（23：51：53）（5）

A7：我感恩你爸在我蒙冤时对我的同情与关照。（23：57：14）（6）

B2：张老师，一个有良知的人都会像他一样做的。（4月7日00：15：01）（7）

A7：**（B2），今晚提起当年之事，我就话多了。以前我见你爸和薛**都是叫大哥。有一次，他俩在一起，我叫了声大哥，他俩都笑了笑。你妈和我老伴在**医院同时住院，相处得那样好，只是我以前未给你说过。恩人恩情我总记在心。祝福你妈寿比南山不老松，福如东海水长流！（00：40：32）（8）

A7：薛大哥孩子考军校，他告我后，我给他送去了几本理科参考书。往事不堪回首，想起泪就流。（00：55：23）（9）

B2@A7：张老师有些事我了解得不透。上学时您对我非常关心，您是我的恩师。（09：12：45）（10）

B3@B2：学长你好！我原*班的***，谨以此书以示缅怀！你爸与我的伯父***曾一度在**一起工作。（11）

B2@B3：是的。你和***是一家子？（12）

例⑨为例⑧的后续讨论，几位老人对已去世的老局长进行怀念和赞扬（1，3），其中一位老人A7借机回忆起个人经历，在自己蒙冤时得到对方的关照（5，6），同时又进一步回忆往事，亲切地称呼其为"大哥"（5，8），还回忆起了其他事情，表示"想起泪就流"（8，9）。虽然是个人私事，却激活了群内成员的共享身份。借由该事件，其他成员也想起了往事，将个人的历史记忆在群内与大家分享（11），激活了群成员的历史记忆，同时也唤醒了与其他成员的潜在关系身份（11，12）。

例⑩语境：群成员 A1 转发有关 ** 诞辰纪念的座谈会新闻链接

B1：** 诞辰 140 周年纪念座谈会 4 月 7 日（11：32：30）（1）

A1：** 座谈会有感（11：39：05）（2）

辛亥革命辅佐功

日寇威逼傲骨铮

平民教育始故土

后人德须多尊崇

A2@A1：👍👍👍（13：03：59）（3）

A1@A2：🙏🙏🙏 13：08：19（4）

A3@A2：有的写其生平年月 1880—1944 年，会场写 1881—1944 年，哪个是正确的？（13：13：43）（5）

A2@A3：最准确的是 1882 年农历三月初八（15：23：30）（6）

A3@A2：明白了。（15：32：26）（7）

A4：平民教育最早可追溯到孔子，他创办私学，打破了学在官府的垄断，并提出了有教无类的理念。（16：05：44）（8）

在该例中，当群友转发与当地名人"**"相关的座谈会新闻时，引发了其他群友的讨论，A1 参加了该座谈会，在群内发表诗作，得到其他人的点赞（3），两位老人 A2 和 A3 就 ** 生平年月进行了讨论（5，6），老人 A4 由此谈论社会历史话题"平民教育"等（8）。通过回忆和讨论地方名人的成就，将群内成员团结起来，强化彼此之间的历史认知。莫里斯·哈布瓦赫指出，我们认为相当"个人的"记忆，事实上是一种集体的社会行为，囊括了一个群体过去全部经验（实物、实践、知识、情感等各方面）的心理反应形式（李友梅，2007）。这种微信群的日常信息互动中借由集体记忆的重构和共享来凝聚社会群体意识、展现社会群体力量、唤醒民族身份自觉，通过对共同的信念和价值观的共享来强化群体内部的凝聚力，实现对民族身份的认同建构（张媛 等，2018）。集体记忆是在观照现在的立足点上对过去的重构，它经常只是一种想象或是集体创造的过去，集体记忆本身可以是一种资本，借着对久远记忆的修改或创造，足以换得现实利益（王汎森，1993）。通过集体记忆的选择性记忆和遗忘，群体成员的认同受到不断影响，在对过去所做出的合理化的解释中族群共同体的认同得以形成并确立。在信息互动过程当中，老年群体以自我为本源的关系网络不断分支和扩散，最终重新建构形成了身份认同所依赖参照的整个社会关系，这个社会关系对老年群体而言，无疑是更加包容和富于积极性的（杨暖暖等，2020）。

8.5　结语

本章讨论了老年人在微信群内互动方式及其身份建构。老年人在微信群内的互动方式带有鲜明的仪式性特点，其仪式性行为主要有点赞、评论、打卡、表情图、发布照片、视频、转发链接等行为。身份表演论认为身份是由行为的程式化重复自我呈现的（Butler，1990）。老年人在微信群交际中通过这些仪式性语言符号和行为建构了老年人自我形象展现者、群体关系维系者、社会生活参与者、情感能量提供者和历史记忆唤醒者等基于自身需求的多元语用身份。充分体现了老年人渴望展现其正面形象的个体身份诉求，重视群体关系和情感联系的人际身份诉求，以及积极参与社会发展、唤醒历史记忆的群体身份诉求。

第9章 认知障碍老年人在拟态工作场景中的身份建构

9.1 引言

目前，我国人口老龄化问题日益突出，痴呆症、帕金森氏病等神经退行性疾病已经成为危害我国老年人生存质量的重大疾病之一。最新全国性横断面研究显示，老年群体中认知障碍患病率高，痴呆症患者占 6.0%，轻度认知障碍（MCI）患者占 15.5%，约有 3 877 万人患有轻度认知障碍（Jia et al.，2020）。认知障碍严重影响着患者的智力与生活能力；同时，智退或痴呆的特殊象征内涵和文化隐喻，容易导致痴呆相关病耻感（刘宇 等，2019），甚至是歧视，从而影响疾病的早期诊断以及后续对患者的关心和照护。

与此同时，在"健康中国"战略的影响下，国内首档记录认知障碍老年人的节目《忘不了餐厅》应运而生。该节目记录了普通人与认知障碍老年人的交流，为我们了解特殊老年群体的交际特点提供了素材。本书选取公益节目《忘不了餐厅》中患认知障碍老年人和健康工作人员的对话为语料，探讨患认知障碍老年人在餐厅工作环境中如何选择、建构自己的多种身份。

9.2 相关研究

20 世纪末以来，随着社会语言学和临床语言学的发展，将阿尔茨海默病（AD）患者作为特殊言语行为主体，在人际互动中考察其语用特征和身份意识的研究逐渐兴起（郭亚东，2020b）。特殊群体老年人的自我意识与身份建构已成为国际上重点关注的内容之一（黄立鹤，2022）。整体来看，认知障碍患者广泛存在"失语"现象，其身份经常被忽略或边缘化。研究发现，中美主流报刊对 AD 的报道倾向于治病治疗和个人预防，而AD 患者本人的声音往往被忽略（朱婷，2014）。也有研究关注认知障碍老年人如何运用残存的语言能力和认知资源在叙事中建构身份。Hamilton（1994)在 AD 患者口语和书面语中分析他们是如何实现社会身份建构的。Hamilton（1994）跟踪考察了 AD 患者交际行为的历时变化，她发现随着年龄的增长和病情的恶化，AD 患者的情境意识、对象意识和个人身份意识（如职业、年龄和性别等）逐渐退化，交际参与模式由主动渐变为被动。Sabat 和 Harré（1992）发现，在疾病末期，AD 患者依然在会话和行为结构中保留自我身份，而自我身份的保持需要看护人的合作。Shenk（2005）通过分析 AD 患者所讲述故事的片段发现，AD 患者的"身份库"依然存在，但调用身份或建构身份的意识和能力出现障碍，其身份意识具有很强的交际依赖性。Davis 和 Maclagan（2018）探讨认知障碍老年女性如何在叙事中通过含有转述语的会话互动来呈现她们身份的自传特色。随着疾病的进展，他们获取、协商或执行部分或全部身份的能力会越来越受损，但并非完全消失。Ramanathan（1995）聚焦 AD 患者面对不同情境和对象时的叙事能力，他认为碎片化的语言恰恰是 AD 患者描述世界、表达意愿的方式。Hamilton（2008）探讨了在缺乏对过去进行连贯重建的情况下身份建构的理解。作者认为这种简略式（snapshot）叙述也可以提供线索，帮助会话者重建个人身份的各个方面。Hydén 和 Antelius（2011）认为有沟通障碍的患者依然有能力通过言语和非言语行为将自己塑造成一个称职的故事讲述者。Ryan、Bannister 和 Anas（2009）通过分析 13 本回忆录，总结了痴呆症患者的自我身份变化特征与规律，他们不再参加以往的社会活动，感到委屈、孤立，缺乏安全感，希望能够"重塑自我"。Hamilton（2019）根据半开放访谈的结果，集中考察了 AD 患者在言语互动中的个人身份记忆、自我领地意识，以及在无法顺畅、准确地提供个人身份信息时所采用的话语策略，分析了个人身份意识丧失的认知理据及其对话语实践的影响。

由于生理和心理衰老、社会角色的转变、交际对象减少等因素的影响，老年人主动交际的意愿呈下降趋势（李宇峰，2018）。同时，媒体对老年人负面形象的宣传，加深了公众对老年群体的刻板印象。老年形象的负面标签、污名化建构与老年人自我对年龄和身份的认知相矛盾（Cook，2018），这对于患认知障碍老年人来说更为明显。Ramanathan（1995）认为，AD 患者的叙事话语具有语境敏感度。他指出，虽然不可避免地出现表达障碍，但 AD 患者在特定环境，如家中，叙事话语的完整度更高。伴随人文关怀意识的不断增强，一些学者（Leibing et al.，2006）明确提出了充分尊重 AD 患者独立人格的研究理念。他们认为 AD 患者尽管交际能力退化、社会属性蚀失，但是仍保有独立人格，只有了解病患的交际模式，方能走进其独特世界。顾曰国（2013）指出，认知障碍老年人多呈现"健忘、痴呆"等消极的刻板印象，应该增强对特殊老年群体情感的关注，通过多模态视角分析特殊老年群体的"言思情貌"。

以上研究表明，认知障碍老年人面临着身份意识蚀失，身份调用能力受损等问题，但并没有完全丧失，只是需要他人的辅助。有相关研究发现，患认知障碍老年人在互动过程中具有语境敏感性（Ramanathan，1995）和交际依赖性（Shenk，2005），以往关于特殊老年群体研究的语料大多来自由采访者或由健康被试主导的访谈或会话，较少涉及老人与外界进行的有意义的会话。因此，本章选取患认知障碍老年人在拟态工作环境中的日常会话，基于老人与工作场景中的其他同事、顾客之间的互动，探究患认知障碍老年人在近自然会话中的身份建构。

9.3.　研究设计

9.3.1　语料收集

《忘不了餐厅》是一档关注认知障碍的公益节目，节目邀请患认知障碍老年人和明星嘉宾共同经营餐厅，患认知障碍老年人主要负责点单和上餐等服务工作。参加节目的老年人由节目组公开招募，通过选拔后进行身体检查和业务培训。本书选取《忘不了餐厅》第 2 季（2020 年 7 月 29 日至 9 月 29 日）10 期内容中 4 位 [1] 老年人在服务过程中与顾客、其他店员的对话进行分析。由于该节目为公开节目，本书直接使用节目上的称呼语来指称 4 位患认知障碍老年人，其余 6 位店员分别使用其姓氏来标记，参与

1　该节目邀请了与 5 为位患认知障碍老年人，其中 1 位患者不到 60 岁，未放入语料分析范围。

会话的顾客按次序用顾客 1、顾客 2 标记。

4 位老年人的基本情况如下。

孔奶奶：女，80 岁，患认知障碍 2 年，中学语文教师；

小敏爷爷：男，70 岁，患认知障碍 4.5 年，水电维修工人；

朴爷爷：男，80 岁，患认知障碍 1 年，轿车生产科科长；

朱奶奶：女，71 岁，患认知障碍 2 年，组织科办事员。

9.3.2　语料分析

本书借助转写软件"飞书"对共计 13 小时 26 分钟的 10 期节目进行文本转录，对老年人在会话中建构的语用身份进行分析。语用身份即"语境化的、语言使用者有意或无意选择的自我或对方身份，以及说话人或作者在其话语中提及的社会个体或群体的他者身份"（陈新仁，2013a）。老年人在工作场合中的个人身份往往和一个人的人格、态度、性情、谈话方式、交往方式相关（Tracy et al.，2013）。患认知障碍老年人在餐厅中预先设定的身份是服务员，其他身份的识别结合身体状态、互动方式等进行。根据陈新仁（2013a）提出的"与身份建构相关的话语实践类型"，本章主要以服务话语中的言语行为为切入点，探究患认知障碍老年人的身份建构与话语实践，因为言语行为具有明确的身份指示功能。

9.4.　认知障碍老年人在工作场景中的身份建构

轻度认知障碍患者主要表现为"记忆力下降，其他认知功能也有降低，但无全面的认知功能降低"（黄立鹤，2022：136-137）。本书语料中几位老年人的主要症状是记忆力下降，尤其是短期记忆，从而造成"身份意识"的部分丧失。在参加《忘不了餐厅》工作中，老年人需要服务就餐的顾客，其主动/被动交际意愿得到提高，在其他店员的帮助下与顾客展开互动，（重新）建构人际关系，修复记忆，建构多元化的语用身份，如热情的职业身份、温暖的家人、重建原有的职业身份、多才多艺的能力者身份和积极乐观的鼓励者身份。

9.4.1　店员身份

店员身份是几位老年人参加这个节目需要学习而建构的临时身份，主要体现在服务顾客过程中的服务用语、点菜送菜以及餐后沟通等方面。开始工作前，老人们接受了统一的服务培训，每位老人都需要负责一桌客人。工作中，老人们学习使用规范的服务用语，使用"欢迎光临""请进"等礼貌用语招呼客人，建构敬业、热情的服务员身份。除了朱奶奶外，其余三位老人在服务过程中经常遇到障碍，比如不熟悉点菜流程或发生遗忘，这时其他店员负责辅助、提醒或督促，如下例①。

孔奶奶症状稍微严重，经常分不清当下语境和历史语境，闹着要回去，其他店员借助各种方法转移话题，将其带回当下餐厅语境。第一天接待客人时，孔奶奶略显紧张，对店员身份有抵触情绪，在两位店员的帮助下，顺利完成任务。

例①语境：孔奶奶在两位店员的帮助下为顾客点菜

王：四号桌这边请。（1）

黄：这全都是大高个儿。（2）

孔：太好了，高个儿好，漂亮极了。很高兴的，看到你们都，新生的一代。真的是促进社会迅速向前发展。（3）

黄：今天是我们《忘不了餐厅》在上海开业的第一天。然后呢，阿姨你向他们推荐下我们的菜。看看大家喜欢吃什么。（4）

孔：（看向王）你来推荐吧。就是，你年轻。（5）

黄：行，你来推荐。你慢慢看一下。（6）

王（对顾客）：你们看看我们餐厅的菜单。（7）

孔：就是，你们都看看。（8）

黄：要不然我们先给他倒四杯水。给四位客人，好不好？（9）

孔：对，好的。（10）

孔：来，漂亮的少爷们。先给（你们）两杯。我再来给你们端两杯。（11）

（完成任务后获得王竖拇指夸奖）

孔：看到你们就是（看到了）希望，未来的希望越来越早。（12）

王：孔奶奶，点完菜了，交给他们，让他们上菜。（13）

黄：（指向后厨）交给他们就行了。（14）

孔：姑娘，这是菜（单）。（等菜）拿上来，我再端过去。（15）

（《忘不了餐厅》第 3 期）

孔奶奶原来是语文教师，性格开朗，善于沟通，尤其是在夸赞方面。虽然记不住点菜流程，但却能在交际中尽其所能对客人进行夸赞，分别在点菜前（3）、送水时（11，12），创建了就餐过程中和谐开心的气氛。记忆力衰退带来的障碍体现在不能识别当下语境，也不知道该做什么，当店长黄向孔奶奶发出具体请求时（4），孔奶奶显然无法完成这一任务，但她知道求助，向店员王转移任务（5），能重复王的话语向客人发出指令（8）。随后黄继续向孔奶奶发出具体"倒水"的请求（9），该请求中的老年语"要不然""好不好"充分体现了黄与老人沟通的耐心。这个任务显然不复杂，孔奶奶在店员的帮助下顺利完成任务，伴随着夸赞式言语给客人倒了水（11），收获了王的夸赞。最后，王再次发出请求（13），让孔奶奶给后厨递送菜单，从而顺利完成点菜任务（15）。在黄和王的帮助下，结合孔奶奶较好的语言表达能力，成功建构了自己的店员身份！

来吃饭的客人都是提前预约好的，也都了解老人的相关情况，他们在就餐过程中主动找老人聊天，帮助老人建构其店员身份。

例②语境：朴爷爷在顾客的鼓励下建构店员身份

宋：爷爷，你的5号桌的刨冰出不了了，问一下人家能不能换成别的甜品。（1）

朴：刨冰是啥意思？（2）

宋：就是 Icecream。（3）

朴：Icecream。（笑）（4）

宋：嗯，没有了。（5）

朴：我不知道这有没有啊？（6）

宋：我知道，没有了。（7）

顾客：爷爷，就是本来的这个，加两个慕斯。（8）

顾客：……加两个慕斯。（9）

朴：两个。Ok。（去吧台写好）（回来和顾客确认）（10）

顾客：22号两个。（11）

朴：两个。是吧？（12）

顾客：对。（13）

朴：（端过来问）是这个吗？（14）

顾客：谢谢。（15）

朴：慢慢吃。（回去坐了一会儿回来）（16）

朴：客人们吃好了？（17）

顾客：没有，没有。很好吃。（18）

顾客：爷爷你是哪里人？（19）

朴：朝鲜族。（20）

顾客：爷爷，可不可以教我们说两句？（21）

宋：你跟人家交流交流，把你擅长的交流交流。（22）

朴：可以。你们随便问吧。（23）

宋：朴老师上线了。（24）

顾客：打招呼时，"你好"怎么说？（25）

朴：你好。（朝鲜语）（26）

顾客：这个怎么说。（27）

朴：这个是鸡肉是吧？朝鲜话叫（朝鲜语），小狗是（朝鲜语），大狗是（朝鲜语）。（28）

宋：大狗是汪汪，小狗是汪汪。（笑）（29）

朴：还想知道什么？（30）

顾客：谢谢。（31）

朴：谢谢。这个谢谢是尊重语。成熟的人一般不那么说了。（32）

顾客：谢谢（朝鲜语）。（33）

朴：打扰你们吃饭了。（34）

顾客：没有。（35）

朴：再见。（36）

（《忘不了餐厅》第 3 期）

在较为复杂和繁忙的工作环境中，患认知障碍的老年服务员常常会出现差错。朴爷爷非常认真，关注细节，发现餐厅的小花瓶摆放不整齐时都一定要摆弄整齐。该例中，店员宋让朴爷爷问问顾客能否换成别的甜品，朴爷爷不了解"刨冰"（2，4），也没有听懂宋交代的任务（6），顾客主动参与对话，告诉老人具体添加的食品名称和代号（8，9，11）。对此，朴爷爷小心谨慎，去吧台写好，又不放心，返回来和顾客反复确认（10，12，14）。当顾客吃饭时，他回到座位上休息，很快又返回，主动发起对话，询问顾客的用餐感受（17），体现其热情服务员的身份。执行提问言语行为，可以获得更多关于顾客的知识（吴亚欣 等，2018）。这时候顾客找他寒暄（19），并求教（21），同时在宋（22）的鼓励下，朴爷爷展开了朝鲜语教学，从被动答疑到主动提问，建构服务工作中的临时老师身份（25~32），但是很快就意识到自己的店员身份，在寒暄后向顾客道歉："打扰你们吃饭了"（34）。该例中的老人虽然遇到点小障碍，但能时刻牢记自己的职业身份，体现在确认菜单、询问顾客感受和身份偏离后的道歉语，这一身份的完整执行离不开其他店员和顾客的辅助。

9.4.2　家人身份

很多认知障碍老年人记不起自己的亲人和朋友，也经常找不到回家的路，他们出门需要家人的陪同，也需要反复提醒彼此的身份。有时候记得对方的名字，可是面对面却不能识别出谁是谁。这时候能够提醒记忆的照片或其他具有记忆点的细节能够帮助老人修复记忆，唤醒遗忘的身份和关系。孔奶奶的记忆力衰退较为严重，她知道孙女的名字，但当孙女站在面前时却辨认不出来。

例③语境：孔奶奶在家人和店员的帮助下恢复记忆，重建家人身份

宋：预约的名字是？（1）

顾客1：薛紫娇。（2）

孔：薛紫娇？我家有个小孩也叫薛紫娇（笑），不过是小的。（3）

孔：薛紫娇这个名字是我的小姑娘，孙女。（4）

顾客1：奶奶你记不记得你刚说过你们家有个谁？刚刚门口那个，我预定的名字：薛紫娇！（5）

孔：薛紫娇是我的孙女，对的。对，你认识？（6）

顾客1：你看我，你看我有没有点眼熟？（7）

孔：眼熟，现在看就眼熟了。告诉我名字。我就想起来了。（8）

顾客1：蓓蓓。（9）

孔：蓓蓓，我有一个孙女叫蓓蓓。你也叫蓓蓓，你的大名呢？（10）

顾客1：薛紫娇。（11）

孔：薛紫娇啊。哎呀。这我孙女。这我孙女。（12）

顾客1：你看那么长时间没看出来我啊？（13）

孔：因为你长大了。我哪能一下子看出来。那时候你大概就是个小学

生的样子。（14）

顾客 1：你记不记得这是谁？（15）

孔：我一下名字叫不来，但是看着面熟。我肯定见过你。（16）

顾客 1：我结婚没？（17）

孔：哦，那时候结婚呢。看，现在老了就不灵了，跟你说，记忆力就差多了。（18）

孔：新姑爷。您贵姓？（19）

顾客 2：小夏。（20）

孔：厦门的厦？（21）

顾客 2：夏天的夏。（22）

孔：你们俩相处这么好，阿姨听着就高兴。（23）

顾客 1：是奶奶。（24）

孔：奶奶——奶奶，奶奶就看见你们就特别高兴。（25）

（过了一会儿）

顾客 1：奶奶你记不记得你刚说过你们家有个谁？（26）

孔：我家？（27）

顾客 1：我是谁啊？（28）

孔：这是谁啊？看着面熟，但是名字想不起来了。（29）

顾客 1：蓓蓓。（30）

孔：噢，蓓蓓。（31）

顾客 1：嗯……蓓蓓是谁啊？（32）

孔：我有个孙女就叫蓓蓓。（33）

顾客 1：嗯。（34）

孔：就是你啊？真的，不认识……真的，不认识。（35）

顾客 1：但我认识你啊。我进来的时候你不是看见我了？看我好几眼。（36）

王：您认出来了。（37）

孔：是的是的。变化真快。（38）

宋：是的，变成大姑娘了。（39）

孔：蓓蓓一直在我脑海，很亲。真的很亲很亲……（40）

（《忘不了餐厅》第 3 期）

该例展现了孔奶奶如何在孙女（顾客1）的提醒和店员的鼓励下逐步想起孙女的过程。名字是识别身份与突显差异的惯用性标准，孔奶奶听到薛紫娇的名字时，立刻说孙女也叫这个名字（4），这个记忆显然是非常深刻的，在这段对话中重复了多次：薛紫娇/蓓蓓是孙女（3，4，6，10、12，33）。老人对自己记忆力差是有清醒的认知的（14，18，35），也对自己认不出孙女感到很难过。经过孙女反复提醒，记忆恢复，想起了孙女的样子（12），也能就此推理出孙女婿，尊称其为新姑爷（19），然而这个瞬间恢复的记忆很快又被冲走，在给孙女的祝福中自称为"阿姨"（23）。随后，经过孙女又一轮提醒，孔奶奶带点自责的语气（33），终于辨认出孙女来（35）。这时候店员王及时给予了肯定，"您认出来了"（37），店员宋也指出了原因，是因为"孙女长大了"（39）。在识别的过程中，经过孙女反复提醒、其他店员的鼓励和肯定，终于使老人将记忆中的孙女和眼前的人对上号。这说明，如果能得到积极的反馈，和反复的提醒，记忆可以修复，关系身份可以重建。

对认知障碍老年人来说，还有另一种情况，他们在潜意识中拒绝接受任何与现实身份不同的虚拟身份。节目组后期为老人们举办了一场舞会，其中有一个节目是让几位老人扮演电视剧《情深深雨蒙蒙》里面的片段。朴爷爷扮演何书桓父亲，小敏爷爷扮演何书桓，要在依萍和茹萍之间选择一个做女朋友。朴爷爷记不清人物身份，搞不清台词，匆匆结束，大家都期待小敏爷爷可以把最后部分演完。

例④语境：小敏爷爷扮演剧中人，面临着选择爱人的任务。

宋：最后这段，小敏爷爷能演完。（1）

黄：好了，我们，最后站在一起吧，站在一起，来，往中间。（2）

黄：今天不管怎么样，我们的这出戏都要有一个结束。老爷，我，你看这样好不好？我呢？我们一起就问问书桓，如萍和依萍，你到底喜欢哪一个？你到底选哪一个？（3）

黄：如萍和依萍，两个都要？（4）

小敏爷爷：我都不想要，我选的是小俞。（5）

黄：哎哟，小俞。请问小俞是谁家的姑娘？（6）

小敏爷爷：小俞是我一直爱的人。（7）

黄：噢……原来你偷偷的还有其他的爱人，请问那位小俞姑娘在哪里呢？（8）

黄：小俞姑娘，哎哟。（9）

小敏爷爷（下台去拉爱人）：上来。（10）

黄：到中间来。依萍和如萍都没有得到他的钟爱，没想他的心里边一直有人，就是你。不管怎么样，这份感情最终得到了最好的结果，是不是我们再次掌声鼓励所有的演员，谢谢。（11）

（《忘不了餐厅》第9期）

对患认知障碍的老人来说，记忆功能受损、注意力不集中都是常见症状（贾建平，2008）。小敏爷爷的主要症状就是注意力不集中，容易犯困。但小敏爷爷和老伴感情非常好，爱吃老伴烧的红烧肉。该剧中，当导演最后询问小敏爷爷扮演的人物最终的选择时（3），以为小敏爷爷会说"两个都要"（4），在剧中何书桓确实是同时喜欢两个女孩。不料，小敏爷爷却坚定地说，"都不想要"（5），他选择小俞，因为"小俞是我一直爱的人"（7），他跑下去把爱人小俞拉上舞台（10）。对小敏爷爷来说，除了爱人小俞和她做的红烧肉，其余的事情都记不得。小敏爷爷对爱人的执着体现在表演中很难选择其他女性，似乎无法分清虚拟情景和真实场景。因此，可以说是家人身份的深刻导致他很难建构情感上无法认知的虚拟身份。这与相关研究相呼应，尽管阿尔茨海默病患者的所有角色认同都会显著恶化，但家庭角色在目前仍然最为突出（Cohen-Mansfield et al.，2000）。从另一个角度来说，现实语境中的身份都经常搞混，临时再建构虚拟语境中的身份显然具有较大的难度。

9.4.3　职业身份

Rosenzweig 和 Bennett（1996）提出"环境富集"（environment enrichment）的概念，指在身处的环境中多提供刺激，促进人们进行多感官模态互动。按照该理论，如果给患者提供一个丰富的环境，促进其进行多模态互动，患者可以更充分、更快地恢复。节目组组织老人们进行"餐厅营业"的想法可以看作一种富集环境范式，给老人们提供多模态互动的重要条件。在接待顾客的同时继续设计各种小剧场，提供了个性化的丰富语境，对提升老人们的交际有较大的帮助。下例中，孔奶奶的学生来看望她，希望能和老师再现多年前的教学场景。

例⑤语境：孔奶奶在节目组的安排下再现教师身份

（王陪着孔进教室）

田：起立。（1）

孔：同学们好！（2）

孔：请坐。（3）

黄：今天我们特别高兴能让孔老师再给我们上一堂课，黑板上已经写下了《木兰辞》。现在请我们的孔老师给大家讲一下。（4）

孔：唉，我哪有那么高的水平呢？（笑）那大家一起读吧。唧唧复唧唧，木兰当户织……（5）

（陈举手）

孔：你说。（6）

陈：孔老师。（7）

孔：嗯。（8）

陈：你给我讲讲第一段它的大致意思吧。（9）

孔："唧唧复唧唧"，就是带口语性的，"木兰当户织"，它就有这种声音出现，就是这样的。（10）

梁：孔老师，"女亦无所思，女亦无所亦"，您把这两句话给我们讲一下吧。（11）

孔："女亦无所思"。女儿第一句就对着这个问你何所思？这是对等的，"女亦无所思"是指我没什么可以思考的东西，这个亦呢，在这就是"也"的意思，就我没什么可思考的东西，实际这女的是很聪明的……（12）

朱：也不容易，今天孔老师很不容易。真的是不容易。（13）

贾：就是。（14）

孔：实在没准备。（15）

杨：很好。老师。（16）

杨：为什么他们没有发现花木兰是女儿身啊？（笑）（17）

孔：这个我觉得是当时的男女接触是比较少的，对吧？第二是，当时的女孩子不会像我们现在女孩子，夏天穿短袖、短裤、短裙子。（笑）（18）

（《忘不了餐厅》第 6 期）

　　教室场景设置好后，店员王陪同孔奶奶走上讲台，随着班长喊"起立"！（1）孔奶奶弯腰、回应："同学们好！请坐"（2，3）。这是中国课堂典型的教学场景，对孔奶奶来说，这一幕刻骨铭心，是最难忘记的情景。黄店长邀请"孔老师"给大家上一课（4），孔奶奶略表谦虚后，很快就进入角色，开始上课（5）。随后的课堂则以同学提问（9，11），老师解答（10，12）的方式顺利进行。前两个问题涉及的是《木兰辞》文本本身，孔奶奶回答得非常流畅。这时候嘉宾杨提出了文本之外较难的问题（17），孔奶奶几乎没有停顿，立刻就做了解答，结合当时和今天女孩的穿着进行对比（18）。孔奶奶平时记忆力很差，经常拿错别人的东西，但在这个小课堂上可以说表现完美，较好地演绎了自己原有的职业身份。

　　根据生命过程原则，我们不能脱离一个人的过往来了解单个生活片段，要了解生活的特定阶段，必须要了解前后的状况（Riley，1998）。在这种情况下，"回忆"或"记忆"是研究 AD 患者语用心理和自我呈现的重要突破口。Hamilton 认为，以 AD 患者长时记忆或瞬时记忆为观测点，考察其在讲述个人经历时选择的事件主题、涉及的相关人物或情境，以及使用的情感词汇等，皆可探究病患在人际互动中利用"残存在记忆中的身份资源"（2019）所建构的个人身份。该例说明，场景再现式多模态干预对认知障碍患者确实有一定的促进作用。Arkin（2007）的研究发现，丰富的言语交际活动可以防止轻中度老年患者的语言能力随年龄和病程而衰退，还可以提升其人际交往与沟通能力。Suzuki et al.（2014）也发现，为儿童讲述图画故事的日本老年人的逻辑记忆力都有所提升，轻度认知障碍老年人的注意力、执行功能都有所改善。

9.4.4　能力者身份

随着年龄的增长，认知能力的下降，很多老人被社会排斥，剥夺了干家务或参与社会活动的权利，导致情绪的低落和自我认知的否定。认知障碍老年人常见的症状包括焦虑、抑郁、淡漠、去抑制化等（Levenson et al.，2014），这些症状给老年人的认知状态、行为方式带来巨大变化，对老年人的心理产生消极影响，也增加了照护者和社会的负担。节目中的几位老人均有不同程度的焦虑和抑郁。顾客或其他店员通过寒暄、请求、夸赞等言语行为鼓励老人表现自己，建构自己的能力者身份。下面例子中顾客主动邀请孔奶奶来聊天，分享顾客的故事，随着老人的叙述，对孔奶奶会跳舞表示夸赞并请求教跳舞（13）。

> 例⑥语境：孔奶奶再次遗忘，准备要离开，顾客主动参与互动。
>
> 顾客1：奶奶，到我们这坐一会儿吧，想跟你聊聊天。（1）
>
> 孔：不用，我喝口水就走了。（2）
>
> 周：来，您喝口水。（3）
>
> 顾客1：来啊，再坐一会儿，坐一下。（4）
>
> 孔：好嘞，好好嘞。（5）
>
> 顾客1：坐一下。（6）
>
> 顾客1：奶奶，我们想听听你的故事，你再给我们分享分享可以吗？（7）
>
> 孔：我真的是好多故事现在都已经忘光了。嗯，但是咱们想到的就可以聊一聊，对吧？（8）
>
> 顾客1：跟我们说一下。（9）
>
> 孔：实际我在学校是教文艺课的。（10）
>
> 顾客1：教文艺课？（11）
>
> 孔：跳舞。（12）
>
> 顾客1：跳舞你也会？能不来一个？（13）
>
> 孔：那咱俩跳三步。没问题，来。（14）
>
> 顾客2：你教他。（15）
>
> 顾客1：你教我。好吧？（16）
>
> 孔：不用教，站起来就会跳。咱们到这来？（17）
>
> （《忘不了餐厅》第5期）

　　该例开始时，孔奶奶又忘记了自己的店员身份，脱了店员服装准备离开了。这时候顾客主动参与互动，邀请孔奶奶"聊聊天"（1）。孔奶奶表示拒绝（2），顾客再次邀请，"来啊，再坐一会儿"（4，6），孔奶奶坐下后，顾客进一步发出请求"想听听你的故事"（7）。在多次邀请和请求下，孔奶奶答应了（8），主动说出自己教"文艺课"（10），并在顾客的再次请求中（13，16），答应并和顾客跳起舞来（14，17）。这位顾客1非常有会话技巧，多次邀请，表达了想要听故事和请求教跳舞的心情，前后有8次。在孔奶奶开始讲述的过程中，也给予了各种积极反馈，比如"跟我们说一下"（9），重复奶奶的话"教文艺课"（11）。根据 Erikson（1982）的理论，当谈话内容引发了老年人过往经历中某些带有积极情绪的相关事件时，这些老年人往往会兴致较高地围绕相关事件开始谈论，话语量也随之增加（黄立鹤，2022：354）。显然，讲故事、文艺课、跳舞这些都是孔奶奶擅长的内容，顾客1的这些请求较好地激发了孔奶奶的参与热情。

　　例⑦语境：小敏爷爷发现朴爷爷不熟悉买单程序时，直接走过来接替朴爷爷帮客人结账。

小敏爷爷：不是，刚刚那个单子，5号单，我来，我来。（1）

宋：找我来。您用算盘算，我用计算器算，好吧？（2）

（小敏爷爷笑着回应）（3）

宋问朴爷爷：你会用这个吗？（4）

朴爷爷点头（5）

宋：你也会啊！（6）

朴爷爷：会不行啊？（7）

宋：行，您怎么那么横？（8）

朴爷爷：你让他先来。（9）

宋：您摁这个吧（小敏爷爷用算盘，朴爷爷用计算器）（10）

小敏爷爷：18块。（11）

宋：加一个68。（12）

小敏爷爷看朴爷爷：18加68，怎么得104了？不对了。（13）

宋：您重新弄。摁18，加68，加58，再加上一个28，等于多少？（14）

小敏爷爷：172。（15）

宋：好，跟人家说吧。172元，爷爷。（16）

小敏爷爷：172元。（17）

朴爷爷：172（声音低）。（18）

（《忘不了餐厅》第3期）

小敏爷爷参加过第一季节目，是老店员，有服务经验，具有较好的计算能力。该例中，他观察到朴爷爷不知道如何帮顾客买单时，直接走过来帮忙（1）。在算账的过程中，他又一眼发现并指出了朴爷爷的错误，最终快而准地算出了总价（13，15），然后自信地告知顾客（17）。在拿单、算账和最后告知的整个过程中，小敏爷爷展现出了自信的计算能力者身份。本书发现，认知障碍老年人能力者的自信和身份均是在他人的邀请和请求行为中逐步建构的。在整个节目中有大量的类似行为，比如店员宋故意对朴爷爷说，"我听说你会学小鸟叫是不是？"激励朴爷爷表演口技，节目组也经常安排朱奶奶接待上海人，说上海话，创造机会让朴爷爷说朝鲜语等，创造各种机会展示老人们的能力和身份。

9.4.5 鼓励者身份

朱奶奶状态较好，是不需要辅助就能完成店员任务的老人。她在来店之前较为忧郁，但对自己的疾病有清晰的认知，也特别理解其他患者的心情，所以当发现有顾客也有类似的情况时，能积极和对方沟通，通过夸赞、安慰等言语行为，鼓励和安慰对方。

例⑧语境：朱奶奶在服务过程中鼓励其他顾客。

朱奶奶：我看你这文艺细胞蛮浓的。（1）

顾客1：对，他会唱歌。（2）

顾客2：我下回唱《女人花》行吗？（3）

朱奶奶：哎哟，《女人花》好听，今天你一定要唱，我跟他们说叫你唱一个助助兴。（4）

朱对宋：我跟你说这个小姐多才多艺的。（5）

宋：是吗？有什么才艺啊？（6）

朱奶奶：唱歌，《女人花》。（7）

宋：哇！（8）

顾客3：现在不会了，以前的时候会。（9）

宋：什么叫现在不会了？（10）

顾客3：比较年轻的阿尔茨海默患者。（11）

宋：你多大呀？（12）

顾客2：38。（13）

宋：38，这个是……（14）

顾客1：我是他姐姐，这是他儿子，这是他妈妈。（15）

宋：这是儿子。（16）

顾客：对。（17）

宋：照顾妈妈吗？现在？（18）

顾客3：对。（19）

你多大？照顾妈妈。（20）

顾客3：14岁（21）

宋：怎么检查出来的？（22）

顾客1：一开始它是春节期间感冒发烧，就是发烧一直不退。一直不退，就以为是感冒。（23）

顾客2：这块老是疼。（24）

朱奶奶：嗯，这个脑子疼。健忘吗？（25）

顾客2：见到人看着面熟，忘了人家叫什么了。（26）

朱奶奶：我就是。（27）

顾客1：她就是跟你一样，后来又在北京确诊的。（28）

宋：虽然年龄真的是挺早的，但是我们也没逃避。（29）

顾客1：对对。（30）

朱奶奶：什么事就看得远远的。（31）

顾客2：对哈。（32）

朱奶奶：有时候人家叫你你不认识人家，像是记不起来。我怎么样？我不记，一记这个头脑子胀，难受。嗯，我不记。我就听音乐。听那个邓丽君的歌。（33）

顾客2：对对对，邓丽君。（34）

朱奶奶：哦，你也喜欢听？还有萨克斯。萨克萨克斯，当当当一吹，我心情就好了。好了，以后我慢慢坐下来一想，哎哟，我想起来了。（35）

顾客2：对。（36）

朱奶奶：现在你看，出来干干。（37）

顾客2：嗯。（38）

朱奶奶：到忘不了餐厅来。（39）

顾客2：嗯。（40）

朱奶奶：做服务工作，我思想放开了。（41）

顾客2：对，是。（42）

朱奶奶：我也是哎。我现在好多了。你会掉眼泪？（43）

顾客2：会，说哭我就哭。（44）

朱奶奶：对。（45）

顾客2：说笑就笑。（46）

顾客2：说哭就哭，说笑就笑，现在让我都哭出来。（哭了）（47）

朱奶奶：不要，不要，不要。哎，你看着朱阿姨，你就要笑，对吧？看看笑了，又笑了。（48）

顾客2：不哭了。（49）

朱奶奶：我们两个讲到一起了。我其实我也忍不住的，但是我在他们面前我要（忍住）。（50）

朱奶奶：他说了我也有眼泪，我压住了，不出来。（51）

宋：忍住了哈。嗯，真棒！（52）

朱奶奶：难受。（53）

宋：但你说，这不就是我们做这个餐厅的初衷吗？（54）

朱奶奶：对对对，我们帮助这些记忆力衰退的人消除心理障碍。（55）

（《忘不了餐厅》第2期）

该例中朱奶奶一直和顾客 2 在聊天，夸赞对方"文艺细胞蛮浓"（1），当得知对方会唱歌，而且该顾客 2 提出"下回唱《女人花》"（3），朱奶奶热情回应：你一定要唱（4），并承诺跟店里说。随后朱奶奶当着顾客的面和店员宋夸赞该顾客"多才多艺"（5），朱奶奶和店员宋的夸赞式问答提升了顾客 2 的自信心。顾客 2 主动向朱奶奶描述脑子疼的症状，了解了该顾客的年龄以及发病情况后，朱奶奶重复对方的话语表示关心，还追问，"健忘吗？"（25）听到顾客 2 对自己的症状描述，朱奶奶对此表示共情："我就是"（27），"我也是哎"（43），这样说的时候，朱奶奶弯下腰热情看着对方。朱奶奶热情地分享了自己的经验："什么事看得远远的"（31），"我不记"（33），"听音乐"（33，35）。在得到店员宋的鼓励后，朱奶奶继续分享自己的快乐经验："现在出来工作"（37，39，41），"思想放开了"（41）。朱奶奶结合自身感受询问对方："你会掉眼泪？"（43）情绪波动是认知障碍患者的症状之一，该顾客一边哈哈大笑一边就哭了。针对此刻的情况，朱奶奶进行安慰："你看着朱阿姨，你就要笑"（48）。顾客 2 听从了朱奶奶的安慰，擦了眼泪不哭了。朱奶奶和其他店员解释："我也忍不住"（50），"我压住了"（51）。朱奶奶有着类似的体验，所以她的安慰更有说服力，这也是节目组的一个主要目的，促使类似经历的人可以得到治愈。朱奶奶有着强烈的自我修复、自我治愈的意识，不仅克服了自己的忧郁情绪，还能去鼓励他人。

9.5　讨论

本书语料中的几位老人均有不同程度的认知障碍，情绪不稳定，记忆力下降，甚至不记得自己的亲人或相识多年的朋友。他们可能遗忘了自己曾经的身份，也可能对自己的身份不够自信。来餐厅工作后，几位老人和之前的状态相比，均有较大的转变，在节目组设置的工作场景中建构了多元化的积极的语用身份。几位老人都在服务顾客的过程中建构了自己的店员身份，孔奶奶还重构了和亲人之间的关系，再现了原有的职业身份，朴爷爷在店员和顾客的请求下建构了自己的能力者身份，小敏爷爷彰显了自己的能力者和爱妻身份，朱奶奶建构了鼓励、安慰者身份。这些身份的成功建构离不开节目组设置的工作场景及任务驱动、服务工作带来的社会参与、叙事能力和身份意识的提升，尤其是其他店员和顾客们在对话中的积极反馈和友爱互动。随着对疾病的认知，周围朋友们的接纳与爱，老人们逐步接受了记忆力下降这个事实，在此基础上拓展其他能力，甚至能安稳其他患者。节目设置这样的工作场景显然是较为成功的，几位老人和家人都给予了正向的反馈。这也印证了相关研究，认知老化并非绝对的、不可逆转的，认知老化可以部分地通过某些干预方法得以延缓（赵丹，2016）。

首先，工作场景和工作任务对老人们来说是建构多元身份的重要保证和激励，完成任务的过程中离不开其他店员或顾客的辅助。有研究发现，记忆并非个体层面的，其他个体以及周围环境都参与了个体的记忆建构（Kitwood，1990，1997；Leibing，2006）。会话交际的环境与老年人会话交际中的话题、话语量等均有关系（McLean，2006）。如果处于一种相对陌生的环境，该群体老年人可能产生社会退缩，以及较少、负面的会话交际（黄立鹤，2022：423）。因而，节目组对特定任务的场景设置或历史场景再现是推动认知能力和修复记忆和身份的重要因素。有研究发现，该节目中店员使用了多种老年语，与老人们之间建构了较为亲近的亲友关系，实施了较多的指令类和表情类言语行为（单家慧 等，2023）。店员和顾客的请求和赞美言语行为推动了老人们能力者和社交身份的建构，有的老人甚至能够去安慰和鼓励其他人，对于身份遗忘的情况，原始场景的再现有很好的唤醒功能。总体来看，老人们在拟态工作场景中的身份建构还是较为成功的。这说明，老年人在语言交际出现障碍时，大脑会权衡交际需要，调用各种语用资源，采用补偿调整的方式完成当下交际任务（陈新仁，2004，黄立鹤 等，2019）。另外，患者记忆力丧失需要他人帮助来编织故事并不意味着他失去了自我身份意识（Moore et al.，2002），相反，这意味着他在表达该身份时需要较多的帮助。因此，我们更应该关注与 AD 患者生活和交流中的相互依存和共同社区（Shenk，2005）。

其次，认知障碍老年人建构的多元身份是因为节目组设置的工作场景提供了丰富的社会交往机会。研究表明，痴呆症老年人的社会交往与身份建构互相影响，老年痴呆患者的生活经历是一种以身份建构不断挫败为特征的负面经历（黄立鹤，2022：413）。除了生理健康外，社会交往是影响老年人认知功能最重要的因素之一。然而，由于出于对安全方面的考虑剥夺了老年人参与家务或社会活动的权利，造成老年个体的心理创伤，加剧该群体的社会残疾，加之患者认知障碍等负面标签，使患者产生较大程度的心理孤独与社会孤立（Kitwood，1997）。在疾病诊断前后，老年患者对自我的定位影响其心理过程，并影响其言语沟通与社会交往（Sabat，2008）。针对认知障碍老年患者的认知功能训练主要是通过鼓励老年人参与各种活动，达到促进老年人人际沟通、社会交际能力的目的（叶丽莎，2020）。社会身份理论认为，社会参与可以使个体认识到自身属于特定的社会群体，同时也认识到作为群体成员带给自身的情感和价值意义（Jetten et al.，2014），为个人获得情绪和社会资源等支持，进而有效延缓其认知衰退。通过各种方式鼓励老年人进行一定程度的社会交往有利于该疾病的干预与康复，老年人与店员、顾客日常互动推动社会角色的建立，促进身份的积极建构，获得"社会健康"（Donald et al.，1978）。

最后，在与他人互动中完成工作任务的同时，AD 患者的言语沟通能力和身份意识获得了提升。身份的维持部分是通过与他人之间的关系来表达和维系的，个人身份远不只是记忆，"记忆力丧失的人可能逐渐丧失对身份的个人控制，但不会完全丧失自我"（Basting，2003：98）。能够书写回忆录的老年人，通过书写回忆录、自传等，希望能创建一种清晰的自我意识，显示与自我丧失所做的抗争（Basting，2003）。由于神经功能衰退，患者需要他人特别的帮助，来维持自我身份意识（Golander，1996；Kitwood，1990，1997；Sabat，1992），如果与他们互动和交流的人允许的话，AD 患者能继续表达他们的自我意识，并保留自己的身份。对话和分享个人故事为痴呆症患者提供了建构、传达和保持自我意识的机会。因为无论AD 患者的叙事是否属实，其话语都建构起一个故事世界，服务于当下的真实情境或想象的情境（郭亚东，2020b：27）。可以鼓励患者进行疾病描述和生活记录，通过表达对疾病的态度，或安慰其他患者，老年人能重新找到自我社会价值，展现自己对生活及人生的思考，这有利于其自我身份的重建、自我价值的发现。几位老年人在谈论自己记忆力衰退，会话中提到的居住地、所使用的方言、过去的记忆、自己的喜好等都表现其较强的自我身份意识。

9.6 结语

本书发现，在节目组设置的工作环境中，几位老年人在其他店员和顾客的帮助下，在交际中建构了完成工作任务所需要的店员身份，同时也建立了基于个人才艺基础的能力者身份，重建了家人身份和原有职业身份，建构了超越自我的鼓励和安慰者身份等，传递了积极乐观的生活态度。这一结果体现了该节目的初衷，给认知障碍患者家属以及护理人员诸多启示。在日常生活中鼓励认知障碍患者多参与社会活动，尽量做一些力所能及的任务，同时尽可能辅助他们，提升其言语表达能力和身份意识。老年人在节目中的自我呈现也重新定位了被"妖魔化"的疾病和患者形象，从而帮助受类似疾病困扰的其他患者减轻病耻感，保持健康心理状态。目前，本书仅局限于电视节目中患认知障碍老年人的个人身份建构探索，节目组的主观决定影响语料呈现的特征，后续研究可以选择真实场景下患认知障碍老年人的会话，探究其多种语用身份建构。

第 10 章　新媒体语境下中国老年人身份建构的伦理语用学思考

10.1　新媒体语境下的老年人身份拼图

　　本章从伦理语用学的视角探讨新媒体语境下老年群体身份的建构特点，具体包括新闻报道中老年人身份他建和老年主体的身份意识及其身份自建，从不同的交际主体、不同的场景、借助不同的媒介勾勒出中国老年人丰富多彩的身份群像。

　　本书认为，老年人身份的他建和自建形成远距离"互动碎片"，共同构成老年群体的身份拼图。本书 4 章到第 6 章的研究发现，微博新闻中老年人身份主要以不确定的群体和个体属性为主，其次为依附于新闻人物或读者相关的关系身份。新闻类型和媒体意识形态影响着身份建构的特点，疫情新闻建构了较多的个人身份和丰富的积极身份，冲突新闻则主要以群体身份和消极身份为主，尤其是自媒体新闻较多呈现了老年人的施恶者身份。老年群体在媒介话语中身份开始走向多元化，但总体为模糊的、不确定的、背景化的。第 7 章到第 8 章的研究表明，能够使用智能手机的老年人在微信朋友圈、微信群主动建构正面、多元、积极的身份；第 9 章发现，认知障碍老年人可能出现身份的意识蚀失，需要亲友的辅助重建自己的身份。

　　当老年人退出社会生活，脱离其职业身份，他们很容易在他人眼中变成模糊的年龄群体，或弱者、低能者，冲突事件中的施恶者等消极身份。与此同时，媒介技术逻辑隐喻出的年轻取向将老年人置入较深的身份危机之中，没有机会参与新闻叙述的老年人只能被动成为建构的客体。有部分老年人开启新的生活方式，积极参与社会生活，借助网络进行身份抗争与再建,以真实的自我描述对抗媒介话语中传递的刻板印象或"恐老"焦虑。这说明,身份建构并非一次性完成,需要结合主位和客位视角,需要反复观察,才能客观再现某个群体画像。黄立鹤(2022:212)指出老年形象研究存在客观真实与符号真实的偏离。本书认为,这种偏离可能来自符号的单一或符号与符号之间的冲突,了解老年人身份建构需要结合多个交际主体,包括老年人个体自身。总体来看,本书勾勒的老年人身份拼图还不够完整,老年人身份的自我建构在影响力上还不足与媒介话语中身份建构抗衡,但在一定程度上加剧了两者的"分歧",提升了多样性,未来还需要更多的参与者,从不同场景、借助不同媒介进行身份建构和身份评价。

身份源于主体的自我认知、他我的认知以及他者的认知三方主体意识竞争的结果(Luhmann,2000)。身份建构不是单方面解释"我是谁"的一个静止的概念,而是由不同主体在竞争中不断发生意义流变的一个共构概念(范晓光 等,2023:66)。交际个体在微观语境中选择或建构的自我、对方或他者身份,在协同互动中联合共构的身份(任育新,2022),也通常只涵盖单个人在单次共时语境中的身份建构。本书讨论的身份建构不止于此,老年人身份在不同时空的他建和自建中形成局部互动关系,发生着缓慢而深刻的演变;如果将这些身份碎片拼起来,将凑成该群体接近于完整的身份拼图,这是宽泛意义上、综合了多种共时和历时语境的身份共构。黄立鹤(2022:220-221)将身份的他建和自建分别称为"形象"和"身份",提出了一个概括形象与身份建构过程的双路径模型。该模型认为,形象集合与身份集合间存在互动,主流社会认知所反映的形象集合,在一定程度上会引导集体成员朝着形象集合的方向建构自身身份;反之,集体成员在建构自身身份同样会参考形象集合,其认可与否决定了所建构的身份与形象是否形成统一。在该模型互动中,形象集合与身份集合达成一致的部分,将形成集体精确的形象与身份。随着认知的改变与呈现层面的改变,该集合也随之改变,因而得到的形象或身份仍是处在动态的建构过程中的。

本书认为,老年人身份的参差源于新闻媒体与老年个体在认知上的冲突,老年群体参与不足,媒体对老年群体的认知本身存在着分歧,受媒体自身、新闻主题和大众舆论等因素的影响呈现多元化和复杂性。总体来看,媒体话语对某个群体的身份认知产生着较大但非绝对的影响;反之,部分老年群体的积极参与对公共话语的影响较小但不可以忽略。本书中老年群体在自我建构时多受彼此之间的影响，他们有着较为积极的生活方式，按照自己对世界的认知参与社会生活，重建自我身份。老年人身份的他建和自建的差别主要表现在结果上的分歧和数量上的不均衡，公共媒体和社交平台在影响力上的不同等。从长远来看，两大类身份建构必将相互作用，带来老年人身份的群像变化和大众的理性认知。

10.2　中国敬老伦理文化的变迁

　　根据本书第三章，为了满足当前语境下发生的特定交际需求，交际者会参照各种语境因素进行特定的语用身份选择。在语用身份的伦理考量中，身份选择决定着话语选择，同理，话语选择折射出身份选择，这些选择背后则反映交际者个体或所在时代的主流伦理道德观念。本节聚焦敬老观念的演变。

10.2.1　敬老观念的追溯

　　很多学者通过比较东西方文化对年龄的态度，发现东方文化中老年群体普遍享有较高的社会地位。西方尚年轻，中国尊高龄，中文关于"老"的词语多数为褒义词，如"年高望重""老当益壮""老骥伏枥"等（秦冬梅，2004）。在个体主义文化中，年龄并不是获得地位的手段；但在集体主义的文化里，老年人有很高地位，非常受年轻人的尊敬（Gudykunst et al.，2007：104）。我国历史上儒家思想占主导，尊老、敬老的思想观念是其核心内容。"尊老敬老"的观念源于春秋时代，由于农耕社会中经验在生产活动中的重要作用，掌握经验的老年人在人们的心目中具有了神圣的地位，开始受到尊重，并逐渐形成了尊老敬老的观念（李振纲 等，2009）。"尊年尚齿，列代弘规"《周书·武帝上》全面准确地表明尊老的内涵：不仅青年尊老者，老年也要尊更老者（高成鸢，2014：18）。"老吾老以及人之老"（《孟子·梁惠王上》）将"孝"的概念从自己的亲人拓展至他人，反向的《礼记·王制》"（天子）养耆老以致孝"使尊老养老成为一种礼仪风尚，即蔡元培说的"自家庭始……推之于宗族、若乡党，以及国家"（同上：19）。中国的实用伦理与尊老思想随着历史的演化成为文化的积淀，孝道最终作为一种集体无意识沉积在每个人的心灵深处，进而弥漫成一种社会意识，这种孝道一旦上升为社会道德并得到整个社会和历史的承认之后，进而又形成了一个社会的道德（何建良 等，2010）。中国传统文化不同于西方文化的一个主要内容，就是具有独特的家文化（郝铁川，2014），以及对老年群体的尊重。

10.2.2 敬老观念的弱化

自五四运动以来，传统儒家文化遭到了批判、否定与抵制，尤其是改革开放后，生产力的发展和社会结构转型使人们开始重新审视传统的中国养老文化，并在尊老养老认识上发生了重大变化（任德新 等，2014）。尊老文化开始弱化，人们不会再像过去那样盲目地从老、从师、从圣，而作为"老"的一方，也不会像过去那样强求人们要绝对服从（罗锦芬 等，2005）。现代社会中，老年人的先赋性地位、自致性地位大大下降，权威地位已经不复存在（臧秀娟，2012）。随着经济的不断增速发展，社会鼓励人们追求"独立自主""自由平等""个体价值"，这就大大加速了社会流动，导致厌老、弃老、不养老的社会现象有增多的趋势。受此影响，大众的伦理观念与价值倾向迅速变化，老一辈的绝对权威转向平等化，我国延续已久的崇老文化随着老年人地位的降低而衰退。具体来说，在家庭内部，老年人的至尊地位被"小皇帝"的中心地位所代替；在社会领域，老年人的经验优势被年轻人的新知识优势所代替（李振纲 等，2009）。此外，人们获取信息的方式也呈现多样化，年轻一代思维敏捷，接受新事物的能力强，所以他们在承传中表现出较强的优势，这就产生了年长一代向年轻一代学习的"文化反哺"（周晓红，2000）现象，前喻文化开始迅速转向后喻文化（马可 等，2014）。从而动摇了父辈所具有的权威性，对传统社会"长者为尊"的传统产生了冲击（王佳翠，2010）。

10.2.3 敬老观念的复苏

很多学者指出，敬老文化不仅在我国历史发展中起着非常重要的作用，而且对未来世界的伦理建设有着重要的"普世价值"。安婧（2017）指出，作为中国家庭养老主要的文化价值理念，尊老文化在中国历史上发挥着维护家庭和谐、社会稳定、文化传承等积极的社会功用。在尊老文化传统中，从孝敬父母这个角度出发，推及尊敬一切长者，尊老又导致爱幼，并由个人对家庭的责任感推衍到对国家的责任感。这对于稳定家庭、稳定社会，乃至维护国家和民族的团结无疑具有很大的作用，对于我国的伦理道德和社会主义精神文明建设有很大的促进作用（罗锦芬 等，2005）。高成鸢（2014：23）在谈到伦理危机、生态危机时，认为中华尊老传统有更大的世界意义："尊高年"要求追尊孕育人类的天地（自然）并把子孙万代的福祉视同自己的生命，人性中固有的报恩冲动，当能引向亲祖之恩的回报，成为普世伦理的出发点，这将是中国对人类做出的重要贡献。世界面临"老龄化"危机，似乎人类社会已老到了拄杖阶段，这使得中华尊老文化的意义尤其重要。在首届老年问题世界大会上，联合国秘书长 Waldheim 肯定"亚洲方式"（指家庭养老方式）是全世界解决老年问题的榜样（同上：24）。季羡林先生在帮高成鸢写的推荐信中说：研究尊老传统"实为振兴东方伦理道德、拯救世界道德沦丧的重要措施"（2010）。

随着社会发展、家庭结构的变化、信息获取方式的转变等，敬老思想经过了衰微期，重新获得了社会的认可和新的诠释。波普诺（Popenoe）（1999）指出："一个世纪前发生在中国的社会动荡和政治变革，逐步削弱了老年人的权力基础。自从 1949 年中国共产党取得政权以来，中国颁布法律，提倡年轻人与老年人地位平等。虽然经历了社会变迁，尊敬老年人的习惯仍然保留了下来，在农村地区尤其如此。"新时代人们重新意识到尊老爱老的重要性，在社会广为流传的"五个老有"（"老有所养、老有所医、老有所为、老有所学、老有所乐"）已经写入《中华人民共和国老年人权益保障法》。党的十八大以来，习近平同志就尊老敬老发表了一系列重要讲话，提出了新观点，并形成了科学的理论体系。党的十九大报告强调，要加强社会保障体系建设，健全老年人关爱服务体系（习近平，2017）。党的二十大报告指出，实施积极应对人口老龄化国家战略，发展养老事业和养老产业，优化孤寡老人服务，推动实现全体老年人享有基本养老服务。国内学者也意识到中国话语实践所体现的伦理文化特色，Chen（2019）指出中国"家文化"的意识形态影响着汉语礼貌语言的使用，比如中国研究生之间使用泛亲属称谓（Ren et al.，2019）。汪少华基于"家文化"的概念，指出中国对内话语建构体系遵循的是"中华一家"家庭道德模式（2022）。

10.3 老年人身份建构与伦理思想变迁

在老龄化社会与媒介化社会并轨的现实语境下，老年人正在经历着一场区别于以往的文化重塑（范晓光 等，2023）。随着网络媒体的强势来袭，新的媒介作为一种全新的隐喻开始发挥出强大的影响力，媒介化社会下的老年观念也经历着重构（同上）。老年身份的复杂与敬老思想的历时变化交织在一起，老年人身份呈现出从弱者、低能力者、作恶者到强者、能力者和贡献者等复杂多样的综合体，折射出中国尊老文化在新时代的衰微和复苏。

10.3.1 老年人身份他建的复杂多样

在现代社会中，随着老年人日常生活活动范围的减少、互动人群的缩小、信息获得的减弱，无形的社会排斥悄悄地剥夺了老年人应有的权利。这些客观现实反噬着敬老文化的伦理理念，助长媒体话语中的年龄对立和老年刻板印象。

首先，大众媒介习惯于将老年人作为问题群体加以呈现，较多关注其负面品格和行为特征，体现了敬老思想的衰退。新媒体话语主要由年轻群体书写，也在较大程度上迎合年轻受众的认知和观念，将老年人看作模糊的群体，是和青年受众相对应、被叙述的客体。常规微博新闻在使用老年指称语和身份建构方面，表现为较多不确定指称语（71.8%）的运用和群体身份（46.6%）的大量建构；个体身份属性主要还停留在表面上，对其内在属性缺乏认知。冲突类新闻中不定指称语（85.8%）更高，尤其是类指名词（45%）的运用，标题中更为突出（61.5%）；冲突类新闻主要建构了老年人的消极身份，在自媒体新闻报道中"作恶者"（68.4%）更为明显，主流媒体则均衡展现了受害者和作恶者的身份。消极身份的建构，尤其是作恶者身份的大量建构将老年人推向身份对立的另一面，确认和强化了老年人作为"他者"恶的一面。Mercer（1995）指出，人们在采取合作或冲突行动前，需要认知自我和他者，对自我和他者进行分类，分类的前提是比较，在比较过程中产生"我者群体"优于"他者群体"的心理感知。批评话语研究明确指出，"不仅主体是建构的，他者同样也是被建构的，并且在被建构出来的同时就已经暗含了对他者的排除和压迫"（汪越，

2018：91）。他者是相对于主体而言的概念范畴，因其具有不同于主体的特质而从整体中分离出来并游离于主体之外，因此"他者"这一概念诞生之初便同"主体"存在不平等关系，处于从属地位（赵秀凤 等，2021）。

其次，媒体也会受"中华一家""老吾老以及人之老"思想的影响，将老年人看作家人，和叙事者、新闻人物或读者有着各种泛亲属关系，这也是不少关系身份建构的主要原因。《人民日报》作为主流媒体起着舆论引导的重要作用，所建构的群体身份、个体身份和关系身份较为均衡，相对于其他媒体来说，建构了较多的关系身份（25.8%）。研究发现，疫情类新闻报道中老年人的个人身份（44.3%）频率最高，其次是关系身份（25.63%），然后是群体身份和少量的情景身份，其中《老年之声》建构的关系身份最多。冲突类新闻中《人民日报》以关系指称为主（31.4%），标题中更为明显（54.5%），远远多于《头条新闻》。这说明在突发事件中，中国"一家亲"的伦理观念体现得较为明显，尤其在主流媒体报道中；冲突类新闻报道中，主流媒体比自媒体起着更重要的舆论引导作用，关系指称的较多使用凸显了主流媒体倾向于建构老年人的内群体身份。

再次，疫情类新闻中老年人较多的个体身份（44.3%）和正面身份建构（64.5%）体现了媒体对特殊语境中的老年人作为经验者、能力者（治愈者、抗疫战士、感恩者、奉献者等）个体的正面认知。与消极类身份相反，积极类身份建构多体现为"确定指称语"，伴随有"积极修饰语"。年老体衰的老年人容易受感染，在整个社会中处于优先级。如果他们能得到治愈，公众会有较多的信心，因而媒体呈现了较多的治愈者信息。老年群体在面对天灾人祸之时往往处于弱势地位，更容易陷于灾难困苦之中，所以要给予他们特殊的关注和照顾，才能使其生活得到基本保障（苏力，2006）。在面对病毒的不确定性时，老年人作为弱势群体需要抵御病毒的进攻，降低病毒对人类生命带来的危害，同时老年人作为人类命运共同体中的长者，也负有引领力量，鼓舞人心，提供智慧的重要职责。在风险较高的疫情期间，除需要照顾的老年人之外，更多的老年人是抗疫者、奉献者、引领者等。老年人身份符码由此打破了"积极－消极"的刻板印象，在疫情博弈语境下进行了"强势与弱势"的重新编码（孙斐，2022）。在老年媒介话语建构"坏老人"身份的同时，一系列正面报道作为一种权力的抗争，抵抗着"坏老人"媒介身份生产下严峻的老年认同危机。

10.3.2　老年人身份自建的积极多样

与上述媒介话语身份建构不同的是，老年人在微信朋友圈、微信群建构了较为积极的身份，体现了该群体对老年生活的积极认知和呈现。他们不再是媒介话语的客体，而是积极运用各种社交媒体将自己变为身份建构的主体。老年人在朋友圈创建的初始身份在夸赞—回应、请求—提供、表达认同或分歧等人际互动中得到了确认、强化、修饰或拓展。在微信群内仪式性互动中通过打卡、点赞、评论等行为建构了老年人自我形象展现者、群体关系维系者、社会生活参与者、历史记忆的唤醒者和情感能量提供者等多元语用身份。Kádár（2017）认为，仪式行为是维护道德秩序的一种社会实践，个体间、群体间或是整个社会的人际交往都是对各种社会结构中道德秩序的维护，仪式的实施意在唤醒某种"道德共性"。这体现了微信等社交媒体对部分老年生活扩展社交网络、丰富老年社会生活、维护或重建道德规范方面的积极影响。

患认知障碍老年人最大的问题是记忆衰退从而造成身份意识的蚀失以及失落、自卑、抑郁等负面情绪，他们需要帮助和鼓励，需要在新的社交活动中重塑自我的各种身份。《忘不了餐厅》里面的店员像家人一样关爱几位老人，在他们的帮助下，几位老人在工作语境中建构了敬业的店员身份，也在家人的提醒和鼓励中重建了家人身份，在历史语境的重建中再现了原有的职业身份，在温暖的环境中建构了鼓励和安慰者身份，在多次"请求"中建构了自己的能力者身份。认知障碍老年人在节目中的身份建构客观呈现了认知衰退的结果，展示了老年人面对疾病的积极乐观，打破了传统老年电视节目关于疾病的"苦情化"叙事，在正面的形象再造中，重构关乎疾病的全面认知、唤起社会大众的情感共鸣，从而让更多的人关注老年人的日常生活与精神情绪（赵红勋 等，2020）。该节目较好地体现了公共媒体在尊重老年群体、重建伦理秩序方面的努力，体现了社会重塑敬老爱老思想的具体实践。

10.3.3　当代老年群体的身份需求

随着社会经济文化的发展，我国传统尊老敬老文化的内涵正在向淡化年龄标识、老年人独立和自主以及追求生活质量等具有当代尊老养老文化色彩的方向变化（姚远 等，2009）。年龄歧视的根源在于人们内化了一条强大的年龄歧视原则——对我们必然会变成的样子的合理而自然的恐惧性想象，那就是"变老"（Coupland，2014：245）。随着社会的发展，文明的推进，以及对生命历程的深刻认知，人们不再恐惧变老，年龄歧视也开始淡化。除了养老服务需求外，老年人还有经济保障、精神保障、参与社会发展、自我价值实现等多方面的需求外（李志宏，2018）。

　　那些不具备自我表述与自我彰显能力的或没有机会进行自我表述的群体只能成为被媒体或他人叙述的对象。而具有自我表述能力的老年人借助互联网重构了社会权力的结构，他们与其他人一样获得了信息，可以议论同样的话题，重新获得参与社会的权利（王晶 等，2018）。技术赋权下的个体不再是被动接收信息的"受众"，而是拥有话语权的"用户"，可以建构自我身份，认同或否定他人的身份建构；而机构与媒体在扁平化的网络社会中则需要改变原有的身份建构模式，适应新的语境和赋权后的话语对象（秦勃 等，2020）。同时，随着生活水平的提高，部分老年人不再局限于吃饱穿暖的层面，而希望获得更多的社会参与感，和社会保持紧密的联系，愿意花时间和精力投入学习，参加旅游、摄影、唱歌等较丰富的休闲娱乐活动（赵明 等，2019）。老年人的精神需求得到提升，他们早已不是媒介话语所建构的社会文化系统中的"老年想象"，他们渴望和社会保持联结，对生活的掌控力也有了大幅提升，积极主动地建构自我的多元身份。社会活动可以帮助老年人提升社会参与水平，促进积极老龄化过程（杜鹏 等，2021）。

　　老年身份在他建和自建中的复杂性和多样性折射着中国传统文化中"尊老敬老"的伦理观念在现代社会碰撞下的变化和重建。各类新闻事件的报道充满着各种道德话语变体，呈现人们对世界的认知，隐藏着传媒话语与道德伦理间的深刻关联。媒体在公共话语中对道德秩序进行潜移默化的调整；老年主体通过私人话语主动维护或重建人际交往的道德秩序。随着突发事件的出现，新矛盾的产生，由此引发的道德伦理考量，在不断调整、消解、重构社会道德秩序，体现为伦理思想的历史性与发展性。不同伦理观念之间的冲突、碰撞、消解、重建，最后形成了新的伦理观念和身份话语。不同叙事者在整体上和老年群体构成一种隐形的身份对立，老年人成为叙述的客体，成为"他者"，是模糊的、背景式的、群体的，也可能是确定的、前景的、个体的；是消极的，也是积极的；是被动的，无力的，需要辅助的。

他们是家人、是长者，是能力者、经验者、是强者，是奉献者；也是弱者、受害者或作恶者。只要老年群体在叙述中、评价中，就会被建构为某一种身份类型，本书使用"老人""老年人"这些指称语的同时也在粗暴地进行着年龄身份的建构。随着生活水平的提高，越来越多的老年人能参与较多的社会生活，成为叙事的主体，自由展示自己的多元身份，逐步消除老年人和其他群体的"恐老"心理，通过社交媒体的反复转发，进一步强化了老年群体的正面或负面的身份建构，从而影响身份建构背后的年龄态度和伦理观念。

10.4 结语

本章对新媒体语境下老年人身份建构的多元互动进行了讨论，并探讨了影响老年人身份拼图背后的伦理观念的变迁。老年人身份的他建和自建在不同时空、借由不同媒介形成远距离的"互动"，共同形成老年群体的身份拼图。不同媒体对老年人身份的建构本身存在着分歧；媒体和老年群体存在一定的认知冲突；老年群体通常按照自己对世界的认知和社会生活的参与重建自我身份。老年人身份的自我建构在影响力上虽然不足与媒介话语抗衡，但是在一定程度上提升了多样性，最终有助于其完整形象的建构。老年人身份在不同时空的他建和自建中形成局部互动关系，发生着缓慢而剧烈的演变，这在宽泛意义上，形成了多种共时和历时语境的身份共构。中国敬老文化经历了衰退和复苏的变迁，不同伦理观念的冲突、碰撞、消解、重建，不断形成新的伦理观念和身份话语。老年人成为叙述的客体或主体，成为"他者"或"我者"，是模糊的、背景式的、群体的，也可能是确定的、前景的、个体的；是消极的，也是积极的；是被动的，也可能是主动的。这体现了我国传统敬老文化在经济发展过程中的曲折变化，有互联网的赋权与加持、有老年群体主体性的觉醒，也有整个社会对敬老文化的崭新认知。

第11章 结 论

　　本书从伦理语用学的视角探讨新媒体语境下老年群体身份他建和自建的特点，从不同的交际主体、不同的场景、不同的媒介勾勒出中国老年人丰富多彩的身份群像，并探讨了身份建构所折射的"敬老"伦理观念的变化。微博话语中老年身份建构的语料来自《人民日报》《上海发布》《老年之声》《武汉发布》和《头条新闻》，包含常规类新闻、疫情类新闻和冲突类新闻；老年人身份自我建构的语料分别来自老年人朋友圈、微信群内，以及认知障碍老年人在视频节目《忘不了餐厅》中与其他群体的互动。

　　本章对整个研究进行回顾和总结。11.1总结研究的主要发现，11.2讨论本书的主要贡献，11.3指出本书的不足之处以及对未来研究的展望。

11.1　主要发现

　　第一，微博新闻报道中老年群体身份的建构呈现多样化的特点。

　　整体来看，常规类新闻在身份建构方面，表现为较多不确定的群体身份（老年和地域）和个体身份（年龄、身体、性别等），其次是关系身份（亲属等），以及少量的情景身份，说明微博新闻在整体上对老年人的认知集中在群体的"老"和个体属性的表面，缺乏对内在属性的认知。《人民日报》在三类身份建构的类型上较为均衡，群体身份和个体身份差别不大，同时也有较多的关系身份；《老年之声》主要以群体身份和个体身份为重，在关系身份的建构上相对较弱；《上海发布》所建构的老年群体身份则远远高于个体身份和关系身份。从指称语来看，大量的不定指称语常用来对身份进行遮蔽或概括，从而模糊个体身份或泛化；也有不少有定指称语主要用来建构确定的个人身份，身份建构策略包括身份修饰和身份突显。

　　疫情类新闻和冲突类新闻中的身份建构类型表现出异于常规类新闻的

特殊性。疫情类新闻中个人身份频率最高，其次是关系身份、群体身份和少量的情景身份。三家微博均展现出较高程度的身份多样性，《老年之声》展示关系身份略高于个体身份，《人民日报》和《武汉发布》更倾向于展现老年人的个体身份，高于关系身份。疫情类新闻中建构了较多的正面身份建构，体现了老年人作为长者、经验者、能力者在社会影响中的巨大作用，具体包括治愈者、抗议战士、感恩者、乐观患者、奉献者、鼓励者等。积极类身份建构多使用"确定指称语"，伴随有"积极修饰语"。疫情类新闻报道中的消极身份也有相当的比例，如需要照顾、感染/死亡者、不配合者，多使用不确定指称语进行指称。与疫情类新闻不同，冲突类新闻中则主要以消极身份（受害者和施恶者）为主，尤其是自媒体新闻较多呈现老年人的施恶者身份，主流媒体则均衡展现了受害者和作恶者的身份。冲突类新闻标题中类指名词较多，标题中更为突出。冲突类新闻中《人民日报》以关系指称和类指指称并重，标题中关系指称更为明显（50%），《头条新闻》关系指称较少。这说明主流媒体更多将老年人看作家人，不仅看到老年人施恶者身份，也看到其受害者身份。

第二，老年人通过微信朋友圈、微信群建构了多元化的积极身份，患认知障碍老年人面临着身份意识蚀失的痛苦，在亲友的辅助下重建了自我的多元身份。老人在朋友圈创建的呈现者/创作者/展示者、学习者、提供者、记录者等初始身份在夸赞—回应、请求—提供、表达认同或分歧等人际互动中得到了确认、强化、修饰或拓展，展现了积极、阳光、正面、有能力者身份。在微信群内通过打卡、点赞、评论等仪式性互动行为建构了老年人自我形象展现者、群体关系维系者、社会生活参与者、群体记忆的唤醒者和情感能量提供者等多元语用身份。患认知障碍老年人在工作语境中建构了敬业的服务者身份，也在家人的反复提醒中重建了家人关系身份，在历史语境的重建中再现了以前的职业身份，在温馨的环境中得到自信，建构了鼓励和安慰者身份，在店员的多次"请求"下建构了自己的能力者身份。

第三，本书分析了老年人身份的他建和自建所形成的多元互动，并讨论身份建构折射出的"敬老"伦理观念的演变。老年人身份的他建和自建在不同时空、借由不同媒介形成远距离的"互动"，共同形成老年群体的身份拼图。这是宽泛意义上、综合了多种共时和历时语境的身份共构，发生着缓慢而剧烈的演变。不同叙事者（主流媒体和自媒体，官方媒体和地方媒体）在整体上和老年群体构成一种隐形的身份对立，在叙述中，老年人成为叙述的客体，成为"他者"，是模糊的、背景式的、群体的，也可能是确定的、前景的、个体的；是消极的，也是积极的；是被动的，也可能是主动的能力者，需要他人辅助。老年群体在进行自我身份建构的时候可能受媒体影响，但他们也通常按照自己对世界的认知和社会生活的参与重建自我身份。不同伦理观念的冲突、碰撞、消解、重建，最后形成了新的伦理观念和身份话语。这背后正是我国传统的敬老文化在经济发展过程中的曲折变化，有互联网的赋权与加持、有老年群体主体性的觉醒，也有整个社会对敬老文化的崭新认知。

11.2 主要贡献

第一，本书对新媒体语境下老年人身份的研究，提供了新媒体语境下身份建构的研究样本，加深了人们对老年群体身份的认知，也拓宽了老年语用学的研究范围。本书探讨了不同媒介、不同新闻类型中老年身份建构的策略、身份类型的特点，也揭示了老年人在微信朋友圈、微信群内、其他互动中的自我身份建构，拼出了老年人身份群像的雏形，以微观细致的话语分析展示了老年群体身份建构的多样性，打破传统研究所形成的老年人刻板印象，为老年人身份的认知提供了新的视角。

第二，本书综合主位和客位的视角、质化和量化的方法对老年人身份的建构进行了较为全面的探讨，在研究方法上突破了以往研究的局限性。本书的语料涵盖了较为多样的微博新闻，如主流官方媒体、地方媒体和自媒体，有个人化的媒介话语，如朋友圈互动、微信群内互动，也有涉及特殊老年群体的视频语料，如认知障碍老年人与他人的互动。他建部分的分析主要从指称语入手，同时将身份属性进行切分，结合视频画面讨论了身份属性、身份类型、身份建构的策略；自建部分主要从老年人视角出发，结合言语行为、仪式互动等对身份建构进行质化分析。

第三，本书提出了语用身份建构的伦理视角，探讨身份话语选择背后的伦理变化，为身份建构的研究提供了新思路。伦理语用学（ethical pragmatics）从伦理学角度关注语言使用，关注交际者如何通过特定话语内容与方式的选择建构特定的道德秩序，以推进特定交际目标的实现（陈新仁，2017）。伦理观念、道德秩序的表现有时候直接体现在话语实践中，有时候则隐含在话语实践中，老年人身份的复杂性和多样性直接或间接表现了敬老文化的衰退和复苏。该理论框架对身份建构的研究有着重要的启示，身份话语的选择不仅仅是满足当下的交际目的，可能隐含着交际者无法觉察的深层次伦理动因。

11.3　不足与未来展望

本书存在以下不足之处：

第一，语料选取不够丰富，缺乏代表性。微博新闻报道部分的语料在新闻类型上选取了疫情类新闻和冲突类新闻，还不够多元化，也尚未聚焦特定的新闻事件或特定地域的老年群体；老年微信朋友圈语料来自部分"成功老龄老人"微信群（顾曰国，2019），且职业均为老师；微信群内的互动语料也局限于教育程度较高的退休老年人，尚未关注其他老年群体；关于患认知障碍老年人的身份建构语料也属于视频节目组选取的多才多艺的老年人，尚未关注其他患认知障碍老年人。

第二，本书在设计上缺乏历时语境下的宏观把控，对身份话语未做穷尽性的研究，未能揭示老年人身份的全貌。本书关注了不同新闻类型、不同媒介中老年身份建构的特点，尚未进入探索历时语境下的动态身份建构。本书提供了局部的量化分析，但对媒介话语中指称语的分类、身份属性/类别的切分和判断存在一定的主观性；对视频语料的分析不够深入，在分析过程中将视频语料看作言语分析的补充，尚未全面使用多模态分析方法对身份建构进行深入探讨。

第三，本书对身份建构的伦理语用分析主要侧重于不同主题新闻中的身份建构或老年主体自我建构及其伦理观念的宏观变化，对真实代际对话中的身份建构和道德秩序的维护或破坏尚未进行细致的分析。媒体话语中的老年人身份建构的多样化和老年人自身建构的积极化在整体上折射了敬老文化的衰退和复苏，微观上如何体现还有待未来的深入研究。

对未来展望：

第一，未来研究可以聚焦更为多样化的新闻报道。关注多种类型、多家媒体的新闻话语中老年人身份的建构，或聚焦特定新闻事件的系列报道如何随事件的变化、舆论的导向等导致的身份建构的变化。

第二，未来研究可以聚焦更为多样化的老年群体身份建构。关注较多能使用社交媒体的老年人进行量化研究，并和他们在日常话语实践进行比对；关注不同老年群体的身份建构，如不同地域、不同教育程度、不同职业、不同收入、不同性别、不同年龄的老人；关注不同程度患认知障碍老年人的身份建构特点；可以进行跨文化研究，关注来自不同文化的老年群体。

第三，未来研究应注重多模态身份建构的分析方法。本书囿于研究的方便，从指称语、言语行为、仪式互动等方面入手对身份建构进行了局部分析，未来研究应借助多模态语用分析法（陈新仁 等，2011）、身份的多模态建构（王伊蕾 等，2020）、Wang 和 Feng（2023），对身份建构进行全面分析，克服研究者的主观性，还原身份建构的真实性。

第四，未来研究可以对身份建构的话语实践和伦理秩序的建设或破坏进行微观话语分析。可以运用本书提出的身份建构的伦理语用视角对新闻报道的评论、视频弹幕、代际对话中如何具体体现伦理秩序的协商、建构或解构等进行分析，并探讨不同伦理观念与其他观念的碰撞。

参 考 文 献

安婧，2017.中国尊老养老文化面临的挑战及对策 [J].边疆经济与文化，7：58-59.

包蕾，等，2017.危机语境下的政府身份构建：基于语用身份视角的草根话语分析 [J].东南传播，11：69-72.

包咏菲，2015.虚拟社区成员知识共享行为研究 [D].南京：南京大学 .

波普诺，2014.我们身处的世界：波普诺社会学 [M].李强，等，译 .北京：中国人民大学出版社 .

季羡林，2010.季羡林书信集 [M].长春：长春出版社 .

曹昂，2021.城市适应与阶层区隔：流动工人跑步群的媒介仪式研究 [J].新闻与传播研究，28（A1）：91-107.

陈柏峰，2012.传媒监督权行使如何法治：从"宜黄事件"切入 [J].法学家，1：27-41.

陈勃，2006.人口老龄化背景下大众传媒对老年形象的呈现 [J].甘肃社会科学，6：247-249.

陈泓宇，2011.媒体中的老年人形象及其变迁：基于《中国老年》的内容分析 [D].天津：南开大学 .

陈静，2019.辅导员个别谈话中的非职业身份选择及动机探究 [J].浙江外国语学院学报，5：39-44.

陈玲，2022.新媒体爆款产品标题的主要类型与风格特征 [J].传媒，4：67-69.

陈平，1987.话语分析说略 [J].语言教学与研究，3：4-19.

陈平，2015.语言学的一个核心概念"指称"问题研究 [J].当代修辞学，3：1-15.

陈祥，2016.新媒体语境下"代际冲突"的新呈现：对"广场舞大妈"

污名化现象的社会心理学解析 [J]. 商，34：230-232.

陈新仁，2004.论语用平衡 [J]. 外语学刊，6：42- 47.

陈新仁，2009.批评语用学：目标、对象与方法 [J]. 外语与外语教学，12：10-12.

陈新仁，等，2011.多模态分析法在语用学研究中的应用 [J]. 中国外语，8（5）：89-93.

陈新仁，2013a.语用身份：动态选择与话语构建 [J]. 外语研究，4：27-32.

陈新仁，2013b.公共人物话语解读的语用身份视角：从"我反正信了"说起 [J]. 当代中国话语研究，10：1-9.

陈新仁，2014.语用学视角下的身份研究：关键问题与主要路径 [J]. 现代外语，37（5）：702-710.

陈新仁，2016. In Kádár，D.Z.，Relational rituals and communication：Ritual interaction in groups[M]. 北京：北京大学出版社 .

陈新仁，等，2016.学术语境下的身份冲突及话语策略：基于学术会议主持人话语的分析 [J]. 外语研究，32（2）：16-22.

陈新仁，2017.跨学科前沿研究：伦理语用学 [J]. 中国外语，14（3）：8-10.

陈新仁，2018.语用身份论：如何用身份话语做事 [M]. 北京：北京师范大学出版社 .

陈新仁，2020. 身份工作与礼貌评价 [J]. 解放军外国语学院学报，43（2）：1-10.

陈新仁，2021.身份元话语：语用身份意识的元话语表征 [J]. 语言学研究，1：6-17.

陈雅，2019.人际语用学视角看微信朋友圈动态的身份构建现象 [J]. 传媒论坛，2（22）：26-27.

陈雅萍，2018.新媒体环境下老年人污名化现象研究 [J]. 传播与版权，2：120-121.

陈振宇，等，2014.从"领属"到"立场"：汉语中以人称代词为所有者的直接组合结构 [J]. 语言科学，13（2）：154-168.

程曼丽，2013.什么是"新媒体语境"？[J]. 新闻与写作，8：92-93.

程文静，2021.后喻文化视域下老年群体短视频创作的自我呈现解读：以抖音平台短视频为例[J].新闻前哨，11：123-124.

楚军，2008.试析英汉报纸新闻标题中指称语的应用[J].四川外语学院学报，24（1）：79-83，92.

崔璨，2016."老人摔倒"新闻正面报道的负效应研究[J].新闻前哨，11：39-41.

崔希亮，1996.现代汉语称谓系统与对外汉语教学[J].语言教学与研究，2：34-47.

达仁多夫，2016.现代社会冲突[M].林荣远，译.北京：中国社会科学出版社.

戴蓓芬，2016.新媒体语境下女性新闻两极化的实质[J].传媒观察，3：28-31.

戴俊潭，2014.老人媒介形象的话语建构及叙事策略[J].青年记者，24：35-37.

代晓利，2014.媒体的引导与受众偏向的调节：以近几年城管和扶老人事件的报道为例[J].新闻世界，11：178-179.

党俊武，2017.我国老龄社会初期阶段发展老龄服务的战略思考[J].老龄科学研究，5（3）：3-10.

丁建新，等，2020.话语身份的建构：涂鸦的边缘话语分析[J].外语学刊，2：55-58.

丁舒，2017.新媒体时代媒体舆论引导问题解读：以"中国老人在日碰瓷"事件为例[J].今传媒，25（6）：29-30.

丁卓菁，2016.老人传播学研究现状[J].中国老年学杂志，36（21）：5487-5489.

董扣艳，2022.品牌消费、身份建构与符号秩序：基于微商群的网络民族志考察[J].福建师范大学学报（哲学社会科学版），2：53-66.

董千语，2018.新媒体新闻叙事话语的语用身份建构：以"中美贸易战"为例[J].兰州教育学院学报，34（8）：84-86.

董天策，等，2011.网络媒体对女大学生的形象建构研究[J].西南民族大学学报（人文社会科学版），32（9）：162-166.

董伟玮，2021.一线行政人员身份建构的策略及其作用机理：基于工

作现场的会话分析 [J]. 公共管理学报，18（2）：45-57.

杜惠，等，2020. 微博新闻叙事中老年指称语的变异与身份建构 [J]. 厦门理工学院学报，28（4）：77-83.

杜鹏，等，2021. 互联网与老年生活：挑战与机遇 [J]. 新华文摘，18：3-16.

杜鹏，等，2008. 中国老年人身份认同的实证研究 [J]. 人口研究，32（2）：67-72.

段孟琪，等，2017. 新媒介背景下的女性农民身份认同 [J]. 人才资源开发，4：253-254.

范晓光，等，2023. 危机与抗争：老年身份的媒介生产与话语批判 [J]. 编辑之友，3：66-70.

方之衍，2022. 新媒体与女性研究的热点、脉络与趋势：基于 CNKI 核心数据库 257 篇文献的计量分析 [J]. 新闻知识，1：55-62.

冯剑侠，2020. # 看见女性劳动者 #：新冠疫情中的女性自媒体与话语行动主义 [J]. 新闻记者，10：32-44.

冯文敬，2020. 语用身份建构的有效性评价：以警察调解话语为例 [J]. 解放军外国语学院学报，43（2）：26-33.

符小丽，2018. 基于语料库的人民网关于女博士形象的历时建构研究 [J]. 信阳师范学院学报（哲学社会科学版），38（6）：72-77.

高成鸢，2014. 尚齿（尊老）：被掩盖的中华文化源头 [J]. 社会科学论坛，12：17-24.

高璐雅，等，2021. 消解与重构：新媒体广告女性刻板印象分析：以腾讯地图"做个'女子'司机"为例 [J]. 新闻研究导刊，12（19）：94-96.

顾杰钰，2019. 网络空间中女性话语权的建构：以"papi 酱"为例 [J]. 新媒体研究，5（6）：117-119.

顾曰国，2013. 论言思情貌整一原则与鲜活话语研究：多模态语料库语言学方法 [J]. 当代修辞学，6：1-19.

顾曰国，2019. 老年语言学发端 [J]. 语言战略研究，4（5）：12-33.

郭蓓，2014. 媒体标签化：新闻报道对摔倒老人的形象建构 [J]. 今传媒，22（9）：54-55.

郭恩强，2014. 新媒体优化老年人生活方式 [J]. 社会科学文摘，9：66-68.

郭继懋，1995.常用面称及其特点 [J].中国语文，2：90-99.

郭建良，2015.关注经济灾难中的弱势群体：老人形象在希腊债务危机报道中的使用 [J].新闻记者，8：94-97.

郭晶星，等，2005.网络与老年人话语 [J].南昌大学学报（人文社会科学版），36（6）：15-19.

郭鑫鑫，2021.家庭话语中父母语用身份建构的多模态研究：以《送你一朵小红花》为例 [J].汉字文化，18：38-39.

郭旭魁，2016.新生代农民工在微信同乡群中自我身份的建构 [J].当代青年研究，2：24-29.

郭亚东，2016.学术话语中女性学者的身份建构研究 [J].外语研究，33（2）：29-32.

郭亚东，2018.语用身份论视角下夫妻冲突话语中的身份工作研究 [D].南京：南京大学.

郭亚东，2020a.冲突话语中身份工作的社会认知解析 [J].解放军外国语学院学报，43（2）：11-19.

郭亚东，2020b.阿尔茨海默病患者话语研究：从认知障碍到人际语用 [J].浙江外国语学院学报，5：24-29.

郭子辉，等，2014.中国大陆媒体老人形象窘境及其影响 [J].新闻传播，11：51-52.

郭晓科，等，2012."走转改"：新闻人民性的回归和升华 [J].新闻研究导刊，3（9）：52-55.

郭小平，等，2019."积极老龄化"的电视话语：新社会风险、可见性与老人形象建构 [J].中国新闻传播研究，4：126-137.

韩戈玲，等，2020.语用身份框架下的论辩话语研究 [J].外语与外语教学，6：55-65.

郝铁川，2014.浅议古代孝道的今日转化问题 [J].学术界，6：157-163.

何海翔，2017.后危机时代：媒介话语表达风险及其治理 [J].新闻爱好者，6：25-28.

何建良，等，2010.中西养老伦理比较 [J].江西社会科学，30（5）：55-59.

何荷，2016.国外英语学术期刊论文中建议话语的身份建构：一项实

证研究 [J]. 外语教学理论与实践，1：34-40.

何荷，等，2015. 网店店主关系身份建构的语用研究 [J]. 现代外语，31（3）：347-356，438.

何天天，2015. 网媒空巢老人形象塑造研究：以人民网为例 [J]. 新闻前哨，6：81-82.

洪莉娜，2014. "没想到"的多维透视 [J]. 湖北经济学院学报，11（6）：96-97.

侯琳，2021. "景观社会"中的农村女性身份建构 [J]. 广西民族师范学院学报，38（3）：6-9.

胡凡，2021. 新冠肺炎疫情中主流媒体舆论引导研究：以人民日报微博为例 [J]. 中国报业，18：126-128.

黄谷香，等，2016. "空巢老人"的媒介话语建构与社会成因分析 [J]. 新闻界，9：21-25.

黄建东，2019. 从 "大妈" 媒介形象重塑看女性话语意识觉醒 [J]. 新媒体研究，5（20）：57-60.

黄敬茹，2020. 新媒体环境下高知女性媒介形象重构：以《奇葩说》为例 [J]. 中国报业，22：76-77.

黄菁菁，等，2022. 新媒体环境下商业软文广告中的语用身份建构与顺应 [J]. 浙江理工大学学报（社会科学版），48（1）：31-37.

黄菁菁，等，2023. 文旅新媒体宣传中身份建构的人际语用研究 [J]. 现代外语，46（3）：345-357.

黄立鹤，2015a. 语料库4.0：多模态语料库建设及其应用 [J]. 解放军外国语学院学报，38（3）：1-7.

黄立鹤，2015b. 近十年老年人语言衰老现象研究：回顾与前瞻 [J]. 北京第二外国语学院学报，37（10）：17-24.

黄立鹤，等，2019. 老年语言学研究的语用维度：视角、方法与议题 [J]. 华东师范大学学报（哲学社会科学版），51（6）：129-137.

黄立鹤，等，2020. 老年人语用话语研究现状与趋势分析 [J]. 解放军外国语学院学报，43（6）：18-25.

黄立鹤，等，2020. 我国老年形象符号的多模态构建及解析 [J]. 外国语言文学，37（3）：260-277.

黄立鹤，等，2021. 基于多模态修辞结构理论的老年产品广告修辞策略分析：形象构建与心理诉求 [J]. 当代修辞学，5：67-78.

黄立鹤，2022. 老龄化与老年语言学引论 [M]. 上海：上海外语教育出版社 .

黄秋彤，2019. 认同·转变·重塑：老年人在微信使用中的身份认同与建构 [D]. 重庆：西南大学 .

黄子旸，2018. 新媒体视阈下的性别气质解构与重构：以 "女汉子""暖男" 话语为例 [J]. 东南传播，3：42-45.

华乐，2013. 网络新闻对老年人的形象再现研究 [J]. 新媒体与社会，4：140-156.

季夫萍，等，2017. 身份建构：人格、欲望、物化：网络直播中女性形象的媒介表达 [J]. 电影评介，20：84-86.

贾飞扬，等，2020. 私人领域的公共化：第一人称纪录片对话语空间的建构 [J]. 当代电视，6：72-75.

贾广惠，2013. 环保传播框架："冲突" 新闻价值观中的缺失：基于 "化害为利、变废为宝" 的传播视角 [J]. 河北师范大学学报（哲学社会科学版），36（1）：127-131.

贾广惠，2017. 新闻报道的娱乐化转向：基于 "碰瓷" 大妈形象的考察 [J]. 新闻传播，11：12-14.

贾广惠，2018. 从扰民到反美学的传播议程变迁：论广场舞大妈的媒介形象建构 [J]. 传媒观察，8：19-23.

贾建平，2008. 临床痴呆病学 [M]. 北京：北京大学医学出版社 .

江澄，2013. 微博中女性话语权表达的现状与展望：以新浪微博 "名人影响力榜" 为例 [J]. 东南传播，7：81-83.

江玲，2012. 庭审话语中的法官身份构建 [D]. 上海：上海外国语大学 .

蒋建国，2015. 微信群：议题、身份与控制 [J]. 探索与争鸣，11：108-112.

蒋庆胜，2019. 近十年语用身份研究：五种路径与方法 [J]. 福建师范大学学报（哲学社会科学版），1：57-63.

蒋筱涵，等，2020. 在线医疗问诊中医生的身份构建 [J]. 厦门理工学院学报，6：72-78.

焦俊峰，2020. 基于评价理论的冲突型新闻话语主体构建对比研究 [J].

西安外国语大学学报，28（3）：33-37.

景军,等,2017.刻板印象与老年歧视：一项有关公益海报设计的研究[J].思想战线，43（3）：71-77.

景晓平，2022.新媒体语境下老年人身份建构的人际语用研究[J].外语学刊，2：15-21.

匡文波，2014.中国微信发展的量化研究[J].国际新闻界，36（5）：147-156.

赖胜兰，2009.以信息公开赢得舆论引导优势：以广州报纸对武广铁路荔湾段征地拆迁报道为例[J].青年记者，17：42-43.

兰悦，2016.新闻反转剧的成因与规制：以中国老人日本碰瓷事件为例[J].新闻传播，8：23-24.

黎藜，等，2021.主流媒体从叙事到融情的共情传播策略研究：以《人民日报》新冠肺炎疫情报道为例[J].传媒观察，8：35-41.

李成波，等，2018.老年人媒介形象"去污名化"策略[J].新闻战线，10：40-42.

李成团，2010.指示语的归属性、指称性和顺应性[J].临沂师范学院学报，32（5）：101-104.

李成团，等，2012.他人身份的隐含否定及其人际和谐的语用取向[J].中国外语，9（5）：34-40.

李成团，等，2015.身份构建的人际语用学研究：现状、原则与议题[J].中国外语，12（2）：47-54.

李成团，等，2017.人际语用学视域下争辩会话中的身份构建研究[J].外国语，6：2-11.

李成团，2021.汉语医患交际中职业身份构建的言语策略及其道德秩序[J].外语与外语教学，2：19-28，38.

李春雷，等，2012.理性启蒙与大众传媒对舆论建构的途径分析：宜黄拆迁自焚事件发生地的实证调查[J].新闻记者，5：68-73.

李芳，2016.语言与身份认同研究的主要流派和方法[J].中国社会语言学，2：72-83.

李国强，2018.文化养老将成为文化自信的重要支撑[EB/OL].（2018-01-14）[2023-05-06].https：//news.cctv.com/2018/01/08/

ARTIswA4EwmJd2VwjigLJTjH180108.shtml.

李海波，等，2013.事实陈述 vs.道德评判：中国大陆报纸对"老人摔倒"报道的框架分析 [J].新闻与传播研究，20（1）：51-66.

李灏桢，2012."空巢老人"的媒介形象建构分析 [J].东南传播，9：56-59.

李俊，2021.悖论及其自适应：微信空间中公共领域与私人领域冲突与融合的特征 [J].新媒体研究，7（7）：67-70.

李林容，等，2018."大妈"媒介形象的嬗变（2007—2017）：以《人民日报》《南方都市报》和《中国妇女报》相关报道为例 [J].编辑之友，11：62-68.

李璐瑶，2011.女博士的网络媒介形象分析 [J].新闻世界，8：228-229.

李梦竹，2022.社交媒体赋权：微信育儿群对母职自主性的建构 [J].当代青年研究 3：68-74.

李民，等，2018.英语学术语篇互动性研究：以第一人称代词及其构建的作者身份为例 [J].西安外国语大学学报，26（2）：18-23.

李明洁，1997.现代汉语称谓系统的分类标准与功能分析 [J].华东师范大学学报（哲学社会科学版），29（5）：92-96.

李明文，2009.关于弱势群体报道研究的分析 [J].当代传播，3：44-46.

李娜，等，2019.学术互动中答辩人的语用身份构建 [J].浙江外国语学院学报，1：41-47.

李前进，等，2014.新闻消费主义倾向下传媒共同体的建构：基于"广场舞冲突"的报道解析 [J].新闻界，22：47-50.

李新涛，2016.传媒构建老龄社会话语体系的优势和策略分析 [J].老龄科学研究，6：73-80.

李筱佳，2018.新媒体语境下老人与媒介素养 [J].新闻传播，18：79-80.

李晓燕，2014.从网络流行女性称谓语解读当代女性社会地位 [J].学周刊，33：16-17.

李友梅，2007.重塑转型期的社会认同 [J].社会学研究，22（2）：183-186.

李宇峰，2018.老年人言语交际态度研究 [J].东北大学学报（社会科学版），20（5）：532-538.

凯迪数据研究中心，2015.中国网民网络媒介素养调查报告 [R].广州：凯迪数据研究中心 .

李战子，2016.话语分析与新媒体研究 [J].当代修辞学，4：46-55.

李贞，等，2021.网络场域下男主播的身份认同与建构研究 [J].今传媒，29（6）：143-145.

李志宏，2018.新时代我国老龄工作的新使命：积极应对人口老龄化构建理想老龄社会 [J].老龄科学研究，6（9）：3-11.

李沁柯，等，2021.破碎的自我："小镇做题家"的身份建构困境 [J].中国青年研究，7：81-88.

李振纲，等，2009.中国的尊老敬老文化与养老 [J].人口学刊，31（5）：27-31.

梁海英，2014.医患会话中医生的多重身份建构 [J].外文研究，2（3）：24-31.

廖巧云，等，2022.言据性视域下的英语学术论文作者身份构建对比研究 [J].西安外国语大学学报，30（1）：24-29.

林纲，等，2022.语用身份论视角下的网红"人设"建构分析 [J].传媒观察，1：36-43.

刘婵君，等，2022.共识兼顾与集体取向：中国主流媒体建设性新闻实践：关于人民日报微博官方账号新冠肺炎疫情报道的分析 [J].新闻与传播研究，29（4）：21-37.

刘楚群，2016.老年人话语缺损现象研究 [J].语言规划学研究，1：46-57.

刘桂玲，等，2015.汉语人物指称语的现实构建功能 [J].东北师大学报（哲学社会科学版），3：148-152.

刘桂玲，等，2022.从他塑到自塑：社会建构论视角下新时代中国青年身份的话语建构 [J].吉林师范大学学报（人文社会科学版），50（6）：75-80.

刘建明，2017."传播的仪式观"的理论突破、局限和启示 [J].湖北大学学报（哲学社会科学版），44（2）：115-121.

刘乐乐，等，2021.乡村女性的媒介使用与自我赋权 [J].新闻爱好者，

2：45-47.

刘礼进，2008. 现代汉语反身代词"自己"的照应功能 [J]. 外国语（上海外国语大学学报），31（1）：36-44.

刘涛，2012. 都市报中的老年人形象再现分析：以《新安晚报》、《合肥晚报》（1997-2011）为例 [D]. 合肥：安徽大学.

刘文宇，等，2017. 报刊和微博中老年人身份建构差异研究 [J]. 外语与外语教学，6：71-80.

刘文宇，等，2017. "教授"集体身份在报纸媒体与微博中的话语建构差异 [J]. 现代教育管理，9：70-74.

刘文宇，等，2018. 社会认知视角下老年人自我表征与集体认同：以《中国老年报》为例 [J]. 天津外国语大学学报，25（5）：94-105.

刘宇，等，2019. 痴呆相关病耻感：从概念、理论到干预 [J]. 中国护理管理，19（9）：9-13.

刘峥，1996. 规范"某某"用法 有效地遏制新闻中人物的"某某"现象 [J]. 南京政治学院学报，12（6）：79-81.

刘曦霞，2022. "3·15"危机语境下中国企业在道歉声明中的身份建构研究 [J]. 外文研究，10（3）：40-47.

刘志婷，2016. 新媒体时代下女博士媒介形象的重构 [J]. 新闻研究导刊，7（11）：48-49.

柳淑芬，2011. 中英文论文摘要中作者的自称语与身份构建 [J]. 当代修辞学，4：85-88.

陆杰华，2022. 长寿时代下的积极老龄观：演进脉络、内涵要义与实践优势 [J]. 山东大学学报（哲学社会科学版），4：94-102.

陆晔，等，2020. 短视频平台上的职业可见性：以抖音为个案 [J]. 国际新闻界，42（6）：23-39.

吕金妹，等，2020. 危机语境中企业网络身份的构建路径及人际语用联动机制 [J]. 现代外语，43（4）：489-502.

吕佩玉，2021. 网络诈骗中话语交际的语用分析：以网络钓鱼的交际场景为例 [J]. 喀什大学学报，42（2）：51-58.

罗锦芬，等，2005. 科学精神的培养与中国尊老文化传统 [J]. 云南社会科学，1：31-34，38.

马可，等，2014. 传统敬老文化对现代社会精神养老的借鉴 [J]. 中国老年学杂志，34（19）：5620-5621.

马泽军，等，2021. 庭审中公诉人转述话语的语言特征及其建构的语用身份 [J]. 外国语（上海外国语大学学报），44（3）：60-70.

苗兴伟，等，2021. 再语境化视角下企业生态身份的话语建构 [J]. 外语教学，42（2）：1-6.

毛艳枫，等，2016. 男性气概笼罩下的多重身份：整形科医生叙事话语中的身份构建 [J]. 医学与哲学（B），37（6）：77-81.

毛延生，等，2015. 城市化进程中农民工身份建构的质性研究 [J]. 广州大学学报（社会科学版），14（6）：49-54.

明珊，2015. 论新闻报道的"片面性"：从"扶老人"事件的污名化现象谈起 [J]. 新闻世界，8：319-320.

聂珍钊，2014. 文学伦理学批评：论文学的基本功能与核心价值 [J]. 外国文学研究，36（4）：8-13.

牛静，等，2018. 社交媒体中的隐私披露问题及伦理原则：基于人际交往的视角 [J]. 青年记者，28：56-58.

潘攀，1998. 论亲属称谓语的泛化 [J]. 语言文字应用，2：36-40.

彭广林，2015. 从"事件"到"身份"：社会冲突事件报道的叙事倾向探析 [J]. 编辑之友，9：56-58.

彭思宇，2021. 网络汉服趣缘群体的身份认同建构研究 [J]. 新闻研究导刊，12（18）：63-65.

齐爱军，2006. 关于新闻叙事学理论框架的思考 [J]. 现代传播（中国传媒大学学报），28（4）：142-144.

秦冬梅，2004. 避讳抑或"尚齿"：从高龄现象看中西方文化差异 [J]. 江苏外语教学研究，1：51-55.

秦芹，2016. 新媒体新闻标题制作失范现象研究 [J]. 中国广播电视学刊，9：63-64.

秦子淇，等，2021. 社会性死亡：网络公共传播中的私域化转向 [J]. 采写编，8：101-102.

钱永红，2019. 网络电信诈骗话语中虚假身份建构的顺应性阐释 [J]. 浙江外国语学院学报，5：68-76.

秦勃，等，2020.政务新媒体语用身份构建研究：以"中国政府网"政务微信为例 [J].语言学研究，2：197-208.

秦苑，等，2021.安宁疗护家庭会议：言语行为分布与医生身份认同 [J].外语研究，38（4）：38-45.

秦亚勋，等，2019.语用身份与修辞人格的理论渊源及伦理之维 [J].当代修辞学，6：83-93.

冉永平，2007.指示语选择的语用视点、语用移情与离情 [J].外语教学与研究，39（5）：331-337.

冉永平，等，2017.互动语境中异议标记语的人际语用取向 [J].山东外语教学，38（1）：11-20.

冉永平，等，2019.人际关系的语用学研究 [J].外语教学，40（2）：19-25.

任育新，2013.学术建议中专家个人身份建构的顺应性研究 [J].外语与外语教学，6：6-10.

任育新，2015.学术互动中权势关系建构的语用分析 [J].现代外语，38（2）：147-158.

任育新，2016.学术会话中人称代词身份建构功能研究 [J].外语研究，33（2）：23-28.

任育新，2022.身份的联合共构：身份动态建构新探 [J].外国语，45（3）：48-58.

任德新，等，2014.伦理文化变迁与传统家庭养老模式的嬗变创新 [J].江苏社会科学，5：11-16.

杉村博文，2015.论两类"的"字句与其中助词"的"的句法性质 [J].世界汉语教学，29（1）：12-24.

单家慧，等，2023.从言语行为的实施看老年指向语话语特征 [J].湖州师范学院学报，45（1）：98-105.

申华，2014.消极化新闻报道对"老年漂"的形象构建 [J].安阳工学院学报，13（3）：30-32.

沈萌，2016.浅谈新闻报道中人物称谓的使用 [J].中国科技纵横，21：222.

沈智婉，2022.传统媒体所办新媒体的传播特性分析：以人民日报官方微博和微信公众号为例 [J].传媒，12：50-52.

施旭，2010. 文化话语研究：探索中国的理论、方法与问题 [M]. 北京：北京大学出版社 .

施旭，2013. 当代中国话语的中国理论 [J]. 福建师范大学学报（哲学社会科学版），5：51-58.

石春煦，2019. 个体化视角下公诉人身份建构的多模态设计 [J]. 现代外语，42（2）：243-253.

石春煦，2022. 身份研究：积极话语分析和批评话语分析的互补性 [J]. 外语学刊，3：48-54.

石佳，2021. 新媒体环境下的女性及其形象塑造：以新浪微博的媒体、个人用户对"多名女大学生失联事件"的报道和评论为例 [J]. 声屏世界，1：95-96.

石义彬，等，2021. 弱者的力量：生命历程视域下留守妇女的社交媒体赋权 [J]. 新闻与传播评论，74（5）：13-27.

中国互联网络信息中心，2020. 第 46 次《中国互联网络发展状况统计报告》（全文）[R/OL].（2020-09-29）[2023-05-21].http：//www.cac.gov.cn/2020-09/29/c_1602939918747816.htm.

苏力，2006. 元代社会对老年人的人文关怀 [J]. 兰州学刊，12：122-124.

孙成志，等，2021. 日本主流报纸中"中国留学生"集体身份的话语建构 [J]. 外语与外语教学，3：53-61.

孙斐，2022. 疫情语境下老年人媒介身份符码的建构与表征：基于"读秀"报刊数据库疫情报道的分析 [J]. 传媒，11：91-93.

孙慧英，等，2019. 我国老年人媒介形象的新媒体呈现：以《人民日报》官方微博 2018 年报道为例 [J]. 传媒观察，7：30-37.

孙莉，2015. 中国硕士学位论文英文摘要的语用身份建构研究 [J]. 外语与外语教学，5：15-21.

孙倩倩，2017. 网络环境下反转新闻中的刻板印象：以"老人碰瓷玩具车"事件为例 [J]. 今传媒，25（7）：29-30.

孙淑娟，等，2018. 从不确定规避理论看中国老年人共文化群体的非自信交际取向 [J]. 开封教育学院学报，38（6）：291-292.

孙玮，2008. 中国"新民权运动"中的媒介"社会动员"：以重庆"钉子户"事件的媒介报道为例 [J]. 新闻大学，4：13-19.

孙信茹，等，2018.手机拍照、社会参与及主体建构：基于一个城市中老年女性群体的观察 [J].现代传播，40（2）：26-31.

孙秀丽，2021.基于语料库的能源企业身份建构的批评话语分析 [J].山东外语教学，42（5）：21-30.

谭晓风，2018.医患会话的身份建构研究 [J].中国医学伦理学，31（11）：1390-1393.

谭晓风，2021.患者死亡主题的医生叙事评价话语及其身份建构研究 [J].医学与哲学，42（8）：58-63.

唐红，2018.论网络空间中的符号生产与自我身份建构的可能 [J].广告大观，2：76-80.

唐青叶，2012.弱势群体身份表征的积极话语分析 [J].当代外语研究，9：10-14.

唐青叶，等，2016.中国和土耳其的形象互构：基于报刊媒体的分析 [J].阿拉伯世界研究，5：104-117.

唐有财，等，2011.动态生命历程视角下的留守儿童及其社会化 [J].中州学刊，4：108-113.

田烨，等，2021.心为何属：美国老年华人群体身份认同研究：基于美国密西根州老年华人群体的人类学考察 [J].厦门大学学报（哲学社会科学版），5：132-142.

涂光晋，等，2015.社交媒体环境下医患暴力冲突事件的媒介呈现研究 [J].国际新闻界，37（11）：33-47.

涂凌波，2017.互联网传播中"标题党"现象的根源，影响与规范 [J].编辑之友，4：44-48.

万彬彬，2013.看见老年人：纪录片与老人形象建构 [J].中国电视（纪录），10：14-16.

王成一，2011.电视广告老年人形象与老年关怀探讨 [J].中国报业，18：46-47.

王楚，等，2020.抖音迷因框架下高校青年的传统文化身份构建 [J].文化产业，14：125-128.

王汎森，1993.历史记忆与历史：以中国近世史事为例 [J].当代（台北），9：40-49.

王焕，等，2014.二元对立中的身份诉求与社会拒斥：论农民工媒介形象的叙事伦理 [J].四川师范大学学报（社会科学版），41（2）：166-174.

王会颖，2019.新媒体传播路径中女性话语权的分析：以新浪微博为例 [J].新媒体研究，22：83-86，89.

王佳翠，2010.长者为尊传统的时代解读 [J].长江大学学报（社会科学版），33（3）：366-367.

王建华，2018.语用学分析：政务新媒体研究的一种路径 [J].语言文字应用，1：100-109.

王晶，等，2018.移动互联网的发展与老年生活变迁 [J].国家行政学院学报，5：164-169.

王敬欣，等，2020.青年人和老年人加工情绪图片过程中的注意偏向：眼动研究 [J].心理学探新，40（4）：325-330.

王尚法，等，2017.医患会话中医生身份构建的会话分析研究 [J].医学与哲学，9：36-39.

王淑伟，2012.选择性报道视阈下的媒体舆论导向：从媒体报道"老人倒地"事件说起 [J].新闻爱好者，3：29-30.

王维丹，等，2020.突发公共卫生事件对公众心理的影响：2019 冠状病毒病疫情期间浙江省心理援助热线来电分析 [J].浙江大学学报（医学版），49（4）：409-418.

王文娟，等，2021.网络媒体新生代农民工身份的辞屏构建 [J].深圳大学学报（人文社会科学版），38（4）：37-46.

王雪玉，2012.广告劝说中的元话语资源和身份建构 [J].天津外国语大学学报，19（3）：1-7.

王宜广，2011."姓＋名"的仿照式新称呼语 [J].电影评介，7：106-107.

王伊蕾，等，2020.网络媒体与女性身份的多模态建构：以斗鱼直播视频为例 [J].外国语文研究（辑刊），1：66-76.

王伊蕾，等，2022.超文化身份的多模态建构：以李子柒短视频为例 [J].北京第二外国语学院学报，44（2）：66-78.

王宇薇，2021.新媒体赋力"她力量"的形式与影响研究 [J].新闻研究导刊，12（20）：31-33.

王媛媛，等，2021.高校辅导员工作中的互动元话语资源及身份建构 [J]. 创新创业理论研究与实践，4（10）：154-156.

汪金刚，等，2017.社会达尔文主义的男权话语网络建构：以"大妈""大叔"为例 [J]. 现代传播（中国传媒大学学报），39（5）：163-165.

汪少华，等，2017.论中国政治话语体系的认知建构：以习近平2017年瑞士两场演讲为例 . 南京师大学报（社会科学版），5：146-153.

汪少华，等，2018."后真相"时代话语研究的新路径：批评架构分析 [J]. 外语教学，39（4）：29-34.

汪少华，2022.Lakoff 架构理论的本土化与中国话语架构体系的创建 [J]. 中国外语，19（1）：30-36.

汪越，2018.身份政治的理论逻辑 [J]. 学术界，3：85-95，276.

乌楠，等，2019.中美企业机构身份的话语建构策略 [J]. 现代外语，42（2）：220-230.

吴东英，等，2016.新媒体的社会语言学研究：回顾与展望 [J]. 当代语言学，18（4）：514-531.

吴凡，2019.语码转换与微商代理人身份建构的个案研究 [J]. 吕梁学院学报，2：61-63，70.

吴国良，等，2014.痴呆症（智退症）临床语言使用障碍研究概述 [J]. 当代语言学，16（4）：452-465.

吴静，2018.论微信群对中国家庭权力关系的重构 [J]. 现代传播（中国传媒大学学报），40（3）：164-166.

吴珏，2014.新闻叙事中的身份建构探微 [J]. 今传媒，22（2）：16-17，24.

吴珏，2018.新媒体话语中的语用身份建构：以"中印边界争端事件"为例 [J]. 当代外语研究，1：13-18.

吴珏，2019.新闻标题的主观性：语用身份论视角 [M]. 广州：暨南大学出版社 .

吴欣，2010.强权与弱势：中国古代老人的双重身份研究 [J]. 西北人口，31（3）：78-81，85.

吴亚欣，等，2018.汉语中"询问"言语行为不同句法表达的知识论解读 [J]. 浙江外国语学院学报，3：36-45.

吴亚欣，2021. 身份研究的会话分析路径 [J]. 外国语（上海外国语大学学报），44（3）：49-59.

吴炜华，等，2021. 银发网红的网络实践与主体追寻：基于视频社交场景中的"老年 Up 主"族群研究 [J]. 新闻与写作，3：14-21.

吴早生，2010. 领属关系研究的方法与视野 [J]. 中国社会科学院研究生院学报，3：134-139.

武瑷华，2013. 从外交话语的言语行为模式看话语秩序 [J]. 外语学刊，5：52-56.

武术，2014. 新闻语篇中残疾人身份的构建 [J]. 绥化学院学报，34（9）：142-145.

武志伟，2020. 社会参与对低龄老人自我认同的建构机制分析 [J]. 东岳论丛，41（12）：176-183.

习近平，2017. 习近平谈治国理政：第二卷 [M]. 北京：外文出版社.

习近平，2021. 贯彻落实积极应对人口老龄化国家战略让老年人共享改革发展成果安享幸福晚年 [N]. 新华每日电讯，2021-10-14（1）.

夏丹，等，2012. 民事审判话语中人称指示语的变异与身份建构 [J]. 华中师范大学学报（人文社会科学版），51（2）：119-124.

夏登山，等，2017. 三方恭维回应策略研究 [J]. 外语教学与研究，49（5）：688-698.

夏芳，2009. 论文答辩中教师话语身份特征研究：一场英文硕士论文答辩的个案分析 [J]. 中国外语教育，3：26-33.

夏秸，2019. 自指、共指、他指与教师身份建构：以优秀教师说课话语为例 [J]. 上海理工大学学报（社会科学版），41（2）：143-151.

夏玉琼，2015. 和谐管理模式下医生多元身份的建构 [J]. 河北联合大学学报（社会科学版），15（5）：5-10.

夏玉琼，2017. 网络交际空间中的医生身份建构研究 [J]. 医学与哲学（A），38（9）：43-47.

夏玉琼，2019. 医患冲突话语中患者对医生身份的解构研究 [J]. 医学与哲学，40（12）：53-56.

项蕴华，等，2005. 下岗女工身份构建的叙事分析 [J]. 吉林大学社会科学学报，45（2）：154-158.

肖伟，等，2021.人物对话中的第三方身份建构：以《红楼梦》中王熙凤为例 [J].佳木斯大学（社会科学学报），39（3）：133-137.

谢立黎，等，2014.中国老年人身份认同变化及其影响因素研究 [J].人口与经济，1：55-66.

辛斌，2005.批评语言学与西方马克思主义：批评性语篇分析中的意识形态观 [J].常熟理工学院学报，19（5）：7-10.

辛丽虹，2018.微信中恭维语与恭维回应语 [J].辽东学院学报（社会科学版），20（3）：74-79.

徐昉，2011.中国学生英语学术写作中身份语块的语料库研究 [J].外语研究，3：57-63.

徐继菊，等，2020.死亡态度主题叙事的话语特征：基于西南地区 15 位老人的访谈 [J].云南师范大学学报，52（4）：52-59.

徐敏，等，2015.课堂语境下大学英语教师的身份建构及顺应性 [J].外语教学，36（3）：50-54.

徐明华，等，2020.互动仪式空间下当代青年的情感价值与国家认同建构：基于 B 站弹幕爱国话语的探讨 [J].中州学刊，8：166-172.

徐钱立，2014.微信朋友圈：亲密关系的表演舞台 [J].传媒评论，5：62-64.

徐文君，2013.现代汉语"姓 + 某（某 / 人）"研究 [J].国际汉语学报，1：142-155.

徐学平，等，2022.冲突话语管理中语用身份的话语建构与磋商 [J].现代外语，45（5）：585-596.

薛孟寒，等，2023.抖音短视频中银发网红的身份建构 [J].浙江理工大学学报（社会科学），50（5）：569-575.

严静霞，2022.元语用视角下新闻发言人的身份建构研究：以共建"一带一路"为例 [J].新闻研究导刊，13（4）：53-55.

杨华，等，2014.浙江农村老年人社会参与影响因素研究 [J].浙江社会科学，1（1）：147-152.

杨莉明，等，2021.垂直集体主义价值观在新冠防疫中的说服作用与行动影响：基于中老年群体的研究 [J].新闻记者，9：36-47.

杨冽，2019.老年人在微信上的自我呈现与人际互动研究 [D].广州：

广东外语外贸大学.

杨敏，等，2022.庭审叙事中的医患身份建构策略研究 [J].中国外语，19（1）：53-62.

杨暖暖，等，2020.新媒介时代老年人身份建构的意识觉醒与行为演进 [J].新媒体研究，6（16）：115-117.

杨青，2013.家庭冲突话语中自称语的视点选择与身份构建 [J].广东海洋大学学报，33（5）：82-87.

杨霞，2017.新媒体视域下女性形象呈现与话语建构 [J].现代传播（中国传媒大学学报），39（9）：159-161.

杨仙菊，2021.家庭教育话语中父母话语实践与语用身份建构研究 [J].外语研究，38（2）：43-49.

姚晓东，等，2016.边缘话语分析视角下"井底人"的空间身份管控 [J].现代外语，39（2）：169-177.

姚远，等，2009.从尊老养老文化内涵的变化看我国调整制定老龄政策基本原则的必要性 [J].人口与发展，15（2）：81-86.

叶丽莎，2020.认知功能训练在老年痴呆症患者中的应用研究进展 [J].中西医结合护理（中英文），6（7）：277-280.

叶宁，等，2022."冒充公检法" 诈骗中犯罪嫌疑人的身份建构：社会符号学视角 [J].浙江工商大学学报，2：17-27.

叶哲媛，等，2015.微博话语身份分析体系探究 [J].厦门理工学院学报，23（6）：105-110.

殷文，2008.广告与老年群体的话语"增权"：以广告中的老年形象为例 [J].兰州学刊，10：102-105.

尹金凤，等，2020.网络短视频生产中乡镇青年的身份认同建构 [J].新闻界，8：67-73.

袁春波，2020.人际互动中的语用身份磋商：以《红楼梦》为例 [J].解放军外国语学院学报，43（2）：20-25.

袁春波，等，2021.言语交际中的他者身份调用探析 [J].外国语文，3：147-153.

袁婷婷，2021.共同体强化：疫情新闻中武汉人的媒介身份建构 [D].南京：南京大学.

袁亚运，2016.健康状况、社会性因素与老年人身份认同：基于中国老年社会追踪调查 2012 年调查数据 [J].人口与社会，32（3）：106-116.

袁媛，等，2020.表情包传播现象研究：以互动仪式链视域下的中老年表情包为样本 [J].新闻与写作，1：46-53.

袁周敏，2009.克林顿总统就职演说的身份建构研究 [J].南京邮电大学学报（社会科学版），11（2）：61-66.

袁周敏，2011a.称呼语的身份标记功能的元语用考察 [J].东北大学学报（社会科学版），13（3）：263-267.

袁周敏，2011b.顺应论视角下医药咨询顾问语用身份建构的实证研究 [D].南京：南京大学.

袁周敏，2013.身份建构的应用研究述评 [J].山东外语教学，32（2）：38-43.

袁周敏，等，2013.语言顺应论视角下的语用身份建构研究：以医疗咨询会话为例 [J].外语教学与研究，45（4）：518-530.

袁周敏，2016a.社会语言学视角下的身份研究 [J].外语学刊，5：54-58.

袁周敏，2016b.身份的界定：问题与建议 [J].外语教学，37（4）：20-23.

袁周敏，等，2019.商务电话会话中专家身份建构的弱化策略研究 [J].山东外语教学，40（6）：19-29.

袁周敏，2020a.商务会话中专家身份建构的指称策略研究 [J].外语教学理论与实践，2：22-28.

袁周敏，2020b.成员归类分析及其运作 [J].外语教学，41（5）：33-37.

袁周敏，2021.身份修辞的关系空间：项本土语用研究 [J].外语与外语教学，2：2-9.

云红，2009.论文摘要中作者身份的显与隐：一项基于 2008 医学与语言学国际学术期刊的修辞性研究 [J].外语教学，30（5）：29-32.

臧秀娟，2012.老年人地位变迁的社会学思考 [J].江苏经贸职业技术学院学报，2：22-24.

曾庆香，2011.模拟、施为与召唤：论仪式的符号特征 [J].国际新闻界，

33（8）：47-54.

曾一果，2017. 由陌生社会回归熟人社会：微信中的新圈子文化 [J]. 探索与争鸣，7：49-52.

曾一果，等，2021. "在吗"：社交媒体的"云交往"实践与身份建构 [J]. 暨南学报（哲学社会科学版），43（9）：24-34.

张蓓，等，2019. 符号资本与老年群体的边缘化危机：基于澎湃新闻报道（2014—2017）的文本分析 [J]. 吉首大学学报（社会科学版），40（S1）：62-64.

张潮，等，2013. 社会现实、集体记忆和标签化报道的互动："官二代"媒介形象的建构及其成因（2009—2012）[J]. 湖南师范大学（社会科学学报），42（6）：133-142.

张佳奇，等，2021. 新媒体群域话语的系统功能分析 [J]. 外语研究，38（1）：36-41.

张俊慧，2015. 趣缘群体发展条件及其社会影响 [J]. 新闻世界，3：45-46.

张蕾，2017. 新闻语篇隐喻的身份构建功能：以中美媒体第一夫人表征对比研究为例 [J]. 西安外国语大学学报，25（2）：58-62.

张蕾，等，2020. 法律辩护词中被告人身份建构的评价策略研究：以张扣扣案一审辩护词为例 [J]. 天津外国语大学学报，27（6）：2-14.

张文鸯，2014. 新媒体语境下女性媒介话语权的缺失、异化及建构 [J]. 新闻界，2：29-32.

张亚丽，等，2019. 气象微博中建议行为与身份建构的语用研究 [J]. 外国语文研究（辑刊），10（1）：94-104.

张毅，2018. 新媒体语境下媒体建构女性话语权的路径：以《环球时报》微博为例 [J]. 新闻传播，22：111-112.

张翼，2021. 话语·认知·身份 [J]. 外语研究，38（1）：24-28.

张永伟，等，2018. 基于大规模语料库的情感与修辞互动研究 [J]. 当代修辞学，3：38-54.

张媛，等，2018. 微信中的民族意识呈现与认同构建：基于一个彝族微信群的考察 [J]. 国际新闻界，40（6）：122-137.

张玉璞，2017. 被"框架"束缚的中国老人：框架理论下老人摔倒事件中的老人媒介形象研究基于 2015 年新浪网老人摔倒事件新闻报道的内容分析 [J]. 戏剧之家，14：243-247.

赵丹，2016. 新媒体环境下的女性形象研究 [J]. 新媒体研究，2（8）：95-96.

赵丹，等，2016. 社会交往对老年人认知功能的影响 [J]. 心理科学进展，24（1）：46-54.

赵海燕，等，2022. 律师身份的多模态符际建构 [J]. 现代外语，45（5）：597-610.

赵红勋，等，2020. 人文关怀视角下老年人的电视形象建构：以《忘不了餐厅》为例 [J]. 现代视听，10：66-70.

赵明，等，2019. 新时代背景下老龄化社会中城镇居民养老观念变化刍议：基于社会交换理论的分析 [J]. 劳动保障世界，20：30.

赵秀凤，等，2021. 美国智库涉华核能话语中"他者"身份建构的话语策略：批评话语分析视角 [J]. 外国语言文学，38（4）：353-372，446.

赵晔琴，2007. 农民工：日常生活中的身份建构与空间型构 [J]. 社会，27（6）：175-188.

赵奕，2020. 边缘话语分析视角下的新加坡华人身份建构与华语变迁 [J]. 天津外国语大学学报，27（3）：64-72.

郑满宁，2018. 公共事件在微信社群的传播场域与话语空间研究 [J]. 国际新闻界，4：76-96.

郑艳，等，2021. 弗洛伊德"三我"理论视域下学术身份的话语建构研究：以学术口语中 Mr 称呼语为例 [J]. 外语研究，38（5）：18-23.

周德宇，等，2020. 老年语言学研究的时间维度：毕生发展与生命历程 [J]. 浙江外国语学院学报，5：2-15.

周惠，2021. 二语学习者学术建议话语中的情态身份建构 [J]. 外语研究，38（4）：53-58.

周晓虹，2000. 文化反哺：变迁社会中的亲子传承 [J]. 社会学研究，15（2）：51-66.

周宪，2008. 视觉文化的转向 [M]. 北京：北京大学出版社.

周懿瑾，等，2016. "点赞"还是"评论"？社交媒体使用行为对个人社会资本的影响：基于微信朋友圈使用行为的探索性研究 [J]. 新闻大学，1：

68-75.

周裕琼，2018.数字弱势群体的崛起：老年人微信采纳与使用影响因素研究 [J]. 新闻与传播研究，25（7）：66-86.

朱蕾，等，2019.女博士身份在媒体报道中的话语建构：以女博士被骗85万的相关报道为例 [J]. 山东女子学院学报，1：66-74.

朱黎黎，2021.话语身份的建构：粉丝文化的边缘话语分析 [J]. 天津外国语大学学报，28（1）：131-139.

朱婷，2014.新闻视角的框定：《纽约时报》和《文汇报》对阿尔茨海默病的新闻报道的社会语言学分析 [D]. 上海：复旦大学 .

ARIEL M，1988.Reflecting and accessibility[J].Journal of Linguistics，24（1）：65-87.

ARIEL M，1991.The function of accessibility in a theory of grammar[J]. Journal of Pragmatics，16（5）：443-463.

AINSWORTH S，HARDY C，2007.The construction of the older worker: privilege, paradox and policy[J].Discourse and Communication, 1(3): 267-285.

ALLEN W，2007.Australian political discourse：pronominal choice in campaign speeches[C]// Annual meeting of the Australian linguistic society, School of English，London：University of Queensland.

ANTAKI C，WIDDICOMBE S，1998.Identities in talk[M].London：Sage.

ARKIN S M，2007.Language-enriched exercise plus socialization slows cognitive decline in alzheimer's disease[J].American Journal of Alzheimer's Disease and Other Dementias，1：62-77.

ARONOFF C，1974.Old age in prime time[J].Journal of Communication，24（4）：86-87.

ARUNDALE R B，1999.An alternative model and ideology of communication for an alternative to politeness theory[J].Pragmatics，1：119-153.

ARUNDALE R B，2010.Constituting face in conversation：face, facework，and interactional achievement[J].Journal of pragmatics，42（8）：2078-2105.

ARCHAKIS A，TZANNE A，2009.Constructing social identities through story-telling[J].Pragmatics，3：341-360.

ASHCROFT B G，GRIFFITHS，TIFFIN H，et al.，1998.Key concepts in post-colonial studies[M].London：Routledge.

ATAI M R，NAZARI M，HAMIDI F，2022.Novice EAP teacher identity construction：a qualitative study from Iran[J].Journal of English for Academic Purposes，59：101162.

BAMBERG M，SCHIFFRIN D，DE FINA A，2007.Selves and identities in narrative and discourse[M].John Benjamins，Amsterdam/Philadelphia.

BARONE S M，LAZZARO-SALAZAR M，2015.“Forty bucks is forty bucks”：an analysis of a medical doctor's professional identity[J].Language & communication，43：27-34.

BASTING A D，2003.Looking back from loss：views of the self in Alzheimer's disease[J].Journal of Aging Studies，17（1）：87-99.

BELL J，1992.In search of a discourse on aging：the elderly on television[J].The Gerontologist，32（3）：305-311.

BENWELL B M，STOKOE E，2006.Discourse and identity[M].Edinburgh：Edinburgh University Press.

BERZONSKY M D，2010.Cognitive processes and identity formation：the mediating role of identity processing style[J].Psychologia Rozwojowa，4：13-27.

BI X，MARSDEN E，2020.Managing interpersonal relationships：teasing as a method of professional identity construction[J].Journal of Pragmatics，165：18-30.

BODNER E，LAZAR A，2008.Ageism among Israeli students：structure and demographic influences[J].International Psychogeriatrics，20（5）：1046-1058.

BONNESEN J L，BURGESS E O，2004.Senior moments：the acceptability of an ageist phrase[J].Journal of Aging Studies，18（2）：123-142.

BUCHOLTZ M，HALL K，2005.Identity and Interaction：a Sociocultural Linguistic Approach[J].Discourse Studies，7（4/5）：585-614.

BUCHOLTZ M，HALL K，2010.Locating identity in language[G]//

Language and Identities，Edinburgh：Edinburgh University Press，18-28.

BREWER M B，GARDNER W，1996.Who is this "We" ？ Levels of collective identity and self representations[J].Journal of Personality and Social Psychology，71（1）：83-93.

BROWN P，LEVINSON S C，1987.Politeness：some universals in language usage[M].Cambridge：Cambridge University Press.

BUTLER J，1990.Gender Trouble：feminism and the subversion of identity[M].New York：Routledge.

CAI Y L，FANG F，SUN H H，et al.，2022.Unpacking identity construction and negotiation：a case study of Chinese undergraduate students' social and academic experiences while studying abroad[J].System，110：102896.

CAREY J，2009.Communication as culture[M].New York：Routledge.

CASCÓN-PEREIRA R，CHILLAS S，HALLIER J，2016.Role-meanings as a critical factor in understanding doctor managers' identity work and different role identities[J].Social Science & Medicine，170：18-25.

CASSATA M，IRWIN B J，1997.Young by day：the older person on daytime serial drama[G]//Cross-cultural communication and aging in the United States，NJ：Lawrence Erlbaum Associates，215-229.

CHAEMSAITHONG K，2019.Person reference，identity，and linguistic violence in capital trials[J].Journal of Pragmatics，142：90-104.

CHEN C H，HONG Y T，CHEN Y J，2019.Age-telling in intergenerational first-encounter talks between college students and older adults in Taiwan：a gerontological sociolinguistic study[J].International Journal of Linguistics，11（2）：1-19.

CHEN P，2003.Indefinite determiner introducing definite referent：a special use of "yi 'one' + classifier" in Chinese[J].Lingua，113（12）：1169-1184.

CHEN P，2004.Identifiability and definiteness in Chinese[J].Linguistics，42（6）：1129-1184.

CHEN P，2009.Aspects of referentiality[J].Journal of Pragmatics，41（8）：

1657-1674.

CHEN R，2020.Single author self-reference：identity construction and pragmatic competence[J].Journal of English for Academic Purposes，45：100856.

CHEN X R，2019."Family-culture" and Chinese politeness：an emancipatory pragmatic account[J].Acta Linguistica Academica，66（2）：251-270.

CHEN X R，2022.Exploring identity work in Chinese communication[M]. London：Bloomsbury Academic.

CHERNY L，1995.The modal complexity of speech events in a social MUD[J].Electronic Journal of Communication，4：38.

CHOW N，BAI X E，2011.Modernization and its impact on Chinese older people's perception of their own image and status[J].International Social Work，54（6）：800-815.

CHWE M S Y，2013.Rational ritual：culture，coordination，and common knowledge[M].London：Princeton University Press.

COATES J，1986.Women，men and languages：studies in language and linguistics[M].London：Longman.

COHEN-MANSFIELD J，GOLANDER H，ARNHEIM G，2000.Self-identity in older persons suffering from dementia：preliminary results[J].Social Science & Medicine，51（3）：381-394.

COLLINS R，2004.Interaction ritual chains[M].Princeton：Princeton University Press.

COOK P S，2018.Continuity，change and possibility in older age：identity and ageing-as-discovery[J].Journal of Sociology，54（2）：178-190.

COUPLAND J，2008.Age identity and bodily display：the older dancer[C].Sociollinguistics Symposium 17，Amsterdam.

COUPLAND J，2009a.Discourse，identity and change in mid-to-late life：interdisciplinary perspectives on language and ageing[J].Ageing & Society，6：849-861.

COUPLAND，J，2009b.Time，the body and the reversibility of ageing：

commodifying the decade[J].Ageing and Society, 29（6）：953-976.

COUPLAND J, COUPLAND N, 1994. "Old age doesn't come alone"：Discursive representations of health-in-aging in geriatric medicine[J]. The International Journal of Aging and Human Development, 39（1）：81-95.

COUPLAND J, COUPLAND N, GILES H, et al., 1991.Formulating age: dimensions of age identity in elderly talk[J].Discourse Processes, 14（1）：87-106.

COUPLAND N, 2004.Age in social and sociolinguistic theory[G]// Handbook of Communication and Aging Research, N J：Lawrence Erlbaum Associates, 69-90.

COUPLAND N, 2014. "Other" representation [G]//Society and Language Use, Shanghai：Shanghai Foreign Language Education Press, 241-260.

COUPLAND N, COUPLAND J, 1993.Discourses of ageism and anti-ageism[J].Journal of Aging Studies, 7（3）：279-301.

COUPLAND N, COUPLAND J, GILES H, 1989.Telling age in later life：Identity and face implications[J].Text, 9（2）：129-152.

COUPLAND N, COUPLAND J, GILES H, 1991.Language, society and the elderly：discourse, identity and ageing[M].Oxford：Basil Blackwell.

COUPLAND N, COUPLAND J, GILES H, et al., 1988.Elderly self-disclosure：interactional and intergroup issues[J].Language & Communication, 8（2）：109-133.

CUDDY A J C, NORTON M I, FISKE S T, 2005.This old stereotype：the pervasiveness and persistence of the elderly stereotype[J].Journal of Social Issues, 61（2）：267-285.

CUMMING B E, HENRY W E, 1961.Growing old, the Process of Disengagement[M].New YorK：Basic Books.

CURL T S, 2006.Offers of assistance：constraints on syntactic design[J]. Journal of Pragmatics, 38（8）：1257-1280.

DAVIS B H, MACLAGAN M, 2018.Represented speech in dementia discourse[J].Journal of Pragmatics, 130：1-15.

DAYTER D，2016.Discursive self in microblogging：speech acts，stories and self-praise[M].Amsterdam/Philadelphia：John Benjamins.

DE FINA A，SCHIFFRIN D，BAMBERG M，2006.Discourse and Identity[M].Cambridge：CUP.

DE FINA A，2010.The negotiation of identities[G]//Interpersonal pragmatics，De Gruyter Mouton，205-224.

DISSANAYAKE H，BRACEWELL P，2022.Family violence in the news：an analysis of media reporting of family violence in Aotearoa New Zealand[J].Kōtuitui：New Zealand journal of social sciences online，17（2）：242-259.

DONALD C A，WARE J，BROOK R，et al.，1978.Conceptualisation and measurement of health for adults in the health insurance study[M].Santa Monica：The Rand Corporation.

DOW J R，1991.Focus on language and ethnicity：essays in honor of Joshua A.Fishman[M].Amsterdam：Benjamins.

DOUGLAS H，GEORGIOU A，WESTBROOK J，2017.Social participation as an indicator of successful aging：an overview of concepts and their associations with health[J].Australian Health Review，41（4）：455-462.

DREW P，2013.Conversation analysis and social action[J].Journal of Foreign Languages，36（3）：2-19.

ELLIOTT J，1984.The daytime television drama portrayal of older adults[J].The Gerontologist，24（6）：628-633.

ERIKSON E H，1982.The life cycle completed：a review[M].New York：Norton.

EVERS S M A A，STEVENS F C J，DIEDERIKS J P M，et al.，1998. Age-related differences in cognition：lifestyle，health status，coping and sociodemographic factors[J].The European Journal of Public Health，8（2）：133-139.

FAIRCLOUGH N，1989.Language and power[M].London/New York：Longman.

FEALY G，MCNAMARA M，TREACY M P，et al.，2012.Constructing

ageing and age identities: a case study of newspaper discourses[J].Ageing and Society, 32（1）: 85-102.

FENG W J, CHEN X R, 2020.Identity（self-）deconstruction in Chinese police's civil conflict mediation[J].Pragmatics, 30（3）: 326-350.

FERGUSON C A, 1981.The structure and use of politeness formulas[G]// Conversational routine: explorations in standardized communication situations and prepatterned speech, The Hague: Mouton Publishers, 21-35.

FOREST A L, WOOD J V, 2012.When social networking is not working[J].Psychological Science, 23（3）: 295-302.

FOWLER R, 1986.Linguistic criticism[M].Oxford: Oxford University Press.

FUNK L M, HERRON R V, SPENCER D, et al., 2021.Aggression and older adults: news media coverage across care settings and relationships[J]. La Revue Canadienne Du Vieillissement, 40（3）: 500-511.

GAO L W, 2007.Language and social identity（Review）[J].Language, 83（2）: 454-455.

GE Y, WANG H, 2018.The representation of ordinary people: a discursive study of identities constructed in China's news reports of social conflicts[J].Discourse, Context and Media, 26: 52-63.

GEE J P, 2008.Social linguistics and literacies: ideology in discourses[M].third ed.Routledge: New York.

GEORGAKOPOULOU A, 2001.Arguing about the future: on indirect disagreements in conversations[J].Journal of Pragmatics, 33（12）: 1881-1900.

GEORGALOU M, 2015.Beyond the timeline: constructing time and age identities on facebook[J].Discourse, Context and Media, 9: 24-33.

GERBNER G L, GROSS N, et al., 1980.Aging with television: images on television drama and conceptions of social reality[J].Journal of Communication, 30（1）: 37-47.

GHOLAMI K, FARAJI S, MEIJER P C, et al., 2021.Construction and deconstruction of student teachers' professional identity: a narrative study[J].

Teaching and Teacher Education, 97: 103-142.

GOFFMAN E, 1959.The presentation of self in everyday life[M].Anchor Books edition.

GOFFMAN E, 1967.Interaction ritual: essays in face-to-face behavior[M].Garden City, NY: Doubleday Anchor.

GOLANDER H, RAZ A E, 1996.The mask of dementia: images of "demented residents" in a nursing ward[J].Ageing and Society, 16（3）: 269-285.

GRANOVETTER M, 1974.Getting a Job: a Study of contacts and careers[M].Chicago/London: University of Chicago Press.

GRECO A J, 1993.The incidence and portrayal of the elderly in television advertising[J].Journal of Marketing Theory and Practice, 2（1）: 140-155.

GREENBERG B S, KORZENNY F, ATKIN C K, 1980.Trends in the portrayal of the elderly[G]//Life on television: content analysis of U.S.TV drama, NJ: Ablex Press, 23–33.

GRIGOROVICH A, KONTOS P, KONTOS A P, 2019.The "violent resident": a critical exploration of the ethics of resident-to-resident aggression[J].Journal of Bioethical Inquiry, 16（2）: 173-183.

GUTERRES A, 2020.Our response to COVID-19 must respect the rights and dignity of older people[EB/OL].（2020-05-27）[2023-05-01].United Nations, www.un.org/development/desa/dspd/2020/05/covid19-older-persons/.

GUDYKUNST W B, KIM Y Y, 2007.Communicating with strangers: an approach to intercultural communication[M].Shanghai: Shanghai Foreign Language Education Press.

GUO L, 2017.WeChat as a semipublic alternative sphere: exploring the use of WeChat among Chinese older adults[J].International Journal of Communication, 11: 408-428

HALL S, 2011. Introduction: who needs "identity"? [G]//Questions of cultural identity, London: sage, 1-17.

HALLIDAY M A K, 1985/1994.An introduction to functional grammar[M].London: Edward Arnold.

HAMILTON H E, 1994.Conversations with an Alzheimer's patient: an interactional sociolinguistic study[M].Cambridge&UK: Cambridge University Press.

HAMILTON, HEIDI E, 2008.Narrative as snapshot: glimpses into the past in Alzheimer's discourse[J].Narrative Inquiry, 18（1）: 53-82.

HAMILTON H E, 2019.Language, dementia and meaning making: navigating challenges of cognition and face in everyday life[M].New York: Palgrave Macmillan.

HARWOOD J, ANDERSON K, 2002.The presence and portrayal of social groups on prime-time television[J].Communication Reports, 15（2）: 81-97.

HAUGH M, 2010.Respect and deference[G]//Interpersonal Pragmatics, Berlin: Mouton de Gruyter, 271-288.

HAUGH M, 2013.Im/politeness, social practice and the participation order[J].Journal of Pragmatics, 58: 52–72.

HAUGH M Z, KÁDÁR D Z, MILL S, 2013.Interpersonal pragmatics: issues and debates[J].Journal of Pragmatics, 58: 1-11.

HAUGH M, CHANG W L M, KÁDÁR D Z, 2015."Doing deference": identities and relational practices in Chinese online discussion boards[J].Pragmatics, 25（1）: 73-98.

HAVIGHURST R J, 1961.Successful aging[J].The Gerontologist, 1（1）: 8-13.

HAYES R A, CARR C T, WOHN D Y, 2016.One click, many meanings: interpreting paralinguistic digital affordances in social media[J]. Journal of Broadcasting and Electronic Media, 60（1）: 171-187.

HE T, HUANG C Q, LI M, et al., 2020.Social participation of the elderly in China: the roles of conventional media, digital access and social media engagement[J].Telematics and Informatics, 48: 101347.

HEINE B, 1997.Cognitive foundations of grammar[M].Oxford: Oxford University Press.

HERBERT R K, 1990.Sex-based differences in compliment behavior[J].

Language in Society，19（2）：201-224

HERITAGE J，CLAYMANS，2010.Talk in Action：interactions，identities，and institutions[M].Chichester：Wiley-Blackwell.

HERRING S C，2007.A faceted classification scheme for computer-mediated discourse[J/OL].Language@Internet，4，article 1 [2023-07-26].https://www.languageatinternet.org/articles/2007/761.

HIGGINS C，2007.Constructing membership in the in-group：affiliation and resistance among urban Tanzanians[J].Pragmatics，17（1）：49-70.

HO V，2010.Constructing identities through request e-mail discourse[J]. Journal of Pragmatics，42（8）：2253-2261.

HOLMES J，1988.Paying compliments：a sex-preferential politeness strategy[J].Journal of Pragmatics，12（4）：445-465

HOLMES J，2006.Sharing a laugh：pragmatic aspects of humor and gender in the workplace[J].Journal of pragmatics，38（1）：26-50.

HOLMES J，2007.Humour and the construction of Maori leadership at work[J].Leadership，3（1）：5-27.

HOLMES J，MARRA M，2002.Having a laugh at work：how humour contributes to workplace culture.Journal of pragmatics，34（12）：1683-1710.

HOLMES J，SCHNURR S，2005.Politeness，humor and gender in the workplace：negotiating norms and identifying contestation[J].Journal of Politeness Research Language Behaviour Culture，1：139-167.

HUJANEN J，PIETIKÄINEN S，2004.Interactive uses of journalism：crossing between technological potential and young people's news-using practices[J].New media & society，3：383-401.

HYDEN L C，ANTELIUS E，2011.Communicative disability and stories：towards an embodied conception of narratives[J].Health，15（6）：588-603.

HYLAND K，2000.Hedges，boosters and lexical invisibility：noticing modifiers in academic texts.Language awareness，9（4）：179-197.

HYLAND K，2002.Authority and invisibility：authorial identity in academic writing[J].Journal of pragmatics，34（8）：1091-1112.

IGE B，2010.Identity and language choice："We equals I"[J].Journal of Pragmatics，42（11）：3047-3054.

JJETTEN J，HASLAM C，HASLAM S A，et al.，2014.How groups affect our health and well-being：the path from theory to policy[J].Social Issues and Policy Review，8（1）：103-130.

JENKINS H，1992.Textual poachers：television fans and participatory culture[M]. New York：Routledge.

VALENZUELA T A，2011.Convergence culture：where old and new media collide[J].Revista Austral De Ciencias Sociales，20：129-133.

JIA L F，DU Y F，CHU L，et al.，2020.Prevalence，risk factors，and management of dementia and mild cognitive impairment in adults aged 60 years or older in China：a cross-sectional study[J].Lancet Public Health，5（12）：661-671.

JIMENEZ-SOTOMAYOR M R，GOMEZ-MORENO C，SOTO-PEREZ-DE-CELIS E，2020.Coronavirus，ageism，and twitter：an evaluation of tweets about older adults and COVID-19[J].Journal of the American Geriatrics Society，68（8）：1661-1665.

JING-SCHMIDT Z，JING T，2011.Embodied semantics and pragmatics：empathy，sympathy and two passive constructions in Chinese media discourse[J].Journal of Pragmatics，43（11）：2826-2844.

JING X P，DU H，2020.A study of identity construction of the elderly in weibo news on public health emergency[J].Sinologia Hispanica，1：27-50

JUNG T，YOUN H，MCLUNG S，2007.Motivations and self-presentation strategies on Korean- based "Cyworld" weblog form at personal homepages[J].Cyberpsychology & Behavior，10（1）：24-31.

KÁDÁR D Z，2016.Relational rituals and communication：ritual interaction in groups[M].Beijing：Beijing University Press.

KÁDÁR D Z，2017.Politeness，impoliteness and ritual：maintaining the moral order in interpersonal interaction[M].Cambridge：Cambridge University Press.

KÁDÁR D Z，BAX M M H，2013.In-group ritual and relational work[J].

Journal of Pragmatics，58：73-86.

KESSLER E M，RAKOCZY K，STAUDINGER U M，2004.The portrayal of older people in prime time television series：the match with gerontological evidence[J].Ageing and Society，24（4）：531-552.

KITWOOD T，1990.The dialectics of dementia：with particular reference to Alzheimer's disease[J].Ageing and Society，10（2）：177-196.

KITWOOD T，1997.Dementia reconsidered：the person comes first[M]. Buckingham：Open University Press.

KRESS G，1985.Discourse，texts，readers and the pro-nuclear Arguments[G]//Language and the nuclear arms debate：nuke speak today，London：Frances Pinter，65-87.

KROSKRITY P V，2000.Language ideologies in the expression and representation of Arizona Tewa identity[G]//Regimes of language：ideologies，polities，and identities，New Mexico：School of American Research Press，329-359.

KUO C H，1999.The use of personal pronouns：role relationships in scientific journal articles[J].English for Specific Purposes，18（2）：121-138.

KUO S H，2002.From solidarity to antagonism：the uses of the second-person singular pronoun in Chinese political discourse[J].Text & Talk，2002，22（1）：29-55.

LABBEN A，2018.Face and identity in interaction：a focus on Tunisian arabic[J].Journal of Pragmatics，128：67-81.

LABOV W，1966.The social stratification of English in New York city[M].Washington：Center for Applied Linguistics.

LAKOFF，G，2008.The political mind：why you can't understand 21st century politics with an 18th century brain[M].New York：Penguin.

LAKOFF G，THE ROCKRIDGE INSTITUTE，2006. Thinking points：communicating our American values and vision：a progressive's handbook[M]. New York：Farrar，Straus and Giroux.

LAKOFF R，1973.Language in woman's place[J].Language in Society，2（1）：45-79.

LASSWELL H D, 1927.The theory of political propaganda[J].American Political Science Review, 21（3）：627-631.

LEE H K, 2010.Referring expressions in English and Korean political news[J].Journal of Pragmatics, 42（9）：2506-2518.

LEE B, KIM B C, HAN S, 2006.The portrayal of older people in television advertisements：a cross-cultural content analysis of the united states and south Korea[J].The International Journal of Aging and Human Development, 63（4）：279-297.

LEECH G, 1983.Principles of pragmatics[M].London：Longman.

LEECH G N, 2014.The pragmatics of politeness[M].Oxford：Oxford University Press.

LEIBING A, COHEN L, 2006.Thinking about dementia：culture, loss, and the anthropology of senility[M].New Brunswick：Rutgers University Press.

LEMISH D, MUHLBAUER V, 2012. "Can't have it all"：representations of older women in popular culture[J].Women & Therapy, 35（3/4）：165-180.

LEVENSON R W, STURM V E, HAASE C M, 2014.Emotional and behavioral symptoms in neuro-degenerative disease：a model for studying the neural bases of psychopathology[J].Annual Review of Clinical Psychology, 10：581-606.

LEVINSON S C, 1983.Pragmatics[M].Cambridge：Cambridge University Press.

LI C T, RAN Y P, 2016.Self-professional identity construction through other-identity deconstruction in Chinese televised debating discourse[J].Journal of Pragmatics, 94：47-63.

LI Y, DENG L M, 2019.I am what I have written：a case study of identity construction in and through personal statement writing[J].Journal of English for Academic Purposes, 37：70-87.

LIEN S C, ZHANG Y B, HUMMERT M L, 2009.Older adults in prime-time television dramas in Taiwan：prevalence, portrayal, and communication interaction[J].Journal of Cross-Cultural Gerontology，24（4）：355-372.

LIN M C，HUMMERT M L，HARWOOD J，2004.Representation of age identities in on-line discourse[J].Journal of Aging Studies，18（3）：261-274.

LOCHER M A，2013.Relational work and interpersonal pragmatics[J].Journal of Pragmatics，58：145-149.

LOCHER M A，2015.Interpersonal pragmatics and its link to （im）politeness research[J].Journal of pragmatics，86：5-10.

LOCHER M A，HOFFMANN S，2006.The emergence of the identity of a fictional expert advice-giver in an American Internet advice column[J].Text & Talk，26（1）：69-106.

LUHMANN N，2000.The reality of the mass media[M].Stanford：Stanford University Press.

LYTRA V，2007.Play frames and social identities[M].Amsterdam：John Benjamins Publishing Company.

MAO Y S，ZHAO X，2018.I am a doctor，and here is my proof：Chinese doctors'identity constructed on the online medical consultation websites[J].Health Communication，34（13）：1645-1652.

MARTIN R，WILLIAMS C，O'NEILL D，2009.Retrospective analysis of attitudes to ageing in the Economist：apocalyptic demography for opinion formers[J].British Medical Journal，339：b4914.

MATSUMOTO Y，2009.Dealing with life changes：humour in painful self-disclosures by elderly Japanese women[J].Ageing and Society，29（6）：929-952.

MCKINLAY A，MCVITTIE C，2011.Identities in context：individuals and discourse in action[M].Hoboken：John Wiley and Sons.

MCLEAN A H，2006.Coherence without facticity in dementia：the case of Mrs.Fine[G]//Thinking about dementia：culture，loss，and the anthropology of senility，New Brunswick：Rutgers University Press，157-179.

MEAD M，1970.Culture and commitment：a study of the generation gap[M].The Bodley Head Ltd.

MEISNER B A, 2021.Are you Ok, Boomer？ intensification of ageism and intergenerational tensions on social media amid COVID-19[J].Leisure Sciences, 43（1/2）：56-61.

MERCER J, 1995.Anarchy and identity[J].International Organization, 49（2）：229-252.

MEY J, 1993.Pragmatics：an introduction[M].London：Blackwell Publishers.

MILLER P N, MILLER D W, MCKIBBIN E M, et al., 1999. Stereotypes of the elderly in magazine advertisements 1956—1996[J]. International Journal of Aging and Human Development, 49（4）：319-337.

MILLER V, 2008.New media, networking and phatic culture[J]. Convergence：the International Journal of Research into New Media Technologies, 14（4）：387-400.

MINOIS G, 1989.History of old age：from antiquity to the renaissance[M].Chicago：University of Chicago Press.

MOODY S J, 2019.Contextualizing macro-level identities and constructing inclusiveness through teasing and self-mockery：a view from the intercultural workplace in Japan[J].Journal of Pragmatics, 152：145-159.

MOORE L A, DAVIS B, 2002.Quilting narrative：using repetition techniques to help elderly communicators[J].Geriatric Nursing, 23（5）：262-266.

MORROW M, 1998.Re-examining the social construction of "elder abuse and neglect"：a Canadian perspective[J].Ageing and Society, 18：691-711.

MUIR E, 2005.Ritual in Early modern Europe[M].Cambridge：Cambridge University Press.

NEVEN L, 2010. "But obviously not for me"：robots, laboratories and the defiant identity of elder test users[J].Sociology of Health & Illness, 32（2）：335-347.

NEWON L, 2011.Multimodal creativity and identities of expertise in the digital ecology of a world of warcraft guild[G]//Digital Discourse Language in the New Media, Oxford: Oxford University Press, 131-153.

NIKANDER P, 2009.Doing change and continuity: age identity and the micro–macro divide[J].Ageing and Society, 29（6）: 863-881.

NILSSON B, CARLSSON E, 2014.Swedish politicians and new media: democracy, identity and populism in a digital discourse[J].New Media and Society, 16（4）: 655-671.

NORRICK N R, 2009.The construction of multiple identities in elderly narrators' stories[J].Ageing & Society, 29（6）: 903-927.

NUSSBAUM J F, COUPLAND J, 2004.Handbook of communication and aging research[M] .Mahwah, NJ: Lawrence Erlbaum Associates.

O'MALLEY M P, 2009.Falling between frames: institutional discourse and disability in radio[J].Journal of Pragmatics, 41（2）: 346-356.

OSTMAN J, 2014. Introduction: pragmatics and praxis [G]//Pragmatics in Practice, Shanghai: Shanghai Foreign Language Education Press, 1-22.

PAIN R, 2001.Gender, race, age and fear in the city[J].Urban Studies, 38（5/6）: 899-913.

PALMORE E B, 1999.Ageism: negative and positive[M]. （2nd ed.）.New York: Springer.

PARK R, 1940.News as a form of knowledge: a chapter in the sociology of knowledge[J].The American Journal of Sociology, 45（5）: 669-686.

PEURONEN S, 2011. "Ride hard, live forever": translocal identities in an online community of extreme sports christians[G]//Digital Discourse Language in the New Media, Oxford: Oxford University Press, 154-176.

PLESTER B, ORAMS M, 2008.Send in the clowns: the role of the joker in three New Zealand IT companies[J].Humor-International Journal of Humor Research, 21（3）: 253-281.

POMERANTZ A, 1984.Agreeing and disagreeing with assessments: some features of preferred/dispreferred turn shapes[G]//Structures of Social Action, Cambridge: Cambridge University Press, 57-101.

PRIELER M, IVANOV A, HAGIWARA S, 2017.The representation of older people in east Asian television advertisements[J].The International Journal of Aging and Human Development, 85（1）：67-89.

OUAKININ S, 2016.Teaching psychology in medicine：the context, methodologies and doctor's professional identity[J]. Acta Medica Portuguesa, 2016, 29（12）：867-874.

QUEEN R, 2014.Language and sexual identities[G]//.The Handbook of Language, Gender, and Sexuality, Chichester：Wiley-Blackwell, 201-219.

RAMANATHAN V, 1995.Narrative well-formedness in Alzheimer's discourse：an interactional examination across settings[J].Journal of Pragmatics, 23（4）：395-419.

RAYMOND G, HERITAGE J, 2006.The epistemics of social relations：owning grandchildren[J].Language in society, 35（5）：677-705.

REED J, CLARKE C L, 2010.Nursing older people：constructing need and care[J].Nursing Inquiry, 6（3）：208-215.

REES C E, MONROUXE L V, 2010. "I should be lucky ha ha ha ha"：the construction of power, identity and gender through laughter within medical workplace learning encounters[J].Journal of Pragmatics, 42（12）：3384-3399.

REISIGL M, WODAK R, 2001.Discourse and discrimination：rhetorics of racism and antisemitism[M].London, UK：Routledge.

REN J J, CHEN X R, 2019.Kinship term generalization as a cultural pragmatic strategy among Chinese graduate students[J]. Pragmatics and Society, 10（4）：613-638.

REN Y X,2014.Constructing identities in academic advising interaction[M]. Tianjin：Nankai university press.

REN Y X, 2020.Committee chair as a jointly constructed identity at Chinese PhD dissertation defences[J].East Asian Pragmatics, 5（1）：67-97.

RICHARDSON J E, 2007.Analysing newspapers：an approach from critical discourse analysis[M].London：Palgrave Macmillan.

RILEY M W, 1998.A life course approach：autobiographical notes[G]// Methods of Life Course Research：Qualitative and Quantitative Approaches, Thousand Oaks, CA：Sage, 28-51.

RILEY K P, SNOWDON D A, DESROSIERS M F, et al., 2005. Early life linguistic ability, late life cognitive function, and neuropathology: findings from the Nun Study[J].Neurobiology of Aging, 26（3）: 341-347.

ROBERTO K A, MCCANN B R, BROSSOIE N, 2013.Intimate partner violence in late life: an analysis of national news reports[J].Journal of Elder Abuse & Neglect, 25（3）: 230-241.

ROBINSON J D, SKILL T, 1995.The invisible generation: portrayals of the elderly on prime-time television[J].Communication Reports, 8（2）: 111-119.

ROBINSON T, CALLISTER M, MAGOFFIN D, et al., 2007.The portrayal of older characters in Disney animated films[J].Journal of Aging Studies, 3: 203-213.

ROSENZWEIG M R, BENNETT E L, 1996.Psychobiology of plasticity: effects of training and experience on brain and behavior[J]. Behavioural Brain Research, 78（1）: 57-65.

ROY A, HARWOOD J, 1997.Underrepresented, positively portrayed: older adults in television commercials[J].Journal of Applied Communication Research, 25（1）: 39-56.

ROZIN P, ROYZMAN E B, 2001.Negativity bias, negativity dominance, and contagion[J].Personality and Social Psychology Review, 5(4): 296–320.

RYAN E B, BANNISTER K A, ANAS A P, 2009.The dementia narrative: writing to reclaim social identity[J].Journal of Aging Studies, 23（3）: 145-157.

SABAT S R, 2008.Positioning and conflict involving a person with dementia: a case study[G]//Global Conflict Resolution Through Positioning Analysis, New York: Springer, 81-93.

SABAT S R, HARRÉ R, 1992.The construction and deconstruction of self in Alzheimer's disease[J].Ageing and Society, 12（4）: 443-461.

SACKS H, 1992. Lectures on conversation[M].Jefferson G（ed）. Oxford: Blackwell.

SAUL J, 2012.Lying, misleading, and what is aid: an exploration in philosophy of language and in ethics[M].Oxford：OUP.

SCHATZ R T，LAVINE H，2007.Waving the flag：national symbolism，social identity，and political engagement[J].Political Psychology，28（3）：329-355.

SCHIFFRIN D，1994.Approaches to discourse[M].Oxford：Blackwell.

SEEMAN M V，1980.Name and identity[J].The Canadian Journal of Psychiatry，25（2）：129-137.

SHEN X C，2019.Medical experts as health knowledge providers：a case study of nutritionists' identity construction in "wemedia" [J].East Asian Pragmatics，4（2）：263-291.

SHENK D，2005.There was an old woman：maintenance of identity by people with Alzheimer's dementia[G]//Alzheimer Talk，Text and Context，London：Palgrave Macmillan，3-17.

SIFIANOU M，2012.Disagreements，politeness and face[J].Journal of Pragmatics，44（12）：1554-1564.

SIGNORIELLI N，2004.Aging on television：messages relating to gender，race，and occupation in prime time[J].Journal of Broadcasting and Electronic Media，48（2）：279-301.

SIMON B，2004.Identity in modern society：a social psychological perspective[M].Oxford：Blackwell.

SPENCER-OATEY H，2007.Theories of identity and the analysis of face[J].Journal of Pragmatics，39（4）：639-656.

SPENCER-OATEY H，2008.Culturally speaking：culture，communication and politeness[M].London：Continuum.

SPENCER-OATEY H，2013.Relating at work：Facets，dialectics and face[J].Journal of Pragmatics，58：121-137.

STONE A A，1996.The war of desire and technology at the close of the mechanical age[M].Cambridge，MA：MIT.

STRYKER S，2002.Symbolic interactionism：a social structural version[M].New Jersey：Blackburn Press.

SUNG K T，2001.Elder respect：exploration of ideals and forms in East

Asia[J].Journal of Aging Studies, 15（1）：13–26.

SUZUKI H, KURAOKA M, YASUNAGA M, et al., 2014.Cognitive intervention through a training program for picture book reading in community-dwelling older adults：a randomized controlled trial[J].BMC geriatrics, 14：122.

SWAYNE L E, GRECO A J, 1987.The portrayal of older Americans in television commercials[J].Journal of Advertising, 16（1）：47-54.

TAJFEL H, TURNER J C, 1986.The social identity theory of intergroup behavior[G]//Psychology of intergroup relations, Chicago：Nelson-Hall, 7-24.

TANNEN D, 1984.Conversational style：analyzing talk among friends[M].Norwood：Ablex.

TAYLOR B C, 1992.Elderly identity in conversation[J].Communication Research, 19（4）：493-515.

TAYLOR J R, 1989.Linguistic categorization：prototypes in linguistic theory[M].Oxford：Clarendon Press.

TANNEN D, TRESTER A M, 2013. Discourse 2.0：language and new media[M].Georgetown University Pressm.

TRACY K, 2002.Everyday talk：building and reflecting identities[M]. London：The Guilford Press.

TRACY K, ROBLES J S, 2013.Everyday talk：building and reflecting identities, second edition[M].New York：Guilford Press.

TURKLE S, 1997.Life on the screen：identity in the age of the internet[J]. Science, 23（2）：123-149.

TURNER J, 1986.Rediscovering the social group[M].Oxford：Blackwell.

VAN D M D, 2005.An integrated approach of quantitative and qualitative analysis in the study of identity in speeches[J].Discourse & Society, 16（1）：107-130.

VAN D M D, 2007.The complementarity of two identities and two approaches：quantitative and qualitative analysis of institutional and professional identity[J].Journal of Pragmatics, 39（6）：1120-1142.

VAN D M D, 2008.Co-constructing identities in speeches：how the construction of an "other" identity is defining for the "self" identity and vice versa[J].Pragmatics, 18（3）: 491-509.

VAN D M D, SCHNURR S, 2018.Candidates' humour and the construction of co-membership in job interviews[J].Language & Communication, 61: 35-45.

VAN DIJK T, 2011. Discourse and ideology [G]//Discourse Studies: A multidisciplinary introduction, London: Sage, 379-407.

VAN LEEUWEN T, 2008.Discourse and practice: new tools for critical discourse analysis[M].Oxford: Oxford University Press.

VASQUEZ J A, 1998.The power of power politics: from classical realism to neo-traditionalism[M].Cambridge: Cambridge University Press.

VASIL L, WASS H, 1993.Portrayal of the elderly in the media: a literature review and implications for educational gerontologists[J].Educational Gerontology, 19（1）: 71-85.

VERNON J A, WILLIAMS J A JR, PHILLIPS T, et al., 1991.Media stereotyping: a comparison of the way elderly women and men are portrayed on prime-time television[J].Journal of Women and Aging, 2（4）: 55-68.

VERSCHUEREN J, 1999.Understanding pragmatics[M].London: Arnold.

VERSCHUEREN J, 2007. Pragmatic steps to an ecology of the public sphere[C] //International Symposium on the 10th Annual Meeting and 10th Anniversary of the Japanese Pragmatic Society, Kansai International Studies University, Japan.

WANG Y, FENG D W, 2023.History, modernity, and city branding in China: a multimodal critical discourse analysis of Xi'an's promotional videos on social media[J].Social Semiotics, 33（2）: 402-425.

WILLIAMS A, YLÄNNE-MCEWEN V, 2000.Elderly lifestyles in the 21st century: Doris and Sid's excellent adventure[J].Journal of Communication, 50（3）: 4-8.

WODAK R, 2001.The discourse-historical approach[G]//Methods of critical discourse analysis, London: Sage Publications, 63-94.

WODAK R, 2011. Critical linguistics and critical discourse analysis[G]//

Discursive Pragmatics, Amsterdam: John Benjamins Publishing Compang, 50-70.

WOLFSON N, 1983.An empirically based analysis of complimenting in American English[G]//Sociolinguistics and language acquisition, MA: Newbury House Publishers, 82-95.

YAN B Q, GAO X L, LYON M, 2014.Modeling satisfaction amongst the elderly in different Chinese urban neighborhoods[J].Social Science and Medicine, 118: 127-134.

YU G D, WU Y X, 2021.Managing expert/novice identity with actions in conversation: identity construction & negotiation[J].Journal of Pragmatics, 178: 273-286.

YUAN Z M, 2018.Exploring Chinese college students' construction of online identity on the sina microblog[J].Discourse, Context & Media, 26: 43-51.

YUAN Z M, 2020.Identity rhetoric in Chinese radio-mediated medical consultation[J].East Asian Pragmatics, 1: 41-65.

YULE G, 1996.Pragmatics[M].Oxford: Oxford university press.

YUS F, 2011.Cyberpragmatics: internet-mediated communication in context[M].Amsterdam: John Benjamins Publishing Company.

ZHANG W, KRAMARAE C, 2014. "SlutWalk" on connected screens: multiple framings of a social media discussion[J].Journal of Pragmatics, 73: 66-81.

ZHAO S Y, GRASMUCK S, Martin J, 2008.Identity construction on facebook: digital empowerment in anchored relationships[J].Computers in Human Behavior, 24（5）: 1816-1836.

ZIMMERMAN D H, 1998.Identity context and interaction[G]//Identities in Talk, London: Sage, 87-106.